Ronald Gleich/Jan Christoph Munck (Hrsg.)

Die richtigen Kennzahlen optimal nutzen
Auswahl, Gestaltung, Implementierung, Praxisbeispiele

Ronald Gleich/Jan Christoph Munck (Hrsg.)

Die richtigen Kennzahlen optimal nutzen

Auswahl, Gestaltung, Implementierung, Praxisbeispiele

Haufe Group
Freiburg • München • Stuttgart

> **Bibliografische Information der Deutschen Nationalbibliothek**
> Die Deutsche Nationalbibliothek verzeichnet diese Publikation in der Deutschen Nationalbibliografie; detaillierte bibliografische Daten sind im Internet über http://dnb.dnb.de abrufbar.

Ronald Gleich/Jan Christoph Munck (Hrsg.)
Die richtigen Kennzahlen optimal nutzen
1. Auflage 2018

Print: ISBN 978-3-648-11754-5   Bestell-Nr.: 11445-0001
ePDF: ISBN 978-3-648-11755-2   Bestell-Nr.: 11445-0150

© 2018 Haufe-Lexware GmbH & Co. KG
Niederlassung München
Redaktionsanschrift: Postfach, 82142 Planegg/München
Hausanschrift: Fraunhoferstraße 5, 82152 Planegg/München
Telefon: 089 895 17-0, Fax: 089 895 17-290
E-Mail: info@haufe.de
Internet: https://www.haufegroup.com
Kommanditgesellschaft, Sitz Freiburg
Registergericht Freiburg, HRA 4408
Komplementäre: Haufe-Lexware Verwaltungs GmbH,
Sitz Freiburg, Registergericht Freiburg, HRB 5557;
Martin Laqua
Geschäftsführung: Isabel Blank, Sandra Dittert, Jörg Frey, Birte Hackenjos, Dominik Hartmann, Markus Reithwiesner, Joachim Rotzinger, Dr. Carsten Thies
Beiratsvorsitzende: Andrea Haufe

USt-IdNr. DE812398835

Lektorat: Günther Lehmann (V.i.S.d.P.)

Schriftleitung: Jan Christoph Munck, Nadin Eymers, Philipp Lill, Deborah Nasca, Alexander Schlüter (alle EBS Universität für Wirtschaft und Recht)

Alle Angaben/Daten nach bestem Wissen, jedoch ohne Gewähr für Vollständigkeit und Richtigkeit. Alle Rechte, auch die des auszugsweisen Nachdrucks, der fotomechanischen Wiedergabe (einschließlich Mikrokopie) sowie der Auswertung durch Datenbanken oder ähnliche Einrichtungen, vorbehalten.

Umschlag: RED GmbH, 82152 Krailling.
Druckvorstufe: Reemers Publishing Services GmbH, Luisenstraße 62, 47799 Krefeld.
Druck: Beltz Bad Langensalza GmbH, Am Fliegerhorst 8, 99947 Bad Langensalza.

Vorwort

Permanente Herausforderungen, wie z.B. die fortschreitende Digitalisierung, wachsende Konkurrenz aus Fernost und die geringeren Einstiegsbarrieren für Start-ups, zwingen Unternehmen derzeit häufig dazu, ihr bisheriges Handeln teilweise oder in Gänze in Frage zu stellen. Das kann dazu führen, dass Prozesse überarbeitet, Organisationsstrukturen optimiert oder Geschäftsmodelle komplett neu gestaltet werden müssen. Neben der aktiven Mitgestaltung der Veränderung besteht die große Herausforderung des Managements darin, die internen Steuerungsmechanismen an den neuen Status Quo anzupassen. Um auch in Zukunft strategische Entscheidungen datenbasiert treffen zu können, müssen die Validität und Steuerungsrelevanz vorliegender Informationen jederzeit gewährleistet sein. Hierin liegt aber auch die Chance für Unternehmen, existierende Mechanismen zu hinterfragen und auf den neusten Stand zu bringen.

Kennzahlen- bzw. Performance-Measurement-Systeme sind die am weitesten verbreiteten Steuerungsmechanismen in Unternehmen, da durch ihre scheinbare Einfachheit eine hohe Transparenz über Planabweichungen, erbrachte Leistungen oder damit verbundene Entscheidungsprozesse realisiert werden kann. Aufgrund der Notwendigkeit, Kennzahlensysteme an die Charakteristika einzelner Industrien oder gar Abteilungen anzupassen, wird ihre Ausgestaltung häufig zur Mammut-Aufgabe. Zusätzlich bedürfen sie einer ständigen Plausibilitätsprüfung und Anpassung, um ihre Wirksamkeit nachhaltig entfalten zu können.

Im vorliegenden Buch geben wir eine Einführung in das Thema „Kennzahlen" und erläutern die aktuellen Entwicklungen. Anhand von Anwendungsbeispielen unterschiedlicher Bereiche wird aufgezeigt, wie der richtige Einsatz geeigneter Kennzahlensysteme Ihr Unternehmen auch in Zukunft durch unruhige Zeiten führen kann.

Wir wünschen allen Leserinnen und Lesern eine interessante Lektüre, die hoffentlich zahlreiche Anregungen für die tägliche Arbeit bietet und bedanken uns recht herzlich bei allen Autorinnen und Autoren, die bei der Erstellung der einzelnen Beiträge mitgewirkt haben.

Oestrich-Winkel, im August 2018

Prof. Dr. Ronald Gleich und Dr. Jan Christoph Munck

Inhalt

Kapitel 1: Standpunkt
Das Experten-Interview zum Thema „Kennzahlen"
Andreas Kunze, Laura Schlecht, Jan Christoph Munck 15

Kapitel 2: Grundlagen & Konzepte
Kennzahlen: Grundlagen und bereichsspezifische Kennzahlen- und Performance-Measurement-Konzepte
Ronald Gleich, Jan Christoph Munck, Alexander Schlüter 25

Kennzahlen richtig nutzen: Mit dem ZAK-Prinzip das TUN unterstützen
Walther Schmidt, Herwig Friedag 41

Kennzahlen zur Innovations-Performance: Ein marketingorientiertes und kundenzentriertes Framework
Alexander Schlüter, Hans-Willi Schroiff 63

Kennzahlen zur Steuerung der Digitalisierung: Rahmenkonzept, Leitfragen und Beispiele
Mike Schulze, Deborah Nasca, Nadin Eymers 79

Kapitel 3: Umsetzung & Praxis
Kennzahlen des Marketingcontrollings
Christopher Zerres, Dirk Drechsler, Florian Litterst 95

Procurement Excellence: Effizienzgewinne durch Kennzahlen im Einkauf
Stefan Mayer, Philipp Lill 117

Modernes Personalcontrolling: Steuerung mit Kennzahlen am Beispiel der Commerzbank AG
Silke Wickel-Kirsch, Volker Schaumburg 131

Balanced Scorecard als ganzheitliches Kennzahlensystem in der Forschung und Entwicklung
Oliver Hirschfelder 145

Best Practice im Logistikcontrolling: Die wichtigsten Kennzahlen im Einsatz bei einem Versanddienstleister
Alexander Schlüter, Rolf Schlüter, Oliver Frank 163

Kennzahlen des Produktionscontrollings zur Sicherung der Produktivität
Harald Schnell 175

Kapitel 4: Organisation

Steuerung agiler Teams und Organisationen: Kontinuierliche Leistungssteigerung und Anpassungsfähigkeit sicherstellen
Isabell Schastok, Jan Christoph Munck, Philipp Lill 201

Kennzahlen: Gemeinsame Entwicklung sorgt für Akzeptanz und hohe Nutzungsgrade
Harald Matzke 217

Unternehmenssteuerung: Einfluss der Digitalisierung am Beispiel eines Versicherungsunternehmens
Christian Briem, Mark René Hertting, Marc Wiegand 235

Kapitel 5: Literaturanalyse

Literaturanalyse zum Thema „Kennzahlen" 256

Stichwortverzeichnis 262

Die Autoren

Dr. Christian Briem

Senior Project Manager bei Horváth & Partners Management Consultants im Competence Center Financial Industries in Düsseldorf.

Prof. Dr. rer. soc. HSG Dirk Drechsler

Professor für betriebswirtschaftliches Sicherheitsmanagement, Hochschule Offenburg. Zuvor war er bei einer Wirtschaftsprüfungsgesellschaft, einem Finanzinvestor im Rahmen einer Beteiligung sowie einem internationalen Produktionsunternehmen in den Bereichen Risikomanagement, Interne Revision und Working Capital Controlling tätig.

Nadin Eymers

Wissenschaftliche Mitarbeiterin und Doktorandin im Forschungsbereich Controlling & Innovation am Strascheg Institute for Innovation, Transformation and Entrepreneurship (SITE) der EBS Universität für Wirtschaft und Recht in Oestrich-Winkel.

Oliver Frank

Prokurist und Vertriebsleiter der Bremer Versandwerk GmbH mit Sitz in Bremen.

Dr. Herwig Friedag

Inhaber der Friedag Consult in Berlin. Sein Schwerpunkt liegt auf der Moderation von Strategieentwicklungsprojekten in Unternehmen. Dr. Friedag leitete bis 2018 den Internationalen Arbeitskreis im Internationalen Controller Verein e.V. und war viele Jahre Lehrbeauftragter an der Humboldt-Universität zu Berlin sowie an der Universität Rostock.

Prof. Dr. Ronald Gleich

Vorsitzender der Institutsleitung des Strascheg Institute for Innovation, Transformation and Entrepreneurship (SITE) der EBS Universität für Wirtschaft und Recht in Oestrich-Winkel sowie geschäftsführender Gesellschafter der Horváth Akademie GmbH in Stuttgart.

Mark René Hertting

Principal, Prokurist und Leiter Controlling & Finance für Versicherungen bei Horváth & Partners Management Consultants in München.

Oliver Hirschfelder

Vice President New Business bei der Siemens AG, Power and Gas Division, in den Bereichen Strategie, Business Development und F&E-Controlling

tätig. Sein Aufgabengebiet umfasst die Identifizierung und Bewertung neuer Geschäftsfelder in Kombination mit der Bewertung und Implementierung von Geschäftsmodellen.

Andreas Kunze

CEO und Mitgründer des Start-ups KONUX in München.

Philipp Lill

Strategic Project Manager im Bereich „Advanced Technologies" der KUKA AG in Augsburg sowie wissenschaftlicher Mitarbeiter und Doktorand im Forschungsbereich Controlling & Innovation am Strascheg Institute for Innovation, Transformation and Entrepreneurship (SITE) der EBS Universität für Wirtschaft und Recht in Oestrich-Winkel.

Florian Litterst

Senior Online Marketing Manager bei der Burda Direct interactive GmbH, einem BurdaDirect Unternehmen. Er verantwortet den Bereich Social Media Advertising und betreut Kunden aus verschiedenen B2C- und B2B-Branchen.

Harald Matzke

Bei der cubus AG als Vorstand für die Bereiche Finanzen, Vertrieb, Marketing und konzeptionelle Beratung zuständig. Seit 1990 konzipiert und implementiert er entscheidungsunterstützende IT-Systeme. Seit 2014 ist er zertifizierter Berater für den Performance-Measurement-Prozess nach Stacey Barr.

Dr. Stefan Mayer

Global Procurement Process Expert und Experte für softwaregestützte Einkaufs- und Planungsprozesse sowie Marketdesign (spieltheoretischer Verhandlungsansätze) bei KUKA in Augsburg.

Dr. Jan Christoph Munck

Forschungsdirektor Controlling & Innovation am Strascheg Institute for Innovation, Transformation and Entrepreneurship (SITE) der EBS Universität für Wirtschaft und Recht in Oestrich-Winkel.

Deborah Nasca

Wissenschaftliche Mitarbeiterin und Doktorandin im Forschungsbereich Controlling & Innovation am Strascheg Institute for Innovation, Transformation and Entrepreneurship (SITE) der EBS Universität für Wirtschaft und Recht in Oestrich-Winkel.

Isabell Schastok

Unternehmensberaterin im Bereich Executive Leadership und Change mit Fokus auf Begleitung agiler Transformationsprojekte bei Capgemini Consulting am Standort Hamburg.

Laura Schlecht

Wissenschaftliche Mitarbeiterin und Doktorandin im Forschungsbereich Digitale Transformation am Strascheg Institute for Innovation, Transformation & Entrepreneurship (SITE) der EBS Universität für Wirtschaft und Recht in Oestrich-Winkel.

Volker Schaumburg

Abteilungsdirektor HR-Controlling bei der Commerzbank und Lehrbeauftragter für Controlling an der Hochschule RheinMain im Bereich Wirtschaftsinformatik. Er verfügt über jahrelange Praxiserfahrung im Personalcontrolling und hat das HR-Cockpit der Commerzbank mitentwickelt.

Alexander Schlüter

Wissenschaftlicher Mitarbeiter und Doktorand im Forschungsbereich Controlling & Innovation am Strascheg Institute for Innovation, Transformation and Entrepreneurship (SITE) der EBS Universität für Wirtschaft und Recht in Oestrich-Winkel.

Rolf Schlüter

Softwareentwickler und Geschäftsführer der S2 GmbH mit Sitz in Herdecke.

Dr. Walther Schmidt

Inhaber der Unternehmensberatung ask Dr. Walter Schmidt in Berlin. Sein Fokus liegt auf der Moderation und Begleitung von Strategieprozessen. Gemeinsam mit Herwig Friedag ist er Autor mehrerer Bestseller (u. a. Balanced Scorecard einfach konsequent, TaschenGuide Balanced Scorecard, My Balanced Scorecard). Er ist Senior Advisor des Vorstands im Internationalen Controller Verein (ICV) und Mitglied im Fachbeirat des Controlling-Beraters.

Prof. Harald Schnell

Professor für Betriebswirtschaftslehre, insbesondere Controlling, Kostenrechnung und Kostenmanagement, an der Hochschule Pforzheim. Daneben ist er als freiberuflicher Trainer und Berater in der Industrie tätig. Vor seiner Berufung an die Hochschule war er mehrere Jahre in führender Position bei der Robert Bosch GmbH im Controlling tätig.

Prof. Dr. Silke Wickel-Kirsch

Professorin für Personalwirtschaft und Organisation im Studiengang Media Management des Fachbereichs Design, Informatik und Medien an der Hochschule RheinMain in Wiesbaden. Sie ist Autorin und Referentin zum Thema Personalcontrolling und war in leitenden Funktionen im Personalcontrolling in der Industrie tätig.

Marc Wiegard

Principal im Competence Center Financial Industries bei Horváth & Partners Management Consultants in Hamburg.

Prof. Dr. Christopher Zerres

Professor für Marketing an der Hochschule Offenburg. Zuvor war er bei einer Unternehmensberatung sowie einem internationalen Automobilzulieferer tätig. Christopher Zerres ist Autor zahlreicher Publikationen zu den Bereichen Management und Marketing.

Kapitel 1: Standpunkt

Das Experten-Interview zum Thema „Kennzahlen"

▪ **Interviewpartner:**
Andreas Kunze, CEO und Mitgründer des Start-ups KONUX in München.

▪ **Kurzbeschreibung des Unternehmens:**
KONUX ist ein Münchener IoT-Unternehmen, das durch smarte Sensoren in Verbindung mit künstlicher Intelligenz vorausschauende Instandhaltung ermöglicht. Mit der Lösung von KONUX überwachen Kunden durchgängig ihre Anlagen, erkennen frühzeitig Wartungsbedarf und optimieren ihre Betriebsabläufe. Seit der Firmengründung im Jahr 2014 hat KONUX insgesamt 38 Mio. US-Dollar von Investoren erhalten. Informationen zum Unternehmen unter www.konux.com.

▪ **Das Interview führten:**
Laura Schlecht, Wissenschaftliche Mitarbeiterin und Doktorandin im Forschungsbereich Digitale Transformation am Strascheg Institute for Transformation, Innovation & Entrepreneurship (SITE) der EBS Universität für Wirtschaft und Recht in Oestrich-Winkel.

Dr. Jan Christoph Munck, Forschungsdirektor Controlling & Innovation am SITE der EBS Universität für Wirtschaft und Recht in Oestrich-Winkel.

▪ **A: Das Unternehmen und sein Leistungsangebot**

Würden Sie sich bitte kurz vorstellen und Ihr Aufgabenfeld bei KONUX beschreiben?

Andreas Kunze: Ich bin Mitgründer und CEO von KONUX. Zu meinen Hauptaufgaben gehört es u.a. sicherzustellen, dass wir unsere Produktentwicklung fokussiert betreiben und unsere Produkte entsprechend korrekt am Markt platzieren. Um das zu erreichen sorge ich auch dafür, dass wir mit den richtigen Leuten zusammenarbeiten.

Was hat Sie hauptsächlich motiviert, KONUX zu gründen?

Andreas Kunze: Zum Zeitpunkt unserer Gründung im Frühjahr 2014 wurden Begriffe wie „Industrie 4.0" oder „Digitalisierung" immer omnipräsenter. Wir – meine Mitgründer Vlad Lata, Dennis Humhal und ich – glaubten damals wie heute an die unglaublichen Chancen durch diese Trends und insbesondere durch Sensorikdaten im industriellen Umfeld.

Wir wollten uns in diesem Bereich unbedingt positionieren und, wenn Sie so wollen, verwirklichen. Zusätzlich wollten wir etwas für unseren Standort tun. Der Haupttreiber war also, etwas aus Deutschland für Deutschland zu machen! Deswegen haben wir bis heute unseren Hauptsitz in München.

Erzählen Sie uns bitte mehr über Ihre Produkte bzw. das Nutzenversprechen Ihrer „intelligenten Messsysteme".

Andreas Kunze: Wir bieten Bahnunternehmen bzw. Schienenbetreibern eine Lösung vom Sensor bis hin zur Auswertung und Anzeige an. Unsere Lösung teilt dem Kunden mit, wann und wo in seiner Infrastruktur Wartungsbedarf besteht und welches Werkzeug dafür benötigt wird. Die durch uns analysierten Anlagen fallen nicht mehr so häufig aus bzw. ihre Verfügbarkeit wird systematisch erhöht, wodurch wiederum die Wartungskosten unserer Kunden signifikant sinken.

Wie sieht die Organisationsstruktur von KONUX aus?

Andreas Kunze: Wir haben aktuell rund 40 Mitarbeiter, davon arbeiten derzeit ca. 35 Mitarbeiter im Engineering. Den größten Teil der Wertschöpfung erzielen wir in den Bereichen „Data Analytics" und „Data Science", wo wir Daten analysieren und Modelle entwickeln und trainieren, mit deren Hilfe wir unseren Kunden mitteilen können, wann eine Wartung fällig sein wird. Während wir auf der Hardware-Seite mit diversen Partnern zusammenarbeiten, kümmert sich auf der Backend-Seite ein eigenes Team um die Infrastruktur-Entwicklung und den Betrieb.

Welche Rolle spielen das strategische Management und das strategische Controlling in Ihrem Start-up, um Erfolgspotenziale zu erzielen? Inwiefern unterscheidet sich Ihr Controlling von dem traditioneller Unternehmen?

Andreas Kunze: Im Vergleich zu traditionelleren bzw. größeren Unternehmen haben wir sicherlich weniger Kennzahlen, mit denen wir das Unternehmen steuern. Allerdings hat sich unser Controllingansatz im letzten Jahr auch schon weiterentwickelt: In den ersten Jahren war das Controlling eher qualitativ ausgerichtet; inzwischen steigt der quantitative Aspekt. Früher war es i.d.R. so, dass bezüglich des Erreichens eines Projekt-Meilensteins die Frage aufkam, welche Sub-Meilensteine definiert werden können, die entsprechend zur Erreichung des Aufgabenpakets beitragen. Die eigentliche Frage ist jedoch, wie Erfolg oder Nicht-Erfolg gemessen werden! Für uns heißt Erfolg bspw. – auf der (Pre-)Sales-Seite – „Umsatz" oder – auf der Post-Sales-Seite – „Kundenzufriedenheit". Den Entwicklungsfortschritt bspw. messen wir heute durch „Burn-Down-Quoten" der jeweiligen Entwicklungs-Sprints. Im Kontext Personal messen wir Kennzahlen wie „Neueinstellungen", „Mitarbeiterbindung" und „Dauer zw. Ausschreibung und Einstellung". Sicherlich erheben wir auch Kennzahlen, die ein traditionelles, nicht „datengetriebenes" Unternehmen so nicht verwendet: So überprüfen wir mit der Kennzahl „Erhaltene Daten", mit wie vielen Daten wir eigentlich arbeiten können. Das ist ausschlaggebend für uns, da wir ohne Daten keine Wertschöpfung erzielen können. Wahrscheinlich wird dies auch bei anderen Unternehmen zukünftig immer relevanter werden.

Da Sie sich intensiv mit Themen wie IoT, künstliche Intelligenz und Sensorik beschäftigen: Wie definieren Sie die Herausforderungen der Digitalisierung speziell für Unternehmen?

Andreas Kunze: Auf der einen Seite hilft dieser Hype uns als Unternehmen, Akzeptanz für unsere Dienstleistung zu schaffen, auf der anderen Seite hat das immer auch einen gefährlichen Beigeschmack. Basierend auf der Vermutung, dass durch diese Technologien große Verbesserungen bzgl. Effektivität und Effizienz erzielt werden können, schaffen viele Unternehmen gerade CDO-Stellen, andere strategische Positionen oder gar ganze Einheiten, die sie mit großen Budgets für Digitalisierungs-Pilotprojekte ausstatten. In vielen dieser Projekte werden zunächst wild Daten gesammelt und analysiert, ohne sich im Vorfeld Gedanken über den messbaren Nutzen zu machen. Es wird ohne einen konkret formulierten Kundenbedarf agiert, was meiner Meinung nach gefährlich ist. Aktuell, so glaube ich, sind wir an einem Punkt angelangt, an dem sich zeigt, dass viele dieser Pilotprojekte nicht zu den erhofften Verbesserungen geführt haben. Allerdings wird über diese gescheiterten Projekte nicht oder nur selten berichtet.

Inwiefern beeinflussen diese Herausforderungen Ihr Unternehmen?

Andreas Kunze: Der springende Punkt für uns ist, wie schon eingangs erwähnt, der Fokus auf Kundenbedürfnisse. Diesen müssen wir halten, um mit unserer Applikation einen echten Mehrwert zu schaffen und um unseren Kunden einen positiven Business Case zu liefern. Nur so werden sie bei jeder größeren Produkteinführung einen langfristigen Nutzen erzielen.

Wir beschäftigen uns dann natürlich auch intensiv mit der Anwendung, dem Zahlenwerk und einem Ersparnismodell. Ich denke, dass die Kernherausforderung darin liegt, einen Trade-Off zu finden. Es dürfen nicht hundert Sachen begonnen und keine beendet werden – wir brauchen einen klaren Fokus. Grundsätzlich geht es darum, viel öfter nein zu sagen als das bei Start-ups normalerweise üblich ist.

B: Grundsätzliche Anwendung von Kennzahlen

Wie können Kennzahlen den Unternehmen helfen, diese Herausforderungen zu meistern? Wenn ja, inwiefern?

Andreas Kunze: „Man bekommt das, wonach man fragt" – das ist überall so. Durch Zielsetzungen steuere ich jedoch in eine bestimmte Richtung. Unternehmenslenker sagen gerne, dass ihr Unternehmen einen bestimmten Prozentsatz an Umsatz mit digitalen Kanälen erwirtschaften muss. Anschließend erzählen sie, dass jeder Online-Abschluss, selbst wenn er aus einer Offline-Marketing-Maßnahme entsprungen ist, digital abgeschlossen wurde oder einer digitalen Wertschöpfung unterlag. Meines Erachtens ist das aber Unsinn. Wenn es den Leuten so einfach gemacht wird, machen wir in der digitalen Welt einfach das, was wir davor auch schon gemacht haben – es wird lediglich in einen anderen Topf gepackt, ohne etwas grundlegend zu verändern. Dadurch ist aber nichts gewonnen. Das Zielsystem ist falsch.

Ein richtiges Ziel wäre für mich bspw. ein „Umsatz oder ein Mehrwert durch neue digitale Services", der so vorher nicht möglich gewesen wäre. Wenn solche Ziele als Kennzahl definiert werden, dann werden Mitarbeiter versuchen, neue Ideen für die Zielerreichung zu generieren und diese nicht nur einfach anders zu verpacken. Unternehmen sollten nicht aus einem Digitalisierungswahn bzw. -willen oder sogar aus einem Digitalisierungszwang heraus zu digitalisieren versuchen.

Inwieweit erachten Sie Kennzahlen im Allgemeinen als ausschlaggebend für den Erfolg eines Unternehmens?

Andreas Kunze: Kennzahlen sind sehr wichtig für den Erfolg eines Unternehmens. Das Problem hinsichtlich der Zielsetzung ist, wie ein Sprichwort ausdrückt, dass „das Pferd immer nur so hoch springt, wie es springen muss". Wenn das zu erreichende Ziel der Kennzahl sehr hoch ist, dann müssen die Mitarbeiter über das normale Maß hinaus agieren, um es zu erreichen. Dabei ist immer nur der absolute Wert ausschlaggebend. Viele Mitarbeiter werden versuchen, ihre Arbeit dahingehend zu optimieren. Daher sind Kennzahlen definitiv ausschlaggebend für den Erfolg eines Unternehmens.

Jetzt haben wir etwas über die Motivationsfunktion von Kennzahlen erfahren. Auf der anderen Seite darf man die Ziele natürlich nicht zu hoch setzen, sonst hat man gleich wieder eine Demotivation.

Andreas Kunze: Das ist immer eine Frage der Philosophie. Wenn man sich z. B. bei Google oder Facebook die OKRs (Objectives and Key Results) anschaut, dann wird ein 70 %-Zielerreichungsgrad als optimal bewertet. Im Endeffekt bedeutet das, dass 100 %, die von den Mitarbeitern auch angestrebt werden, in Wirklichkeit ca. 140 % des gewünschten Ziels sind.

Ich denke, dass ein solches Zielsystem motivierend sein kann, es aber sehr personenabhängig ist. Es gibt Personen, die gerne 100 % erreichen würden. Allerdings muss es dann auch möglich sein, diese zu erreichen. Ein unrealistisches bzw. unerreichbares Ziel kann auf die Mitarbeiter demotivierend wirken. Generell würde ich jedoch sagen, dass ein hoch – aber nicht zu hoch – gestecktes Ziel eine motivierende Funktion hat, da für den Mitarbeiter sichtbar wird, was er Woche für Woche oder Monat für Monat zum Ziel beigetragen hat. Ohne Ziel hingegen stellte er sich kontinuierlich die Frage, auf was eigentlich momentan hingearbeitet wird.

C: Kennzahlen zur internen Steuerung bei KONUX

Gibt es bei KONUX ein Kennzahlenreporting und inwieweit fließt es in das klassische Reporting, sofern vorhanden, mit ein?

Andreas Kunze: Ja, das gibt es selbstverständlich. Wir berichten wöchentlich, monatlich und quartalsweise. Der Quartalsbericht umfasst alle relevanten Größen der GuV und der Bilanz und stellt ein ganz klassisches Kennzahlensystem dar. Entschließt man sich dazu, ein Unternehmen aufzubauen, das man vielleicht zu einem späteren Zeitpunkt für Investoren öffnen oder sogar an die Börse bringen will, rate ich dazu, sich frühzeitig mit relevanten Kennzahlen zu beschäftigen, die als Basis zur anschließenden Evaluation herangezogen werden können. Denn dafür sind das Kennzahlensystem und alle Daten, die dort einfließen, entscheidend.

Nutzen Sie ein bestimmtes Kennzahlensystem, wie beispielsweise die Balanced Scorecard?

Andreas Kunze: Nein. Ich glaube, dass man durch Anwendung einzelner Kennzahlen schon viel erreichen kann.

Warum nutzen Sie kein Kennzahlensystem?

Andreas Kunze: Ein Kennzahlensystem muss so aufgebaut sein, dass es möglichst gut funktioniert und motiviert, aber nicht blockiert. Außerdem sollen möglichst viele Mitarbeiter möglichst einfach damit arbeiten können. Zudem dauert die Entwicklung und Etablierung eines Kennzahlensystems einfach eine gewisse Zeit. Wenn Sie mich in 2 Jahren noch einmal dazu fragen, dann gebe ich Ihnen vielleicht eine andere Antwort.

Wie viele Kennzahlen ermitteln Sie im Unternehmen ungefähr?

Andreas Kunze: Wir ermitteln rund 50 Kennzahlen, d.h. in jedem unserer Bereiche gibt es somit ca. 10 KPIs. Aus meiner Perspektive als CEO sind aber nur 2 bis 3 KPIs pro Bereich wirklich relevant. Allerdings liegt darunter jeweils auch wieder eine Ebene mit weiteren Kennzahlen. Ich gebe Ihnen mal ein Beispiel zur Kennzahl „Verfügbarkeit des Systems": Was bedeutet Verfügbarkeit? Verfügbarkeit ist eigentlich das, was unserem Kunden gewährleistet wird. Dabei gibt es Verfügbarkeitslevel auf jedem einzelnen Technologie-Stack-Level. Auf der Hardware-Seite gibt es bspw. wieder Sub-Verfügbarkeitslevel. Also kann ich das Ganze nach oben zusammenführen oder nach unten herunterbrechen.

Sind Sie mit der Anzahl zufrieden? Sind es zu viele oder zu wenige?

Andreas Kunze: Die Anzahl der für mich wichtigsten Kennzahlen ist überschaubar, daher bin ich zufrieden. Wenn ich in unserem Team nicht Personen hätte, die ihre jeweiligen Kennzahlen im Detail besser verstehen als ich, dann hätte ich allerdings die falschen Mitarbeiter eingestellt.

Ihr Unternehmen ist noch relativ jung. Welche Kriterien zur Kennzahlenauswahl sind für Sie ausschlaggebend?

Andreas Kunze: Wir sind uns grundsätzlich bewusst, dass die Entwicklung eines Controllings verschiedene Phasen umfasst. Wie ich bereits beschrieben habe beginnt das Ganze sehr qualitativ: Am Anfang geht es eher darum, sein Produkt-Profil zu stärken, sein Team aufzustellen und die ersten Kunden zu gewinnen. Irgendwann steht jedoch das Geldverdienen im Vordergrund. Zu jedem Zeitpunkt gilt es jedoch, das wichtigste Ziel für den jeweiligen Betrachtungszeitraum zu definieren: Zu Beginn ist das die Liquidität, dann schwenkt der Fokus auf den Umsatz und zuletzt geht es um Profitabilität. Natürlich gibt es auch bei uns bereits einen 5-Jahres-Plan, aber de facto ist es entscheidend, Kernannahmen festzulegen, auf denen das Geschäft aufbaut. Aber wie viel davon weiß man bzw. glaubt man zu wissen? Es ist viel wert, diesen Glauben in Wissen zu transformieren. Und genau das spielt beim gesamten Zielsystem eine Rolle.

Wie messen Sie Digitalisierungsgrad und Innovation bei sich im Unternehmen, bzw. haben Sie hierfür geeignete Kennzahlen etabliert?

Andreas Kunze: Digitalisierung ist in diesem Sinne nicht messbar. Wenn wir den Anspruch haben, *der* Digital Player zu sein, dann muss alles, was wir tun von Grund auf digitalisiert oder digital sein. Innovationen messen wir aktuell u. a. anhand der Zahl unserer Patentanmeldungen.

Nutzen Sie eine Software im Rahmen der strategischen Unternehmenssteuerung, um Erfolge langfristig zu planen bzw. zu kontrollieren?

Andreas Kunze: Zur Messung der Zielerreichung unserer OKRs nutzen wir die Software von 7Geese. Damit können die abgeleiteten Kennzahlen bis zu jedem einzelnen Mitarbeiter heruntergebrochen werden. So kennt jeder Mitarbeiter seinen Beitrag zum Unternehmenserfolg. Es gibt sicherlich noch andere Lösungen mit ähnlichem oder größerem Leistungsumfang, die sich für verschiedene Unternehmensgrößen eignen.

Findet ein Austausch mit anderen Start-ups oder etablierten Unternehmen über die Erfahrung mit einzelnen Kennzahlen statt?

Andreas Kunze: Selbstverständlich tauschen wir uns mit anderen Unternehmen aus. Allerdings übertreiben wir es nicht. Schließlich kann man heute vieles nachlesen. Um nur ein Beispiel zu nennen: Es ist transparent, wie Google seine KPIs bzw. sein Kennzahlensystem verändert hat. Heute ist ein Großteil dessen, was andere Unternehmen machen oder gemacht haben, öffentlich.

D: Externe Kennzahlen

Erarbeiten Sie Kennzahlen gemeinsam mit Ihren Kunden?

Andreas Kunze: Ja, und das müssen wir auch. Wir verkaufen Data Services, daher müssen wir unbedingt wissen, was der Kunden von uns erwartet. Das führt grundsätzlich zu Diskussionen darüber, welche Daten unsere Kunden uns geben wollen und welche wir tatsächlich benötigen, um unser Nutzenversprechen einhalten zu können. Bei neuen Lösungen denkt der Kunde, dass er A benötigt, aber er beschreibt B. Was jedoch in Wirklichkeit benötigt wird, ist C. Daraus resultiert ein klassisches Anforderungsmanagement-Problem.

In diesem Zusammenhang müssen wir uns bspw. folgende Fragen stellen:

- Wann müssen wir uns um die Wartung kümmern?
- Wann ist meine Erkenntnisgrenze und wann ist meine Schadensgrenze erreicht?
- Wie groß ist bzw. darf der zeitliche Abstand dazwischen sein?
- Woran machen wir fest, wann wir das Ziel erreicht oder nicht erreicht haben?
- Wie gehen wir mit Anomalien um?

Die Beantwortung solcher Fragen ist enorm wichtig, da diese direkt auf unser Geschäftsmodell abzielen.

In Bezug auf unser ROI-Modell müssen wir herausfinden, was der Kunde erwartet. Wichtige zu klärende Fragen hierfür sind bspw.:

- Wie hoch sind die zu erwartenden Einsparungen bei der Implementierung?
- Wie sorgen wir dafür, dass diese in der Kostenrechnung sichtbar werden?
- Wie viel Zeit benötigen wir, bis wir die tatsächlichen Einsparungen kennen?

Daran müssen wir gemeinsam mit dem Kunden arbeiten. Außerdem muss das Ganze einen betriebswirtschaftlichen Sinn verfolgen. Wenn Sie Ihre

Geschäftsprozesse nicht anpassen, dann werden Sie sich nicht verbessern können. IoT wird sich genau an dieser Schnittstelle beweisen müssen.

Welche Kennzahlen werden von Ihren Kunden am meisten verwendet?

Andreas Kunze: Das sind wahrscheinlich die Kennzahlen „Verfügbarkeit der Anlagen" und die erzielten „Einsparungen". Außerdem ist es für unsere Kunden relevant zu wissen, wie oft sie draußen im Feld waren, um schlussendlich einen Vorher-Nachher-Vergleich machen zu können, der u.a. Aufschluss zu folgenden Fragen geben soll:

- Was hat sich verändert?
- War diese Veränderung gut?
- War die Qualität der Wartung gut?

E: Ausblick

Welche Themen werden Ihres Erachtens in Bezug auf Kennzahlen in den nächsten Jahren wichtiger werden?

Andreas Kunze: Ich glaube, dass mitarbeiterbezogene KPIs immer wichtiger werden. „Mitarbeiterengagement" wird z.B. eine andere Rolle spielen als bisher. Wir haben in dieses Thema bereits viel Zeit investiert und Faktoren identifiziert, die das Mitarbeiterengagement beeinflussen. Diese messen und überwachen wir regelmäßig. Dabei überlegen wir permanent, wie wir uns verbessern können. Da die Mitarbeiter ausschlaggebend für den Erfolg oder Misserfolg eines Unternehmens sind, ist das Thema „People Operations" oder „People Analytics" besonders wichtig. Wir haben sogar eine Person in Vollzeit angestellt, die sich fast ausschließlich mit solchen Themen beschäftigt.

Was ist Ihre Wunschvorstellung in Bezug auf Kennzahlen in Ihrem Unternehmen?

Andreas Kunze: „Think more simplicity". Je einfacher, desto besser. Je weniger nötig ist, um das Gesamtsystem möglichst ganzheitlich zu beschreiben, desto besser das Kennzahlensystem.

Vielen Dank für das sehr interessante Gespräch, Herr Kunze!

Kapitel 2: Grundlagen & Konzepte

Kennzahlen: Grundlagen und bereichsspezifische Kennzahlen- und Performance-Measurement-Konzepte

- Bei der Erfolgsmessung einzelner Abteilungen bzw. der übergeordneten Unternehmung vertrauen viele Manager auf Kennzahlen. Die Identifikation relevanter Kennzahlen sowie deren Analyse im Zeitverlauf erlauben es Führungskräften, Performance-Lücken aufzudecken, Schlüsse zu ziehen und Entscheidungen zu treffen.

- Im Laufe der Zeit begannen Forscher und Praktiker, solche Kennzahlen in Frameworks zu sammeln, die erfahrungsgemäß den größten branchenübergreifenden Einfluss auf die Performance bzw. den Erfolg hatten. Solche Frameworks der Leistungskontrolle unterliegen heutzutage dem Performance Measurement.

- Während Frameworks wie die Balanced Scorecard zur abteilungsübergreifenden Performance-Messung verwendet werden, müssen die abteilungsspezifischen Controllingeinheiten ebenfalls ihre eigene Effizienz und Effektivität kontrollieren und optimieren.

- In diesem Beitrag werden die Grundlagen von Kennzahlen und Performance-Measurement-Konzepten erläutert. Im Anschluss werden die Zielsetzungen der Kennzahlen einzelner Funktionsbereiche in Unternehmen erläutert.

Inhalt		Seite
1	Kennzahlen zur Steuerung von Organisationen	27
1.1	Zentrales Steuerungsinstrument	27
1.2	Definitionen von Kennzahlen	27
1.3	Arten von Kennzahlen	28
2	Kennzahlen des Performance Measurements	29
2.1	Grundlagen	29
2.2	Performance-Measurement-Konzepte	30
2.2.1	Balanced Scorecard	31
2.2.2	Performance Prism	32
2.2.3	Performance Pyramid	33
3	Abteilungsspezifische Kennzahlen	35
3.1	Human-Resources-Controlling und -Kennzahlen	35
3.2	IT-Controlling und -Kennzahlen	35
3.3	F&E-Controlling und -Kennzahlen	36

3.4	Einkaufscontrolling und -kennzahlen	36
3.5	Produktionscontrolling und -kennzahlen	37
3.6	Logistikcontrolling und -kennzahlen	37
3.7	Finanzcontrolling und -kennzahlen	37
3.8	Marketingcontrolling und -kennzahlen	38
3.9	Sonstige Kennzahlen des Controllings	38
4	Literaturhinweise	38

■ **Die Autoren**

Dr. Jan Christoph Munck, Forschungsdirektor Controlling & Innovation am Strascheg Institute for Innovation, Transformation and Entrepreneurship (SITE) der EBS Universität für Wirtschaft und Recht in Oestrich-Winkel.

Alexander Schlüter, Wissenschaftlicher Mitarbeiter und Doktorand im Forschungsbereich Controlling und Innovation am Strascheg Institute for Innovation, Transformation and Entrepreneurship (SITE) der EBS Universität für Wirtschaft und Recht in Oestrich-Winkel.

Prof. Dr. Ronald Gleich, Vorsitzender der Institutsleitung des Strascheg Institute for Innovation, Transformation and Entrepreneurship (SITE) der EBS Universität für Wirtschaft und Recht in Oestrich-Winkel sowie geschäftsführender Gesellschafter der Horváth Akademie GmbH in Stuttgart.

1 Kennzahlen zur Steuerung von Organisationen

1.1 Zentrales Steuerungsinstrument

Die Planung, Kontrolle und Steuerung der Produktentwicklung sind v.a. Aufgaben des Controllings. Fast alle Aspekte der Wertschöpfungskette in der Produkt- bzw. Service-Entwicklung lassen sich durch geeignete Kennzahlen abbilden. Erst die quantifizierbare Form eines Schlüsselindikators ermöglicht die Kontroll- bzw. Prognosefunktion von Kennzahlen.[1] Die Quantifizierbarkeit macht KPIs im nächsten Schritt beurteilbar und vergleichbar. Da sich letztlich aus ihnen relevante Aktivitäten ableiten lassen, haben sich Kennzahlen über die Jahre hinweg zu einem unverzichtbaren Instrument der Unternehmenssteuerung entwickelt.

1.2 Definitionen von Kennzahlen

Verfasser	Jahr	Definition
Reichmann	2006	„Kennzahlen werden als jene Zahlen betrachtet, die quantitativ erfassbare Sachverhalte in konzentrierter Form erfassen."[2]
Burkert	2008	„Unter einer Kennzahl wird jede Art von quantitativer Information verstanden, die über unternehmensinterne oder unternehmensexterne Sachverhalte Auskunft gibt."[3]
Gladen	2014	„Kennzahlen sollen komplizierte betriebliche Sachverhalte, Strukturen und Prozesse auf einfache Weise abbilden, um damit einen möglichst umfassenden und schnellen Überblick zu garantieren, Führungsinstanzen bei (fallweisen) Analysen dienen, Führungsinstanzen bei der laufenden Planung, Durchsetzung und Kontrolle dienen durch Ausschaltung irrelevanter Daten."[4]
Horváth et al.	2015	„Kennzahlen sollen relevante Zusammenhänge in verdichteter, quantitativ messbarer Form wiedergeben. [...] Kennzahlen gehören zu den klassischen Instrumenten des Controllers, weil mit ihrer Hilfe die Informationsversorgung erfolgen kann. [...] [Sie] können eine Informations- und/oder eine Steuerungsaufgabe haben."[5]

Tab. 1: Verschiedene Definitionen von Kennzahlen

---

[1] Vgl. Kaack, 2012, S. 66f.
[2] Reichmann, 2006, S. 19.
[3] Burkert, 2008, S. 9.
[4] Gladen, 2014, S. 10.
[5] Horváth et al., 2015, S. 286.

Sowohl in der deutschsprachigen als auch in der anglo-amerikanischen Literatur gibt es viele Synonyme und Begriffe für Kennzahlen. Für letztere sind das bspw. „performance indicators", „measures" oder „performance measures".[6] In der deutschsprachigen Literatur findet man häufig den Begriff „Indikator". An dieser Stelle muss jedoch differenziert werden, dass Indikatoren auf eine Veränderung des Leistungsniveaus im Unternehmen hinweisen, die zunächst ausgelegt bzw. interpretiert werden müssten. Demzufolge haben sie als quantifizierbare Ausprägung keinen Aussagegehalt. Diese Unterscheidung gilt jedoch nicht für den Begriff „Key Performance Indicator" (KPI), der in diesem Beitrag als Synonym zur Kennzahl aufgefasst wird. Dies ist durch die Tatsache begründet, dass sich KPIs – wie eingangs angeklungen – aus den wesentlichen Aspekten der Leistungserstellung ableiten lassen und in dieser Form kritische Messgrößen darstellen. KPIs sind damit von deutlich höherer strategischer Bedeutung als Kennzahlen, auch wenn die Begriffe hier synonym verwendet werden.

1.3 Arten von Kennzahlen

Für die methodische Einordnung von Kennzahlen ist die Statistik verantwortlich. Aus der Betriebswirtschaft stammende Zahlen werden in der Literatur als „statistische Zahlen" aufgefasst.[7] Zahlen im statistischen Sinn lassen sich differenzieren hinsichtlich absoluten und relativen Zahlen, was bedeutet, dass eine entsprechende Einordnung für Kennzahlen ebenfalls erfolgen muss.

Absolute Zahlen sind entweder Bestands- oder Stromgrößen, d.h. sie sind zeitpunkt- oder zeitraumbezogen. Bestandsgrößen reflektieren immer eine bestimmte Momentaufnahme (z.B. Eigenkapital, Umlaufvermögen), während Stromgrößen über eine Periode erfasst werden (z.B. Cashflow, Umsatzerlöse). **Relative Zahlen** hingegen werden stets als Quotienten gebildet, die dann wiederum gewisse Sachverhalte abbilden sollen. Relative Zahlen haben meist eine deutlich höhere Aussagekraft als absolute Zahlen, weshalb jene in der Praxis vorgezogen werden. Relative Zahlen können 3 verschiedene Ausprägungen annehmen:

- **Gliederungszahlen:** Verhältnis einer Größe zur Gesamtmenge, z.B. Anteil des Fremdkapitals am Gesamtkapital;

---

[6] Schreyer, 2007, S. 4.
[7] Bucher, 1985, S. 2.

- **Beziehungszahlen:** 2 Zahlen, die sonst nicht direkt zusammenhängen, werden aufgrund vermuteter Kausalbeziehungen miteinander in Beziehung gesetzt, z.B. Eigenkapitalrentabilität;
- **Indexzahlen:** Darstellung von zeitlichen Entwicklungen, z.B. Lohnkostenentwicklung.[8]

Letztlich hat eine einzelne und unabhängig stehende Kennzahl wenig Aussagekraft. Aus diesem Grund werden Kennzahlen häufig mittels Kennzahlenvergleich gegenübergestellt. Diesen Vergleich kann man auf **innerbetrieblicher Ebene** (Vergleich von Abteilungen) oder auf **zwischenbetrieblicher Ebene** (Vergleich von verschiedenen Unternehmen) durchführen. Darauf baut das sog. Benchmarking auf, bei dem entweder die gleichen Kennzahlen aus verschiedenen Perioden (**Zeitvergleich**) oder geplante Soll-Werte mit tatsächlichen Ist-Werten derselben Periode miteinander verglichen werden (**Soll-Ist-Vergleich**).[9] Neben diesen **quantitativen Größen** sind besonders für einzelne Abteilungen auch **qualitative Größen** interessant. Ein Beispiel dafür ist das Personalmanagement, das Mitarbeiterzufriedenheit oder die Auswirkungen des Employer Branding messen möchte.

2 Kennzahlen des Performance Measurements

2.1 Grundlagen

Wie in Kapitel 1 angeklungen, lassen besonders Beziehungskennzahlen Rückschlüsse auf Optimierungen zu oder dienen dem Management zur Steuerung und Kontrolle. Eine weit verbreitete Methode zur Kennzahlenermittlung und -darstellung ist das **DuPont-Kennzahlensystem**, das erstmals 1918 angewandt wurde. Dieses klassische Konzept konzentriert sich auf den Return on Investment (RoI). Indes sind in den letzten Jahrzehnten auch andere Frameworks und Systeme entwickelt worden, die vorwiegend auf modernen Management-Konzepten basieren. Das Performance Measurement liefert die Grundlage solcher Kennzahlensysteme.[10]

Definition von Performance Measurement

Das Performance Measurement versucht, mit verschiedenen Modellen Leistung anhand von Kennzahlen und Indikatoren darzustellen und zu quantifizieren. Ähnlich wie beim Kennzahlenbegriff sind im Performance Measurement viele Definitionen verbreitet, von denen in Tab. 2 die gängigsten ausgewählt wurden.

---

[8] Vgl. Horváth et al., 2015, S. 286.
[9] Vgl. Horváth et al., 2015, S. 286.
[10] Vgl. Horváth et al., 2015, S. 23.

Verfasser	Jahr	Definition
Neely et al.	1995	„Performance measurement can be defined as the process of quantifying the efficiency and effectiveness of action."[11]
Kaplan/ Norton	1996	„The objective of any measurement system should be to motivate all managers and employees to implement successfully the business unit's strategy."[12]
Gleich	2011	Performance Measurement ist der „Aufbau und Einsatz meist mehrerer Kennzahlen verschiedener Dimensionen (z. B. Kosten, Zeit, Qualität, Innovationsfähigkeit, Kundenzufriedenheit), die zur Messung und Bewertung der Effektivität und Effizienz der Leistung und Leistungspotenziale unterschiedlichster Objekte im Unternehmen, so genannter Leistungsebenen (z. B. Organisationseinheiten unterschiedlichster Größe, Mitarbeiter, Prozesse), herangezogen werden."[13]

Tab. 2: Verschiedene Definitionen von Performance Measurement

Da jeder Forscher innerhalb des Performance Measurements einen individuellen Fokus setzt, wird eine Vereinheitlichung maßgeblich erschwert. Eine Studie zum Thema Performance Measurement aus dem Jahr 2007[14] hat versucht, einen Querschnitt des Themenfelds abzubilden und definiert die Aufgaben des Performance Measurement wie folgt:

- **Measuring Performance:** Fortschrittskontrolle sowie Messung und Bewertung der Leistung.
- **Strategy Management:** Planung, Strategieformulierung und Strategieimplementierung.
- **Communication:** Interne und externe Kommunikation, Benchmarking und die Einhaltung von Vorschriften.
- **Influence Behaviour:** Das Belohnungssystem, die Steuerung und das Relationship Management.
- **Learning and Improvement:** Feedback, iterative Lernprozesse und Leistungssteigerung.

2.2 Performance-Measurement-Konzepte

Wie in Kapitel 2.1 angedeutet, wurden im Zeitverlauf die unterschiedlichsten Performance-Measurement-Modelle entwickelt. Als Trend zeichnet

---

[11] Neely, 1995, S. 80.
[12] Kaplan/Norton, 1996, S. 147.
[13] Gleich, 2011, S. 17.
[14] Vgl. Franco-Santos, 2007, S. 795 ff.

sich in den letzten Jahren eine Verschiebung des Interesses von der rein finanztheoretischen Betrachtung von Kennzahlen hin zu einer tendenziell offeneren Einbindung der Kennzahlen ab, besonders auch aus einzelnen Abteilungen. Prominente Beispiele sind die Balanced Scorecard oder das Performance Prism, in denen der Marketingperspektive inklusive Kennzahlen erstmals eine maßgebliche Bedeutung zukam. Ausgewählte Konzepte des Performance Measurement werden im Folgenden vorgestellt.

2.2.1 Balanced Scorecard

Die Balanced Scorecard (BSC) unterstützt ihren Anwender in der raschen Entscheidungsfindung auf strategischer Ebene. Das Konzept legt seinen Fokus auf die Berücksichtigung verschiedener Perspektiven (Finanzperspektive, Prozessperspektive, Kundenperspektive und Potenzialperspektive, s. Abb. 1). Dieser Ansatz wurde von Harvard-Professor Robert S. Kaplan sowie Unternehmensberater David P. Norton entwickelt und war das Ergebnis eines mehrjährigen Forschungsprojekts mit mehreren Praxispartnern und Unternehmen.[15] 1992 stellten sie ihre Ergebnisse erstmals vor.[16]

Vision und Strategie im Fokus

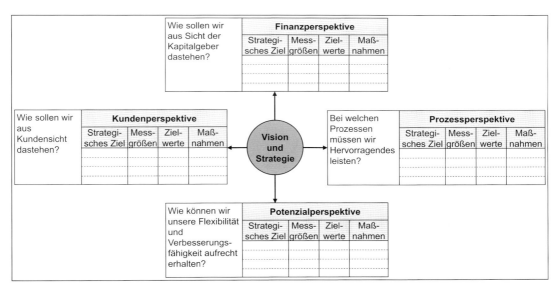

Abb. 1: Grundkonzept der Balanced Scorecard[17]

Dem Konzept liegt die Idee zugrunde, dass nicht nur vergangenheitsorientierte Daten (z.B. finanztheoretische Kennzahlen) betrachtet werden

---

[15] Vgl. Gleich, 2011, S. 74.
[16] Vgl. Kaplan/Norton, 1992, S. 71 ff.
[17] Gleich, 2011, S. 75.

Grundlagen & Konzepte

dürfen, sondern auch gegenwartsbezogene Daten sowie zukünftige Prognosen (Potenzialperspektive) in die Performance-Messung mit einfließen müssen. Die 4 entwickelten Perspektiven hängen insofern alle eng miteinander zusammen. Diese sollen im Kern der Unternehmensvision und -strategie entsprechen, weshalb sie vor dem Hintergrund der BSC nochmals dargestellt werden sollten. Erst dann sollte man mit der Detailplanung der einzelnen Perspektiven beginnen.[18]

2.2.2 Performance Prism

Stakeholder-Zufriedenheit und ihr Beitrag

Neely et al. entwickelten zur Jahrtausendwende ein Konzept, das die Schwachstellen bisheriger Performance-Measurement-Systeme kompensieren sollte.[19] Im Performance Prism werden zunächst alle Stakeholder samt ihrer Zufriedenheit als Ausgangspunkt benutzt. Viele andere Ansätze entscheiden sich an dieser Stelle für die Unternehmensstrategie als Fundament.

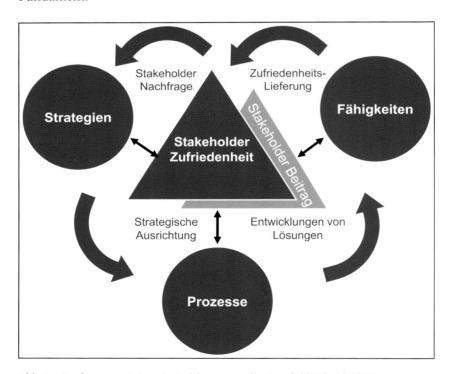

Abb. 2: Performance Prism, in Anlehnung an die Cranfield School of Management

---

[18] Vgl. Gleich, 2011, S. 74.
[19] Vgl. Neely, 2001, S. 6.

Neben der Stakeholder-Fokussierung, besteht das Performance Prism aus vier weiteren in Beziehung stehenden Dimensionen (s. Abb. 2):[20]

1. Stakeholder-Zufriedenheit: Wer sind unsere primären Stakeholder und was brauchen/wollen sie?
2. Strategien: Welche Strategien brauchen wir, um diese Wünsche und Bedürfnisse zu befriedigen?
3. Prozesse: Welche Prozesse benötigen wir, um diese Strategien umzusetzen?
4. Fähigkeiten: Welche Fähigkeiten benötigen wir, um unsere Prozesse effektiver und effizienter zu gestalten?
5. Stakeholder-Beitrag: Was wollen/brauchen wir von unseren Stakeholdern, um diese Fähigkeiten zu entwickeln und zu erhalten?

Durch die Verkettung der einzelnen Prozesse entsteht eine exakt planbare Durchführung des Performance-Prism-Ablaufes. Des Weiteren wird durch diese Verzahnung gewährleistet, dass das praktizierende Unternehmen zunächst die relevanten Stakeholder mit ihren Bedürfnissen bzw. die Erwartungen an die Stakeholder illustriert. Allein dadurch können schon Performance-Lücken identifiziert und darauf aufbauende Lernprozesse angestoßen werden. Selbiges gilt für den zu wiederholenden Dialog mit den Stakeholdern.[21]

Aus den Bedürfnissen der primären Stakeholder lassen sich im ersten Schritt Strategien zur Bedürfnisbefriedigung ableiten. Gleichwohl werden Anreize zur Strategieentwicklung und -implementierung geschaffen, da dadurch erst die Bedürfnisbefriedigung aller relevanten Stakeholder abgesichert wird – also auch die der Strategieverantwortlichen. Der Fortschritt der Implementierung lässt sich bspw. in KPIs übersetzen, wodurch dieser dann bewertet werden kann. Eine störungsfreie Kommunikation stellt hier die Grundvoraussetzung dar. Die Prozesse lassen sich ebenfalls in KPI überführen und hinsichtlich Effizienz und Effektivität messen. Die dafür erforderlichen Fähigkeiten beschreiben Neely et al. als Zusammenspiel von Konzepten, Technologie, Mitarbeitern und Infrastruktur.[22]

_{Konzepte, Technologie, Mitarbeiter}

2.2.3 Performance Pyramid

In den 1990er Jahren konzipierten Lynch und Cross die Performance Pyramid. Dieses Performance-Measurement-System formuliert strategische Ziele und Entscheidungen auf Basis der kommunizierten Unternehmensvision.[23] Die Performance Pyramid soll:

---

[20] Vgl. Neely, 2002, S. 181.
[21] Vgl. Neely, 2001, S. 7.
[22] Vgl. Neely, 2001, S. 7.
[23] Vgl. Lynch/Cross, 1995, S. E3-10.

- Zielvorstellungen des Top-Managements in alle Unternehmenseinheiten tragen;
- Informationen bzgl. der Performance sowohl der unterschiedlichen Ebenen als auch ebenenübergreifend zur Verfügung stellen;
- finanzielle und nicht-monetäre Kennzahlen berücksichtigen sowie
- relevante Kennzahlen an die internen Kunden kommunizieren.[24]

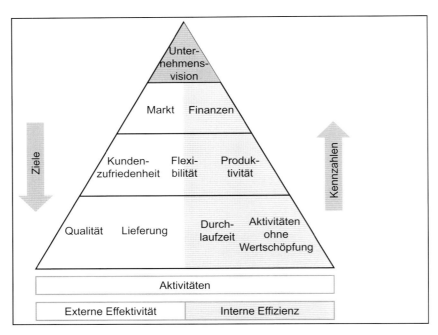

Abb. 3: Performance Pyramid[25]

Für die unterschiedlichen Leistungsebenen der Pyramide (s. Abb. 3) werden zunächst Ziele festgelegt, die anschließend mittels Kennzahlen kontrolliert werden können. Es werden bspw. auf der obersten Leistungsebene Ziele für die Ausprägungen Markt und Finanzen auf Grundlage der Unternehmensvision im Vorfeld festgelegt. Diese Ziele werden dann in einem zweiten und dritten Schritt verfeinert. Auf der untersten Ebene werden Kennzahlen festgelegt, die die Erreichung der postulierten Ziele kontrollieren können. Diese Kennzahlen lassen sich von der untersten bis zur obersten Leistungsebene in einem letzten Schritt aggregieren.[26]

---

[24] Vgl. Gleich, 2011, S. 87.
[25] Vgl. Lynch/Cross 1993, S. E3-10
[26] Vgl. Gleich, 2011, S. 88.

Zwar ist fraglich, inwieweit die Performance Pyramid neben der BSC bestehen kann; so sollte indes berücksichtigt werden, dass sie die abgeleiteten Unternehmensziele mit Kennzahlen der Leistungsfeststellung in Einklang zu bringen versucht. Mithin werden alle Unternehmenseinheiten mit ihren Abteilungen abgebildet. Im Vergleich zur BSC werden jedoch nur 2 Stakeholder-Gruppen (Kunden und Eigenkapitalgeber) berücksichtigt und keine konkreten KPI vorgeschlagen. Die praxisnahe Anwendbarkeit und die rasche Planung und Umsetzung des Konzepts sind nichtsdestotrotz Stärken, die die Performance Pyramid zu einem nützlichen Tool machen.[27]

Im Fokus der Performance Pyramid stehen 2 Stakeholder-Gruppen: Kunden und Eigenkapitalgeber

3 Abteilungsspezifische Kennzahlen

Die bislang dargestellten Konzepte zum Performance Measurement sind abteilungsübergreifend, d.h. sie sind besonders für das Top-Management bzgl. Leistungskontrollen interessant. Neben diesen übergeordneten Leistungskontrollen sind jedoch vor allem die abteilungsorientierten Kennzahlen sinnvoll, da dort zumeist die eigentliche Wertschöpfung von Unternehmen entsteht. In den späteren Kapiteln werden jeweils anwendungsbezogene Praxiseinblicke gegeben, die im Folgenden knapp umrissen werden.

3.1 Human-Resources-Controlling und -Kennzahlen

Das Human-Resources-Controlling (oder auch HR-Controlling) „ist die Teilfunktion des Personalmanagements, die ein optimales Verhältnis von personalbezogenem Aufwand […] zu personalbezogenem Ertrag […] überwacht und dabei die derzeitige und künftige wirtschaftliche Entwicklung im Unternehmen und in dessen Umfeld berücksichtig."[28] Im Fokus des HR-Controllings steht die Planung und Bewertung des Humankapitals. Eine mögliche Kennzahl ist bspw. die Erfassung der Fluktuationsquote, welche vorab als Zielvorgabe festgelegt wird. Durch regelmäßige Messung dieser Quote mit anschließendem Vergleich der Zielvorgaben, können Maßnahmen zur Optimierung abgeleitet werden.[29]

Fluktuationsquote sehr beliebt

3.2 IT-Controlling und -Kennzahlen

IT-Controlling i.S.d. Controllings der Datenverarbeitung oder von Informationssystemen ist die „… Beschaffung, Aufbereitung und Analyse von Daten zur Vorbereitung zielsetzungsgerechter Entscheidungen bei Anschaf-

Leistungs- und Kostenorientierung

---

[27] Vgl. Gleich, 2011, S. 89.
[28] Armutat/DGFP, 2012, S. 19.
[29] Vgl. Wickel-Kirsch et al., 2008, S. 142.

fung, Realisierung und Betrieb von Hardware und Software".[30] An dieser Stelle muss betont werden, dass IT-Controlling nicht synonym mit IT-Kostenreduktion verwendet werden kann, sondern sich das IT-Controlling vielmehr auf die leistungsorientierte Steuerung und Effizienzverbesserung des IT-Wertbeitrags im Unternehmen bezieht.[31] Es ist folglich auch Aufgabe des IT-Controllings, die nötige Transparenz zur Abgrenzung zwischen der leistungs- und kostenorientierte Ebene herzustellen.

3.3   F&E-Controlling und -Kennzahlen

F&E-Ergebnisse schwer zu quantifizieren

Die bloße Steigerung der F&E-Ausgaben bedeutet heutzutage nicht automatisch auch eine Erhöhung der Umsätze oder Gewinne. Vielmehr ist die Frage nach der Effektivität und Effizienz dieser Forschung und Entwicklung zentrale Punkte innerhalb des F&E-Controllings.[32] Forschung und Entwicklung ist hier definiert als „eine Kombination von Produktionsfaktoren, die die Gewinnung neuen Wissens ermöglichen soll".[33] Heutige Probleme bzw. Herausforderungen innerhalb des F&E-Controllings ergeben sich dadurch, dass einerseits der reine Erfolgsanteil des F&E-Bereichs nur schwer quantifizierbar ist und andererseits die abgebildete Zeitspanne von der Forschung bis hin zur Entstehung verwertbaren Wissens zumeist sehr lang sein kann. Letztlich können sogar Spin-off-Effekte durch gescheiterte F&E-Projekte entstehen, deren weitere Wertermittlung herausfordernd sein kann.[34]

3.4   Einkaufscontrolling und -kennzahlen

Einkauf und Produktion verbinden

Es ist die Aufgabe des Beschaffungscontrollings, „sicherzustellen, dass die Einkäufer einen hohen Informationsstand haben und über alle Daten des Beschaffungsmarktes, die für ihre Einkaufsentscheidungen relevant sind, verfügen können".[35] In diesem Zusammenhang muss der Controller die relevanten Preisobergrenzen kennen, um bspw. Make-or-buy-Entscheidungen zu treffen. Weitere denkbare Aufgaben sind die fortlaufende Planung von Beschaffungsgütern und etwaige Unterbrechungsanalysen. Ferner beschäftigt sich das Einkaufscontrolling mit der Identifikation von Interessengegensätzen zwischen Einkauf und Produktion. Auch hier ist das Thema Effizienz maßgeblich entscheidend.[36]

---

[30] Becker/Winkelmann, 2004, S. 214.
[31] Vgl. Gadatsch/Mayer, 2007, S. 32.
[32] Vgl. Specht et al., 2002, S. 448.
[33] Brockhoff, 1999, S. 48.
[34] Vgl. Leker, 2005, S. 571.
[35] Reichmann et al., 2017, S. 346.
[36] Vgl. Reichmann et al., 2017, S. 346 f.

3.5 Produktionscontrolling und -kennzahlen

In der Produktion werden durch die Kombination von Produktionsfaktoren Güter erzeugt. Das Produktionscontrolling hat „in erster Linie die Wirtschaftlichkeit dieses Produktionsprozesses sicherzustellen".[37] Die Überprüfung dieser Wirtschaftlichkeit ist an die Kontrolle und Überwachung der Produktionskosten gekoppelt. Es ist die Aufgabe des Produktionscontrollers, negative Tendenzen im Produktionsbereich zu erfassen und unverzüglich gegenzulenken. Solche Gegenmaßnahmen finden häufig nicht direkt im produktionswirtschaftlichen Entscheidungsumfeld statt, sondern vielmehr bereichsbezogen. Hier steht der Controller v.a. im Kontakt mit dem Produktionsleiter, der die übergeordnete Verantwortung für die Programm- und Prozessplanung hat.[38]

Auf negative Veränderungen reagieren

3.6 Logistikcontrolling und -kennzahlen

Controlling im Kontext von Logistik bedeutet die „laufende Wirtschaftlichkeitskontrolle sicherzustellen, d.h. laufend kostenarten-, kostenstellen- und ggf. kostenträgerbezogen zu überprüfen, ob, soweit Plansätze vorhanden sind, die geplanten Logistikkosten mit der Ist-Kostenentwicklung übereinstimmen und bezogen auf die Logistikleistungen, ob [...] [sie] zu „minimalen" Kosten erbracht werden".[39] Heutzutage beschränkt sich das Logistikcontrolling nicht mehr allein auf das einzelne Unternehmen, sondern erfordert die Kooperation mit den relevanten Partnern entlang der gesamten Wertschöpfungskette. Eine mögliche Messgröße ist der Lieferbereitschaftsgrad als „Relation der termingemäß ausgelieferten Bedarfsanforderungen zur Gesamtzahl der Bedarfsanforderungen".[40]

Prozesse über Unternehmensgrenzen hinaus optimieren

3.7 Finanzcontrolling und -kennzahlen

Finanzcontrolling ist der „Sammelbegriff für alle Aktivitäten, die darauf abzielen, die Liquidität unter Einbeziehung der Erfordernisse des Leistungsbereichs zukunftsgerichtet zu steuern".[41] Das bedeutet, dass das Unternehmen in der Lage sein muss, „zu jedem Zeitpunkt die zwingend fälligen Auszahlungsverpflichtungen uneingeschränkt erfüllen zu können".[42] Neben dieser ständigen Zahlungsbereitschaft bewahrt das Finanzcontrolling gleichermaßen das Rentabilitätsziel im Blick. Aus diesem Wechselspiel lassen

Sicherung der Liquidität ist oberste Pflicht

---

[37] Reichmann et al., 2017, S. 361.
[38] Vgl. Reichmann et al., 2017, S. 361.
[39] Reichmann et al., 2017, S. 411f.
[40] Reichmann et al., 2017, S. 424.
[41] Steiner, 2003, S. 235.
[42] Reichmann et al., 2017, S. 250.

Grundlagen & Konzepte

sich die Einzelaufgaben des Finanzcontrollings ableiten: die strukturelle Liquiditätssicherung, die laufende Liquiditätssicherung, die Haltung der Liquiditätsreserve und die Finanzierung. Hauptaugenmerk der Controllertätigkeit liegt auf Wahrung der Unabhängigkeit dieser Einzelaufgaben.[43] Die wohl gängigsten Kennzahlen in diesem Bereich sind die Gesamtkapitalrentabilität, der RoI, der Anlagendeckungsgrad, EBITDA sowie die Liquidität 1. Grades.

3.8 Marketingcontrolling und -kennzahlen

Marketingerfolg nicht immer einfach zu ermitteln

Das Marketingcontrolling „unterstützt […] eine zielorientierte Planung, Steuerung und Kontrolle der Marketing-Funktion im Unternehmen, indem es alle planungs-, entscheidungs-, und kontrollrelevanten Marketing-Informationen beschafft und entsprechend bereitstellt".[44] Dabei geht es insbesondere um die Aufbereitung von bspw. Marktforschungsergebnissen. Dabei muss sich das Marketingcontrolling einigen Herausforderungen stellen, nämlich: Die Quantifizierbarkeit des Marketingerfolgs, die Zusammenstellung einer adäquaten Informations- und Datenbasis sowie die Bereitstellung von Know-how im Umfeld des Marketingcontrollings.[45] Populäre Kennzahlen im Marketingcontrolling sind die Repurchase-Rate, die Customer Acquisition Cost, das Verhältnis zwischen dem Customer Lifetime Value und der Customer Acquisition Cost.

3.9 Sonstige Kennzahlen des Controllings

Die hier aufgeführte Liste der abteilungsspezifischen Controllingkonzepte ist nicht vollständig. Selbstverständlich sind auch die hier nicht genannten Abteilungen relevant hinsichtlich des Controllings. Definiert man das Controlling als eine optimale Planung, Steuerung und Kontrolle sowie als Werkzeug zur Effizienz und Effektivitätssteigerung, so leuchtet es ein, dass dieses Konzept auf allen Unternehmensebenen angewendet werden kann. Vielmehr sollte bis hierhin ein Grundstein für die im weiteren Verlauf des Buches folgenden Beispiele aus der Praxis gelegt werden.

4 Literaturhinweise

Armutat/DGFP (Hrsg.), Personalcontrolling für die Praxis: Konzept, Kennzahlen, Unternehmensbeispiele, in Schriftenreihe Praxis-Edition, 2013, S. 92.

---

[43] Vgl. Reichmann et al., 2017, S. 252.
[44] Zerres, 2017, S. 4.
[45] Vgl. Reinecke, 2016, S. 204 f.

Becker/Winkelmann, IV-controlling, Wirtschaftsinformatik, 46(3), 2004, S. 213–221.

Brockhoff, Forschung und Entwicklung: Planung und Kontrolle, 1999.

Buchner, Finanzwirtschaftliche Statistik und Kennzahlenrechnung, 1985.

Burkert, Qualität von Kennzahlen und Erfolg von Managern: Direkte, indirekte und moderierende Effekte, 2008.

Franco-Santos/Kennerley/Micheli/Martinez/Mason/Horváth/Gleich/Seiter, Towards a definition of a business performance measurement system, in Controlling, 2015.

Gadatsch/Mayer, Masterkurs IT-Controlling: Grundlagen und Praxis-IT-Kosten-und Leistungsrechnung-Deckungsbeitrags-und Prozesskostenrechnung-Target Costing, 2007.

Horváth/Gleich/Seiters, Controlling, 13. Auflage 2015.

Kaack, Performance measurement für die Unternehmenssicherheit: Entwurf eines Kennzahlen- und Indikatorensystems und die prozessorientierte Implementierung, 2012.

Kaplan/Norton, The Balanced Scorecard – measures that drive performance, in: Harvard Business Review 70, 1992, 1, S. 71–79.

Kaplan/Norton, The balanced scorecard: translating strategy into action, in: Harvard Business Press, 1996.

Gladen, Performance Measurement – Controlling mit Kennzahlen, 2014.

Gleich, Performance Measurement: Konzepte, Fallstudien und Grundschema für die Praxis, 2011.

Leker, F&E-Controlling. In Handbuch Technologie-und Innovationsmanagement, 2005, S. 567–584.

Lynch/Cross, Performance measurement systems. Handbook of Cost Management, 1993, E3–10.

Neely/Gregory/Platts, Performance measurement system design: a literature review and research agenda, in International journal of operations & production management, 1995, 15(4), S. 80–116.

Neely/Adams/Crowe, The performance prism in practice. Measuring business excellence, 2001.

Neely/Adams/Kennerley, The performance prism: The scorecard for measuring and managing business success, in Financial Times, 2002.

Neely, Towards a definition of a business performance measurement system, in International Journal of Operations & Production Management, 2007, 27(8) S. 784–801.

Reichmann/Kißler/Baumöl, Controlling mit Kennzahlen: Die systemgestützte Controlling-Konzeption, 2017.

Reinecke, Marketingcontrolling in der Unternehmenspraxis, in Handbuch Controlling, 2016, S. 199–221.

Schreyer, Entwicklung und Implementierung von Performance Measurement Systemen, 2007.

Specht/Beckmann/Amelingmeyer, F-&-E-Management: Kompetenz im Innovationsmanagement, 2002.

Steiner, Finanz-Controlling, in Horváth/Reichmann (Hrsg.), Vahlens Großes Controlling Lexikon, 2. Aufl. 2003, S. 235–236.

Wickel-Kirsch/Janusch/Knorr, Personalwirtschaft, 2008.

Zerres, Handbuch Marketing-Controlling: Grundlagen – Methoden – Umsetzung, 2017.

Kennzahlen richtig nutzen: Mit dem ZAK-Prinzip das TUN unterstützen

- Kennzahlen sind ein wichtiges Instrument des Controllings – der Führungsaufgabe der Zielfindung, Planung und Steuerung von Organisationen.
- Ziele kann man nur durch TUN, durch zielgerichtete Aktivitäten oder Aktionen erreichen. Dabei hilft das **ZAK**-Prinzip geeignete Kennzahlen zur Zielerreichung festzulegen: Die Verbindung von Ziel, Aktion und Kennzahl.
- Kennzahlen dienen verschiedenen Zwecken: dem Vergleichen, dem Entscheiden und dem TUN. Es gilt also immer, die Menschen hinter den Zahlen zu sehen und ihren Intentionen gerecht zu werden.
- Zielfindung, Planung und Steuerung sind untrennbar mit Verantwortung verbunden. Deshalb sind Kennzahlen ohne konkrete Verantwortung für ihre Entstehung wie für ihre Handhabung eine sinnlose Verschwendung von Zeit und Geld.
- In dem Beitrag beschreiben die Autoren, wie die Zielbildung und die Berücksichtigung der Menschen die Anforderungen an die Kennzahlengestaltung beeinflussen. Anhand von zahlreichen Beispielen stellen sie den Prozess der Kennzahlenauswahl dar und geben Empfehlungen zur Integration in Berichte, die gelesen und akzeptiert werden.

Inhalt		Seite
1	**Die Menschen hinter den (Kenn-)Zahlen sehen**	43
1.1	Einführung	43
1.2	Ziel, Aktion und Kennzahl miteinander verknüpfen	45
1.3	Kennzahlen im Prozess der Willensbildung	47
2	**Kennzahlen nach der Intention gestalten**	49
2.1	Richtig vergleichen	49
2.2	Entscheiden als zentrale Führungsaufgabe	52
2.3	TUN	56
3	**Kennzahlen in Berichte einbinden**	57
3.1	Mindestanforderungen für Berichte	57
3.2	Entwicklung von Berichten abstimmen	58
3.3	Berichte nach dem OPO-Format gestalten	60
4	**Literaturhinweise**	62

Die Autoren

Dr. Walter Schmidt, Inhaber der Unternehmensberatung ask Dr. Walter Schmidt in Berlin. Sein Fokus liegt auf der Moderation und Begleitung von Strategieprozessen. Gemeinsam mit Herwig Friedag ist er Autor mehrerer Bestseller (u.a. Balanced Scorecard einfach konsequent, TaschenGuide Balanced Scorecard, My Balanced Scorecard). Er ist Senior Advisor des Vorstands im Internationalen Controller Verein (ICV) und Mitglied im Fachbeirat des Controlling-Beraters.

Dr. Herwig R. Friedag, Inhaber der Friedag Consult in Berlin. Sein Schwerpunkt liegt auf der Moderation von Strategieentwicklungsprojekten in Unternehmen. Dr. Friedag leitet den Internationalen Arbeitskreis im Internationalen Controller Verein e.V. und war viele Jahre Lehrbeauftragter an der Humboldt-Universität zu Berlin sowie an der Universität Rostock.

1 Die Menschen hinter den (Kenn-)Zahlen sehen

1.1 Einführung

Controlling ist der „auf die Sicherstellung nachhaltiger Wirtschaftlichkeit ausgerichtete Management-Prozess der betriebswirtschaftlichen Zielfindung, Planung und Steuerung eines Unternehmens".[1]

Zielfindung, Planung und Steuerung

Ziele finden und sie gemeinsam umsetzen, bilden Ausgangspunkt und Kernstück jeden Controllings. Dabei spielen Kennzahlen eine wichtige Rolle, sofern sie uns erkennen lassen, was wir ganz konkret erreichen wollen und wie weit wir dabei gekommen sind. Es ist daher wesentlich, die Menschen hinter den Zahlen zu sehen – ihre Intentionen, ihre Wünsche und ihre Ziele.

Ziele unterscheiden sich von Intentionen und Wünschen. Man muss sie sich „antun" wollen. Das gilt im beruflichen wie im privaten Leben. Wenn ich bspw. zu der Meinung gelange, dass mir etwas weniger Gewicht gut tun würde, weil „die Hose klemmt", kann daraus die Absicht entstehen, mal wieder ein bisschen abzunehmen. Und mein Wunsch möge darauf hinauslaufen, dass mir die Hose wieder passt. Aber ein Ziel wird daraus erst, wenn ich bereit bin, etwas mehr Sport zu treiben. Durch eine Kennzahl wird das Ziel schließlich konkret: 30 Min. Sport am Tag (Frühindikator) oder 10 Kilo weniger (Spätindikator). Nun muss ich es „nur" noch tun – also mir mehr Sport tatsächlich antun. Anderenfalls fällt mein Ziel zurück in einen frommen Wunsch und eine abstrakte Intention.

Deshalb sind Zielvorgaben oder die Zielsetzung „von oben" oftmals so wenig wirksam. Die Menschen machen sich diese Ziele nicht zu Eigen. Dagegen wird häufig eingewandt, dass man eben mit genügend Nachdruck gesetzte Ziele durchsetzen müsse. Aber dabei wird vergessen, dass dann ein Zielwandel einsetzt: Es geht den „Gedrückten" in solchen Fällen vor allem darum, dem Druck auszuweichen. Das eigentliche Ziel wird nebensächlich. Ohne permanente Aufrechterhaltung eines ausreichenden Drucks, verliert das ursprüngliche Ziel seine Wirkung. Und es finden sich Gründe, warum es nicht geht. Wie sagt der Volksmund so treffend: „Wo ein Wille ist, ist ein Weg. Wo kein Wille ist, gibt es Gründe"!

Dagegen verweist das Wort „Zielfindung" auf einen Prozess der gemeinsamen Willensbildung (s. Abb. 1).

Gemeinsame Willensbildung

---

[1] DIN SPEC 1086, 2009, S. 4.

Grundlagen & Konzepte

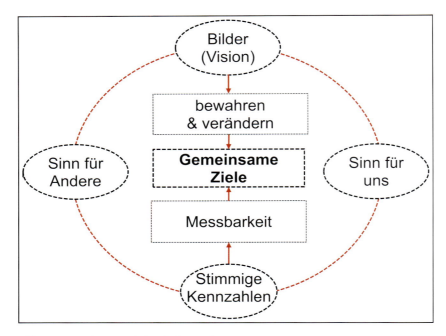

Abb. 1: Gemeinsame Zielen finden und messen

Es geht um gemeinsame Ziele, für die es sich lohnt, sein eigenes Verhalten zu verändern, um sie zu erreichen. Dafür brauchen die meisten Menschen ein „Warum". Warum soll es für mich sinnvoll sein, „dass die Hose wieder passt"? Ist dieses Ziel mir so wertvoll, dass ich dafür bereit bin, mein Verhalten zu ändern? Das „Warum" spricht unsere Werte an. Unsere inneren Bilder von dem, was wir bewahren wollen. „Aus Tradition verändern!", hat ein Unternehmer mal gesagt. Von der „Macht der inneren Bilder" spricht Gerald Hüther.[2] Das ist gemeint, wenn Visionen Sinn stiften sollen. Zielvorgaben oder darauf aufbauende Ziel-„Vereinbarungen", die „durchgedrückt" werden müssen, vermitteln keinen Sinn!

Die meisten Ziele können wir nicht alleine realisieren. Wir benötigen dafür andere Menschen mit im Boot. Dann darf ein Ziel nicht nur für uns Sinn ergeben. Es muss sich auch ein Sinn für andere ergeben.

Das Warum sollten wir kennen, möglichst bevor wir uns auf Kennzahlen einlassen. Sonst arbeiten wir nicht nur mit sinnlosen Zielen, sondern auch mit sinnlosen Kennzahlen und vergeuden dafür Zeit und Geld. Der Job des Controllers besteht gerade darin, Verschwendung aufzudecken und diese zu vermeiden.

---

[2] Hüther, 2004.

Im Kampf gegen wenig zielführende Kennzahlen stellen Praktiker mitunter das betriebswirtschaftliche Messen grundsätzlich infrage: Lieber keine Kennzahlen als „sinnlose" Kennzahlen. Dieser Ansatz ist jedoch zu kurz gesprungen. Wenn das Warum der Ziele klar ist und wir **konkret** wissen, was wir dafür tun wollen, können auch Kennzahlen gefunden werden, die bei der Zielumsetzung gute Dienste leisten. Manchmal helfen uns Kennzahlen auch dabei, konkret zu werden, weil wir nur konkrete Dinge messen können. Manchmal helfen sie uns, die Dimension eines Ziels zu erkennen. Es ist ja nicht dasselbe, ob ich 5 oder 15 Kilo abnehmen will.

1.2 Ziel, Aktion und Kennzahl miteinander verknüpfen

Wir haben vor vielen Jahren dafür das „ZAK-Prinzip" entwickelt: Die Kombination von **Ziel**, **Aktion** und **Kennzahl**. Das Ziel benennt, was wir erreichen wollen. Die Aktion beschreibt unser darauf ausgerichtetes Verhalten; die Kennzahl sagt uns, woran wir erkennen wollen, dass oder in welchem Maße wir erfolgreich sind.

Auf ZAK sein

Ein Beispiel: In einem großen Unternehmen wurde das strategische Ziel ausgerufen: Wir müssen mehr miteinander kommunizieren! Wie sollen wir dafür eine hilfreiche Kennzahl finden? Dazu müssen wir uns fragen, was wir tun wollen. Dann haben wir eine Chance:

Z = bessere Kommunikation der Mitarbeiter untereinander

A = Ideen: z.B. mehr Kaffeeküchen, Betriebsfeste, gemeinsames Bowlen… Eine Idee überzeugte schließlich: alle Türen in den langen Gängen sollen normalerweise offen sein. Dies erleichtert die Kommunikation untereinander.

K = täglich wurde von einem Mitarbeiter zu unbestimmter Zeit gemessen: der Anteil offener Türen

Wenn dann die operative Nutzung einer besseren Kommunikation z.B. eine effizientere Abstimmung der Arbeitsabläufe ermöglichen soll, können wir den Frühindikator „Anzahl offener Türen" mit einem passenden Spätindikator kombinieren:

Z = Vermeidung von unabgestimmten Doppelarbeiten

A = morgendliche Abstimmungsrunde zur kurzfristiger Beseitigung von „Störungen"tägliche Reservierung von 30 Minuten im Kalender für die Abstimmungsrunde

K = Anzahl erfolgter morgendlicher Abstimmungen

Damit das in der Praxis funktioniert, müssen Kennzahlen mit Verantwortung verbunden werden. Dabei ist es hilfreich, zwischen „Kümme-

Kennzahlen brauchen Verantwortung

rer" und „Macher" zu unterscheiden. Controller sind „Kümmerer". Sie sorgen für Konsequenz. Und Konsequenz entsteht aus der Kombination von Attraktion und Aufmerksamkeit (s. Abb. 2).

Abb. 2:   Für Konsequenz sorgen

Dabei ist es wichtig, die verhaltensspezifischen Besonderheiten der Menschen zu beachten. Dazu müssen Controller nicht Psychologie studieren, aber es kann schon hilfreich sein darauf zu achten, ob sich Menschen eher „zu einem Ziel hin" orientieren oder „vom Problem weg".

Die erste Gruppe wird dazu tendieren, sich die Kompetenz zu nehmen, die sie braucht. Mit diesen Menschen können Controller über Zielerreichungsprognosen diskutieren und sie über die zu ergreifenden Maßnahmen selbst entscheiden lassen.

Die zweite Gruppe wartet eher auf Anweisungen und liefert lieber Kontrollberichte. Diese Menschen muss der Controller-Service darin bestärken, in besonderen Situationen Anweisungen zu ignorieren, wenn es erforderlich wird und er muss ihnen bei Bedarf zur Seite stehen.

Eine weitere Rahmenbedingung muss für sinnvolle Kennzahlen gegeben sein: Wenn wir Menschen in ihrem Verhalten beeinflussen wollen, müssen die für diesen Zweck eingesetzten Messgrößen „stimmig" sein – also verständlich, handhabbar und bedeutsam.

In der DIN SPEC 1086 heißt es dazu: „Verständlichkeit, Handhabbarkeit und Bedeutsamkeit stellen den Zusammenhang her zwischen den verfügbaren Informationen zur Steuerung und Regelung des Unternehmens und den Managern, die diese Informationen nutzen: **Verständlichkeit** bezieht sich auf den Inhalt der Information und ihre Einordnung in den Kontext der Arbeit. **Handhabbarkeit** bezieht sich auf das Umgehen mit der Information entsprechend den Kompetenzen und dem Know-how des Empfängers.**Bedeutsamkeit** bezieht sich auf die Relevanz der Information für den Empfänger. Vom Zusammenspiel dieser Faktoren hängt es ab, ob das Controlling des Unternehmens einfach oder kompliziert wahrgenommen wird".[3]

1.3 Kennzahlen im Prozess der Willensbildung

Kommen wir schließlich auf den Prozess der gemeinsamen Willensbildung zurück, von dem wir eingangs gesprochen haben. In diesen Prozess sind auch die Kennzahlen eingebunden:

Zahlen sind noch keine Kennzahlen

- Wir müssen entscheiden, welche Ereignisse überhaupt maßgeblich sind, damit ein Verständnis dafür entsteht, warum wir sie messen.
- Wir müssen dem Maßgeblichen ein handhabbares Maß geben und meist verschiedene Maße miteinander kombinieren, damit aus gemessenen Daten (Zahlen) eine Kennzahl wird.
- Wir müssen der Kennzahl eine Bedeutung geben und sie mit einem Motiv verbinden, damit wir das Verhalten der Menschen beeinflussen.

Denn Controller sollen Handlungsempfehlungen liefern. Ereignisse, die diesem TUN entspringen bzw. dieses TUN auslösen, werden erst dann „maß"geblich. Damit schließt sich der Kreis.

Wer Kennzahlen sinnvoll einsetzen will, muss diesen Kreis gestalten können. Das gelingt nur, wenn der Controller-Service das Geschäft versteht, für das er Kennzahlen einsetzt. Schauen wir uns ein Beispiel an – ein Unternehmen will sein Reklamations-Management steuern. Dafür können folgende Schritte hilfreich sein (s. Abb. 3).

Kennzahlen sind Teil eines Prozesses:

- Das Ereignis „Reklamation" wird erfasst –händisch oder durch Einscannen bzw. über Sensoren; aus dem Ereignis wird ein Signal.
- Das Signal wird quantifiziert – in diesem Fall werden die Ereignisse gezählt; aus dem Signal wird eine Zahl, ein Datum: Anzahl der Reklamationen
- Um zu einer Kennzahl zu gelangen, wird die Anzahl der Reklamationen mit anderen Daten kombiniert: So entsteht in unserem Beispiel die Kennzahl „Reklamationskosten".

---

[3] DIN SPEC 1086, 2009, S. 7., Dies sind die „Qualitätsstandards im Controlling".

Grundlagen & Konzepte

- Im nächsten Schritt wird der Kennzahl eine Bedeutung geben: „Wir haben die für dieses Jahr geplanten Reklamationskosten bereits um x% überschritten". So entsteht aus der Kennzahl eine Information.
- Schließlich ist es die Aufgabe des Controller-Services, ein Handlungsmotiv abzuleiten: „Wir wollen die Reklamationskosten senken. Dafür werden folgende Maßnahmen eingeleitet ... (verantwortlich; Termin)".

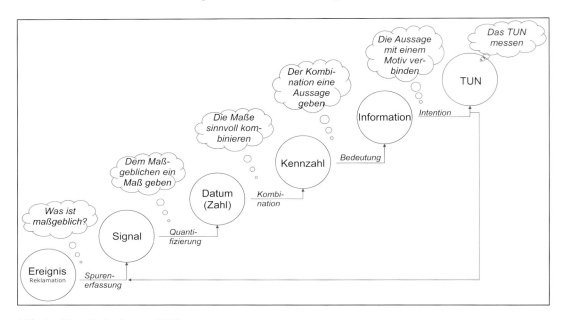

Abb. 3: Vom Ereignis zum TUN

Auch KPIs sind Teil eines Prozesses

Diese Herangehensweise ist auch wichtig, wenn wir mit Schlüsselkennzahlen für die Leistungssteuerung (sog. KPIs, Key Performance Indicators) arbeiten wollen. Dann geht es im analogen Sinne um folgende Schritte:

- Wir fokussieren auf die „handvoll" kritischen Erfolgsfaktoren unseres Geschäfts – so bestimmen wir die Auswahl der maßgeblichen Ereignisse.
- Dann formulieren wir die Schlüssel-Fragen (KPQ, Key Performance Question) – sie legen fest, worauf wir in Bezug auf die kritischen Erfolgsfaktoren eine Antwort finden wollen.
- Mit den KPIs soll die Antwort gegeben werden auf die KPQs i.S.e. Gesprächsanlasses: mit den Verantwortlichen für den kritischen Erfolgsfaktor darüber sprechen, wie wir die gemeinsam gefundenen Ziele (noch) erreichen wollen bzw. welches Handeln dafür erforderlich wird.

2 Kennzahlen nach der Intention gestalten

Im einführenden Kapitel haben wir dargelegt, dass im Controlling Kennzahlen mit einem Zweck verbunden sind. Dabei gibt es verschiedene Zwecke, deren Unterschiede nicht immer verständlich kommuniziert werden.

Kennzahlen dienen einem Zweck

2.1 Richtig vergleichen

Generische Kennzahlen für Statistik und Finanzen sind die mit Abstand am häufigsten eingesetzten Kennzahlen. Ihr Zweck besteht darin, Vergleiche zwischen Plan und Ist zu ermöglichen und somit den Anlass für handlungsorientierte Gespräche zwischen dem Controller-Service und verantwortlichen Managern zu bieten.

Dem gegenüber steht die große Gefahr, dass generische Kennzahlen zu inhaltsleeren Datenfriedhöfen verkommen, wenn insbesondere der Ziel- und Verantwortungsbezug verloren geht oder „Äpfel mit Birnen" verglichen werden.

Oftmals werden Menschen dann mit Zahlen überflutet, die keinen nachvollziehbaren Bezug zu deren Aufgaben erkennen lassen und dann entweder ignoriert werden oder die Aufmerksamkeit von wichtigeren Informationen abziehen. Keine Verfehlung hat den Controller-Service mehr in Verruf gebracht, als der inhaltsleere Gebrauch generischer Kennzahlen.

Eine zweite Gefahr besteht in der direkten Verknüpfung mit Anreizsystemen: Wunschkonzert-Planung und „Optimierung der Vergangenheit" durch Schuldzuweisung an andere sind die Folge. Das belastet die Pläne und Berichte mit an unspezifische – eben generische – Zahlen geknüpfte Verhaltensweisen, die für die Steuerung eines Unternehmens nicht hilfreich sind.

Wenn man sich der Gefahren bewusst bleibt und sich auf den Zweck generischer Kennzahlen beschränkt, können sie im Controlling sinnvoll eingesetzt werden (s. Abb. 4).

Vergleichskennzahlen als Gesprächsanlass nutzen

Statistische Kennzahlen werden in der Praxis zumeist als absolute Größen genutzt, z. B.

- Umsatz (TEUR)
- Absatz (T Einheiten)
- Gewinn (TEUR)
- Mitarbeiter (Anzahl)

Grundlagen & Konzepte

Abb. 4: Kennzahlen für Statistik und Finanzen

Es gibt sie auch als kombinierte Kennzahlen, um spezifischere und aussagekräftigere Hinweise gewinnen, z. B.

- Umsatz / Mitarbeiter
- Man-Power-Index (Rohertrag / Personalkosten)
- Wachstum von...

Leider erfolgt die Planung dieser Größen normalerweise in „abgeschotteten Silos". Die Kunden werden nicht gefragt, ob sie die vorgesehenen Absatzmengen auch abnehmen und die entsprechenden Preise bezahlen wollen. Dann wird aus dem Umsatz schnell eine „technokratische" Zahl. Bestenfalls gibt es Gespräche mit dem Vertrieb, der allerdings von eigenen Interessen geleitet wird. Nur in den seltensten Fällen basiert die Umsatzplanung auf einer risikobezogenen Erfassung von konkreten Kundenpotenzialen und deren Entwicklung. Das gilt in analoger Weise für die Mitarbeiter oder Lieferanten und Kooperationspartner.

Vergangenheitsdaten kritisch nutzen

Diesem Mangel versucht das Controlling zu begegnen, indem die statistischen Kennzahlen aus der Vergangenheit abgeleitet werden. Die erfassten Vergangenheitsdaten spiegeln reale Beziehungen wider und bilden daher eine solide Ausgangsbasis. Das gilt aber nur dann, solange sich die wesentlichen Strukturen der Geschäftsbeziehungen nicht verändern. Wenn diese Voraussetzung nicht oder nur eingeschränkt besteht, wird der Vergangenheitsbezug schnell zur Falle.

Finanzkennzahlen sind wichtig für den Kapitalmarkt bzw. für Banken. Hier kommt es darauf an, durch eine geeignete Kombination verschiedener Aussagen für Externe ein realistisches Bild der Ertrags- und Finanzlage zu zeichnen. Dabei kann das sog. „magische Dreieck" hilfreich sein (s. Abb. 5).

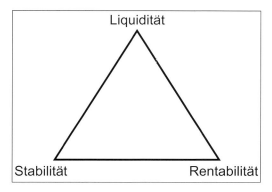

Abb. 5: Das magische Dreieck

Einfach handhabbare Kennzahlen in der Praxis sind z.B.:
- für die Stabilität:
  - Eigenkapitalquote
  - Verschuldungsgrad
  - Anlagendeckungsgrad
- für die Rentabilität:
  - Betriebsergebnis (EBIT)
  - Eigenkapitalrendite
  - Economic Value Added (EVA)
- für die Liquidität:
  - Verschuldungsgrad
  - Cashflow
  - Liquiditätsgrade (1./2./3.)
  - Reichweite der Zahlungsfähigkeit

Finanzkennzahlen müssen durch Annahmen untermauert werden, weil sie zu Entscheidungen führen. Dafür brauchen wir entscheidungsrelevante Berichts- und Führungskennzahlen.

2.2 Entscheiden als zentrale Führungsaufgabe

Gute Entscheidungen dank guter Informationen

Entscheidungen sind der zentrale Aspekt jeder Führungstätigkeit. Sie erfolgen immer auf der Grundlage verfügbarer Informationen. Hier liegt das zweite große Aufgabenfeld für den Controller-Service und die von ihm bereitgestellten Kennzahlen. Dabei geht es vor allem um die Fokussierung auf jene Informationen, die für die zu treffenden Entscheidungen wesentlich sind, damit die Aufmerksamkeit der Führungskräfte nicht für Nebensächlichkeiten verschwendet wird. Die bereits erwähnten Zahlenfriedhöfe konterkarieren den Zweck von Entscheidungskennzahlen und künden von der Unfähigkeit oder Unwilligkeit des Controller-Service, sich den notwendigen Konflikten bei der Auswahl der als wesentlich angesehen Informationen zu stellen. Ein solches Controlling verdient den Namen nicht. Fehlende Fokussierung führt in der Konsequenz zur Verschwendung von Geld und Zeit (s. Abb. 6).

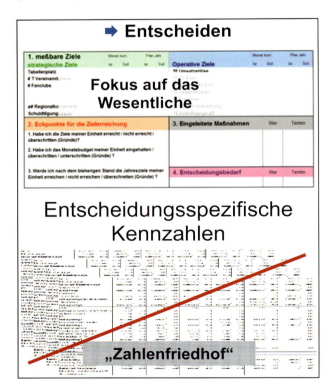

Abb. 6: Kennzahlen zur Entscheidungsfindung

Ein gewichtiger Teil entscheidungsrelevanter Informationen beruht auf der Analyse von Ergebnissen, die in Form von Berichten zur Verfügung gestellt werden. Während ein anderer Teil auf die Entwicklung zukünftiger Möglichkeiten und Fähigkeiten (Potenziale) gerichtet ist. Aus dieser Zweiteilung erscheint es uns als sinnvoll, zwischen Berichts- und Führungskennzahlen zu unterscheiden.

Zwischen Berichts- und Führungskennzahlen unterscheiden

Berichtskennzahlen sind hilfreich, wenn sich daraus Handlungsempfehlungen ableiten lassen. Sie sollen Diskussionen und Entscheidungen anregen bezüglich der erfolgskritischen Faktoren eines Unternehmens. Erst durch ein tieferes Verständnis für diese Faktoren kann der Kern des Geschäftes verstanden werden.

Berichtskennzahlen können in Szenarien eingebettet werden. Aus den Erfahrungen der Berichtsperioden lassen sich mit stochastischen Methoden Korridore oder Bandbreiten für die Entwicklung wesentlicher Leistungsindikatoren (KPI) ableiten. Das ist dann sinnvoll, wenn die Führungskräfte und Mitarbeiter trainiert werden, mit Schwankungen dieser Faktoren in bestimmten Grenzen umgehen zu können, ohne die Kernziele des Unternehmens zu gefährden. Dann können – analog zur Lagerhaltung – Korridore und Bandbreiten im Sinne von Warn- bzw. Handlungssignalen genutzt werden.

Diese Fähigkeiten (man nennt sie „Resilienz") werden immer mehr zu einem wesentlichen Teilgebiet der Strategie – aber eigentlich haben erfolgreiche Innovatoren und Unternehmer das zu allen Zeiten getan. Sie haben es nur anders genannt: Testen, Testen, Testen!

Mit den Frühindikatoren haben viele Controller Schwierigkeiten. Das hat vor allem damit zu tun, dass wir bei „Überschriften" stehen bleiben: „Motivation" oder „Zufriedenheit" sind Beispiele dafür. Dann kommt schnell die Aussage: „Das kann man nicht messen" – oder es werden komplizierte Indizes aus einer Vielzahl einzelner Faktoren und deren Gewichtungen gebildet. Das Problem besteht wie bei den erfolgskritischen Faktoren in der Angst davor, konkret zu werden und sich zu fokussieren. Wenn wir wissen, was wir konkret tun wollen und uns auf das dafür Wesentliche konzentrieren, kommen wir von den Überschriften zu messbaren Zielen. Im ersten Kapitel haben wir im Zusammenhang mit dem ZAK-Prinzip dafür ein Beispiel beschrieben.

Wer messen will, muss konkret sein

Führungskennzahlen sind sinnvoll, wenn sie die Aufmerksamkeit auf das Entwickeln und Ausschöpfen von Potenzialen ausrichten (s. Abb. 7).

Grundlagen & Konzepte

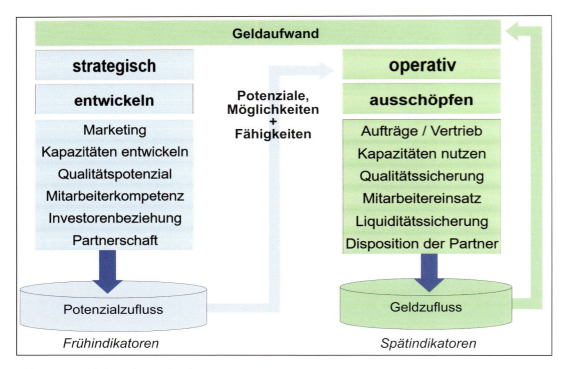

Abb. 7: Entwickeln und Ausschöpfen von Potenzialen

Die richtigen Dinge tun und die Dinge richtig tun

Dabei besteht der Zweck des strategischen Geschäfts darin, die Möglichkeiten und Fähigkeiten eines Unternehmens so zu entwickeln, dass die angestrebten Ziele erreicht werden und das Unternehmen seine Marktposition stabilisieren oder ausbauen kann (die richtigen Dinge tun). Demgegenüber besteht die Aufgabe des operativen Geschäfts darin, die verfügbaren Potenziale so auszuschöpfen, dass die Strategie des Unternehmens finanziert werden kann (die Dinge richtig tun). Dazu muss der Controller-Service die Kosten der Strategie zumindest abschätzen können, um einen Bezugspunkt für die Finanzkraft des operativen Geschäfts zu schaffen. Um strategisches und operatives Geschäft mit hilfreichen Kennzahlen begleiten zu können, benötigen wir einen ausgewogenen Mix an Früh- und Spätindikatoren (s. Abb. 8).

Kennzahlen richtig nutzen

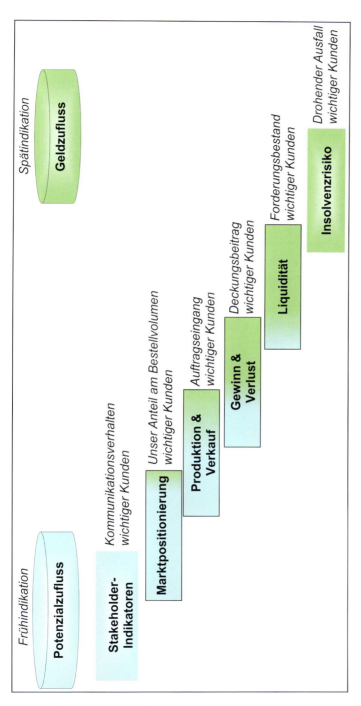

Abb. 8: Früh- und Spätindikatoren

2.3 TUN

Kennzahlen zur spezifischen Steuerung des Handelns von Menschen beziehen sich – im Unterschied zu den Vergleichs- und Entscheidungskennzahlen – ausschließlich auf die Gegenwart. Denn wir können weder in der Vergangenheit noch in der Zukunft etwas tun, sondern immer nur situationsbezogen im konkreten Hier und Jetzt. Und es geht nicht um das TUN einzelner Menschen. In Unternehmen geht es immer um Kooperation, um gemeinsames TUN.

Während in den Feldern des Vergleichens und Entscheidens historisch gewachsene Hierarchien noch angebracht sein können,[4] wirken sie bei der unmittelbaren Zusammenarbeit der Menschen eher kontraproduktiv (s. Abb. 9).

Abb. 9: Kennzahlen zum Finden von Handlungsoptionen

---

[4] Auf die Veränderungen der Unternehmenskultur hin zu stärker sich selbst organisierenden Teams und den daraus sich ergebenden Wettbewerbsvorteilen kann in diesem Beitrag nicht eingegangen werden.

Kennzahlen im Feld des TUNs sollen dazu dienen, konkrete situationsbezogene Handlungsoptionen abzuleiten. Sie sind also zumeist mit den Prozessen im Unternehmen verbunden, z. B.:

Handlungsoptionen bewerten

- Durchlaufzeiten
- Lieferbereitschaft
- verfügbare Kapazitäten oder
- die aktuelle Prozess- und Produktqualität.

In der Praxis werden mitunter auch Wettbewerbe organisiert, welches Team im Tagesvergleich die besten Leistungskennzahlen vorweisen kann. Bei angemessener Gestaltung können Wettbewerbe hilfreiche Motive der Menschen freilegen.

Auch bei den Prozessen ist es wichtig, mit Unsicherheiten und Schwankungen umgehen zu können und entsprechende Reaktionsmöglichkeiten und Weiterbildungsmaßnahmen mit allen Beteiligten abzusprechen. So haben wir bspw. in einem Zulieferbetrieb im Automotivbereich nach der Krise 2008/2009 einen Gesprächskreis aus Unternehmensleitung, Betriebsrat, Gewerkschaft und Arbeitsamt initiiert, um Möglichkeiten zu finden, mit starken Schwankungen der Nachfrage umgehen zu können. Im Ergebnis wurde ein 12-stufiges Schichtsystem vereinbart, deren verschiedene Stufen von der Unternehmensleitung in Absprache mit dem Betriebsrat innerhalb von 2 Stunden umgesetzt werden können. Zur Vereinbarung zählen auch geeignete Prozesskennzahlen, die als Indikator für die Entscheidungen genutzt werden.

3 Kennzahlen in Berichte einbinden

3.1 Mindestanforderungen für Berichte

Berichte erfüllen keinen Selbstzweck. Dennoch werden noch zu viele Berichte nicht auf die Intentionen der Berichtsempfänger abgestimmt werden. Dabei sollten sie einigen Mindestanforderungen genügen:

Berichte bauen auf Plänen auf

- Die Struktur der Berichte sollte der Struktur der Planung entsprechen. Bei **statistischen Kennzahlen** bilden die Pläne den Vergleichsmaßstab. Bei **Finanzkennzahlen** sind es die Erwartungswerte, die auf Plänen beruhen und deren Einhaltung von den Finanzmarktakteuren beobachtet wird. Bei **Führungskennzahlen** sind es die Ziele, die mithilfe von Plänen umgesetzt werden sollen.
- Die Struktur der Planung sollte der Struktur der Verantwortung entsprechen. Kennzahlen, Erwartungswerte und Ziele ergeben keinen Sinn, wenn niemand für deren Erfüllung Verantwortung übernimmt. Das ist die Kernaufgabe des Budgets: Den Plänen namentliche Verant-

wortung und konkrete Spielräume für die Verantwortlichen zuzuordnen. Deshalb spiegeln die Budgets auch die Vertrauenskultur eines Unternehmens wider – unabhängig von allen Sonntagsreden zu dieser Frage. Der Grad der Budget-Detaillierung ist ein unmittelbarer Indikator für den Grad des Misstrauens in die eigenständige Wahrnehmung von Verantwortung der Führungskräfte.

- Die Struktur der Verantwortung sollte die Struktur der Kennzahlen bestimmen. Denn es geht immer um Entscheidungsfindung:
  - Ob es die Ableitung von Maßnahmen aus einem Leistungsvergleich ist (statistischen Kennzahlen),
  - oder die Konsequenzen für das weitere Investment der Akteure am Kapitalmarkt (Finanzkennzahlen),
  - oder Schlussfolgerungen für die Unternehmenssteuerung (Führungskennzahlen).

Die Kennzahlen, ihre Struktur und ihre Aussagekraft müssen den Intentionen des Berichtsempfängers dienen. Anderenfalls sind sie eher hinderlich und werden im besten Falle ignoriert. Aber selbst dann führen sie zur Verschwendung von Geld und Zeit. An diesem Punkt können wohl sehr viele Unternehmen ihr Controlling deutlich effizienter gestalten.

3.2 Entwicklung von Berichten abstimmen

Berichte basieren auf Kooperation

Berichte sind demzufolge keine Einbahnstraße, sondern eingebunden in eine **Kooperation** im Rahmen des Controllings. Das fängt mit der Erstellung der Pläne an, setzt sich über die Auswahl der einbezogenen Kennzahlen fort bis hin zur Interpretation der gemessenen Ergebnisse und der darauf beruhenden Ableitung von Handlungserfordernissen. In diese Kooperation sind alle Bereiche und Ebenen eines Unternehmens einzubeziehen, wenn das Controlling seinen Aufgaben gerecht werden will (s. Abb. 10).

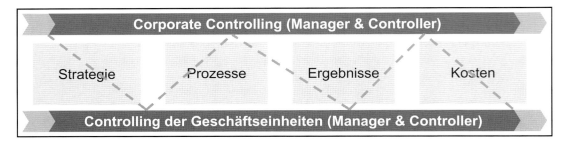

Abb. 10: Berichte als Teil einer übergreifenden Kooperation

Dabei müssen wir die Art und die Nutzung der Kennzahlen auf die Mehrstufigkeit moderner Planungs- und Berichtsprozesse ausrichten (s. Abb. 11).

Abb. 11: Mehrstufigkeit von Planung und Berichten

Welche Fragen ergeben sich daraus für die Berichterstattung und welche Kennzahlen können uns helfen, eine relevante Antwort zu finden?

- Marktpositionierung; hier können z. B. folgende Kennzahlen hilfreich sein:
  - Man Power Index (MPI) und sein Vergleich mit dem Wettbewerb; der MPI ist ein Indikator dafür, inwieweit Veränderungen in der Produktivität ökonomisch wirksam werden;
  - Kundenpotenzial und seine Ausschöpfung; diese Kennzahl zeichnet ein klareres Bild unserer Möglichkeiten als etwa der Marktanteil;
  - Wertschöpfungsnetzwerk (Grad der Vernetzung mit strategischen Partnern etwa bei gemeinsamen Forschungsprojekten oder in logistischen Systemen); die Innovationskraft eines Unternehmens wird heute maßgeblich von derartigen Netzwerken bestimmt.
- Entwicklungsprojekte: Hier hat sich vor allem das Instrument der Balanced Scorecard (BSC) etabliert und bewährt. Die BSC ist so oft beschrieben worden, dass wir hier auf weitere Ausführungen verzichten können.[5]
- Finanzierung der Strategie: Dabei sind z. B. folgende Fragen zu beantworten:
  - Was kostet die Strategie und wie verhalten sich die eingeschätzten Kosten zu den erwartbaren Erträgen? Wie belastbar sind die dazu getroffenen Annahmen?

---

[5] S. Literaturhinweise am Ende dieses Beitrags.

Grundlagen & Konzepte

- Wo sollen die Mittel herkommen (Geld, Personal, strategische Zulieferungen)?
- Was sind die Konsequenzen der zu treffenden Entscheidungen (strategische Abhängigkeiten von Spezialisten, Kooperationspartnern, Zulieferern, einzelnen Kunden und Finanzinstituten)?
• Konkretisierung der mittelfristigen Annahmen durch Jahrespläne und Budgets – auf einige dafür hilfreiche Kennzahlen haben wir bereits verwiesen.

3.3 Berichte nach dem OPO-Format gestalten

In der Kürze liegt die Würze

Schließlich kommt es auf die Form der Berichte an. Aus unserer langjährigen Erfahrungen wollen wir allen Controllern als die bestimmende Berichtsform das sog. „One Page Only"-(OPO)-Format dringend ans Herz legen (s. Abb. 12):

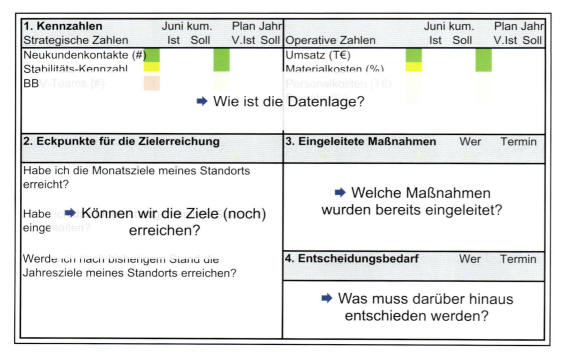

Abb. 12: Mögliches OPO-Format von Berichten[6]

---

[6] In Anlehnung an die von der CA controller akademie entwickelte „4-Felder-Matrix".

So formt sich die Arbeit mit Kennzahlen schließlich zu einem sinnvollen Bild (s. Abb. 13).

Den Kreis schließen

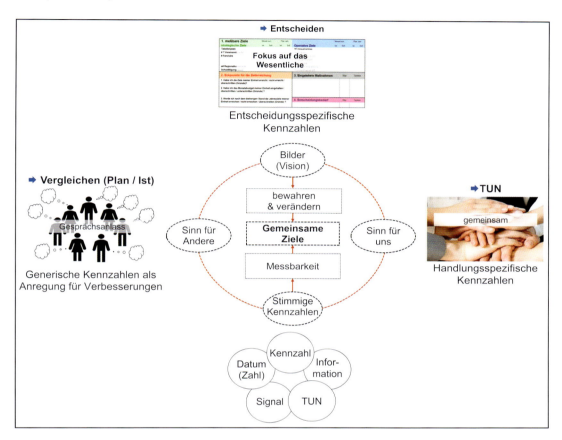

Abb. 13: Kennzahlen sinnvoll generieren und kombinieren

Das sind die Prinzipien:

- Für jeden Verantwortungsbereich gibt es eine gesonderte Seite, auf der alle wesentlichen Informationen für den Berichtsempfänger enthalten sind.
- Der Controller-Service erstellt eine zusammenfassende Seite für das gesamte Unternehmen.
- Der Controller-Service stimmt die Struktur der Seiten mit den jeweiligen Verantwortlichen ab.
- Die Felder 2. (Eckpunkte für die Zielerreichung), 3. (Eingeleitete Maßnahmen) und 4. (Entscheidungsbedarf) füllt der jeweilige Verantwortliche aus.

- Der Controller-Service entwickelt eine „liebenswürdige Penetranz" für die Umsetzung der Maßnahmen und Entscheidungen sowie für die Einhaltung der Termine.

4 Literaturhinweise

DIN SPEC 1086, 2009.

Friedag/Schmidt, Balanced Scorecard, 2015.

Friedag/Schmidt, Balanced Scorecard, einfach konsequent, 2014.

Hüther, Die Macht der inneren Bilder, 2004.

Lorenz/Friedag/Schmidt, Strategieumsetzung: konkrete Aktionen und Projekte realisieren, in Klein/Kottbauer (Hrsg.), Strategien erfolgreich entwickeln und umsetzen, 2017, S. 163–181.

Kennzahlen zur Innovations-Performance: Ein marketingorientiertes und kundenzentriertes Framework

- Viele Unternehmen sammeln und werten eine Vielzahl von KPIs aus, mit deren Hilfe Prozesse gesteuert werden sollen. Oftmals ist jedoch das Vertrauen auf diese Kennzahlen bzw. das Ableiten von Handlungsmaßnahmen aus ebendiesen fragwürdig.

- Die Fragwürdigkeit ist dabei durch 3 grundlegende Aspekte begründet: 1. Häufig werden ausschließlich finanzorientierte KPIs verwendet; 2. Die KPIs sind meist vergangenheitsbezogen: Welche Aussagekraft hat ein Wert aus einem abgelaufenen Geschäftsjahr tatsächlich für das kommende? 3. Eine Kausalität ist nicht erkennbar: Eine tatsächliche Verbindung der finanziellen KPIs mit dem operativen Geschäft und der damit zusammenhängenden Performance ist nicht transparent.

- In diesem Artikel wird ein neuer Ansatz angeboten, der versucht, diese Fragwürdigkeit aus dem Weg zu räumen und die großen Interpretationsspielräume der KPIs einzudämmen. Anstatt zusammenhangsloser, **steriler KPIs**, wurde ein Framework aus insgesamt 30 KPIs entwickelt, die größtenteils aus der Welt des Marketings stammen. Das Framework hat nicht den Anspruch, Finanz-KPIs zu ersetzen; indes soll es eine neue Blickrichtung aufwerfen und ist als Ergänzung für bereits etablierte Frameworks (Balanced Scorecard, Performance Pyramid, Performance Prism) anzusehen.

- Im inhaltlichen Fokus des Frameworks stehen die Themen **Innovation**, **Branding** und **Kundenzentrierung**. Grundlage dieser inhaltlichen Ausgestaltung ist eine auf europäischer Ebene geltende Norm zur Generalisierung von Innovationsprozessen.

- Das Framework steht **unabhängig** von anderen Methoden der Performance-Messung und kann als eine Art **formales Diagnoseinstrument** angesehen werden. Es kann besonders beim Anstoßen von **Lernprozessen** innerhalb des Unternehmens unterstützen, da die ausgewählten KPIs gezielt Lücken aufdecken können. Davon profitiert nicht nur der Produktentwicklungsprozess, sondern durch Qualitäts- und Effizienzsteigerung das gesamte Unternehmen.

Inhalt		Seite
1	Framework zur Performance-Messung und -Voraussage	66
1.1	Warum viele Unternehmen bis dato falsch messen	66
1.2	Wissenschaftliche Herangehensweise bei der Erstellung des Frameworks	66
2	Bedeutung von Innovation, Branding und Kundenintegration vor dem Hintergrund der Performance-Messung	67
2.1	Grundlegende Performance-Treiber	67
2.1.1	Finanzperspektive	68
2.1.2	Marketingperspektive	68
2.2	Die Rolle des Kunden innerhalb von Open Innovation & Co-Creation	69
2.3	Vorbereitung des Frameworks: Festlegung eines inhaltlichen und zeitlichen Rahmens zur Entwicklung passender KPIs	70
2.3.1	6 Phasen im Framework	70
2.3.2	5 inhaltliche Ebenen des Frameworks	71
3	Das Performance-Framework: Erläuterung ausgewählter KPIs	72
3.1	Kennzahlen zur Dimension „Beschaffenheit des Unternehmens"	73
3.2	Performance-Indikatoren für Kundenbedürfnisse	73
3.3	Performance-Indikatoren für Ideengenerierung	75
3.4	Performance-Indikatoren zur Konzeptentwicklung	76
3.5	Ausgewählte Performance-Indikatoren: Entwicklung	76
3.6	Performance-Indikatoren zur Markteinführung	77
4	Fazit: Auch Marketingkennzahlen haben Erklärungsgehalt	78
5	Literaturhinweise	78

■ Die Autoren

Alexander Schlüter, Wissenschaftlicher Mitarbeiter und Doktorand im Forschungsbereich Controlling und Innovation am Strascheg Institute for Innovation, Transformation and Entrepreneurship (SITE) der EBS Universität für Wirtschaft und Recht in Oestrich-Winkel.

Prof. Dr. Hans-Willi Schroiff, Lehrbeauftragter an der RWTH Aachen am Lehrstuhl für Marketing, Gastdozent an der EBS Universität für Wirtschaft und Recht und CEO und Gründer von MindChainge Business Consulting.

1 Framework zur Performance-Messung und -Voraussage

1.1 Warum viele Unternehmen bis dato falsch messen

Einer der wichtigsten Interessenschwerpunkte des Top-Managements sowie der Shareholder liegt in der Frage nach der aktuellen und zukünftigen Unternehmensperformance. Unternehmen müssen häufig unter Unsicherheit und Ungewissheit strategische Entscheidungen treffen. Diese sollen durch eine gewisse Planung möglichst antizipiert werden. Trotz der Datentransparenz sind die zielgerichteten und präzisen Vorhersagen von zukünftigen Unternehmensentwicklungen nicht immer erwartungstreu. Es drängt sich die Frage auf, ob Unternehmen schlichtweg falsche bzw. nicht erwartungstreue Kennzahlen untersuchen. Hinzu kommt, dass oftmals Kennzahlen aus dem Finanzbereich zur Prognose zukünftiger Unternehmensperformance herangezogen werden. Sind diese Herangehensweisen noch praxistauglich?

Situation aktueller Bewertungsmethoden

Doch auch die zwei gängigsten Bewertungsmethoden von Unternehmenswerten scheinen innerhalb der Voraussage von Entwicklungen an ihre Grenzen zu stoßen – denn: Sowohl Multiples, als auch die Discounted-Cashflow-Methode basieren auf vergangenheitsbezogenen Daten. Jedoch sind sie tendenziell eher zur Vergegenwärtigung der Unternehmenslage geeignet. Die hohen Fehlerraten von 60–80 % bei der Einführung neuer Produkte untermauern den Eindruck, dass rückwärtsgerichtete Daten keineswegs präzise und deshalb nicht erwartungstreu sein müssen.[1] Vielmehr sollten Unternehmen entweder individuell für sich adäquat bewertbare KPIs identifizieren und messen oder auf ein möglichst gültiges Framework zurückgreifen. Nachfolgend soll ein solches, möglichst branchenübergreifendes Framework entwickelt werden, um der angesprochenen Problematik der Prognose entgegenzuwirken.

1.2 Wissenschaftliche Herangehensweise bei der Erstellung des Frameworks

Definition von Performance

Das zu konzipierende Framework soll überwiegend auf gegenwartsbezogene Daten zurückgreifen. Zukünftige **Performance** sei an dieser Stelle definiert als **Wettbewerbs- und Ertragsfähigkeit** des Unternehmens. Aufgrund der Tatsache, dass der Kunde eine zentrale Rolle innerhalb dieses Frameworks einnehmen wird, muss der Fokus von der Finanz- eher auf die Marketingperspektive verschoben werden. Dafür ist es notwendig, dass die grundlegenden Treiber von Unternehmensper-

---
[1] Vgl. Müller/Schroiff, 2013.

formance erläutert werden. KPIs zur Messung von Unternehmensperformance bedürfen einer zeitlichen und inhaltlichen Gliederung, die vorab vorgenommen werden muss.

2 Bedeutung von Innovation, Branding und Kundenintegration vor dem Hintergrund der Performance-Messung

2.1 Grundlegende Performance-Treiber

Die bei der Performance-Messung häufig außer Acht gelassene Marketing-Perspektive unterscheidet sich maßgeblich von der Finanz-Perspektive: So ist nicht nur die Performance-Berechnung unterschiedlich, sondern innerhalb der Marketing-Perspektive können auch Performance-Quellen beleuchtet werden, z.B. wiederkehrende Kunden und die damit verbundenen Verkäufe und gesteigerte Zufriedenheit.

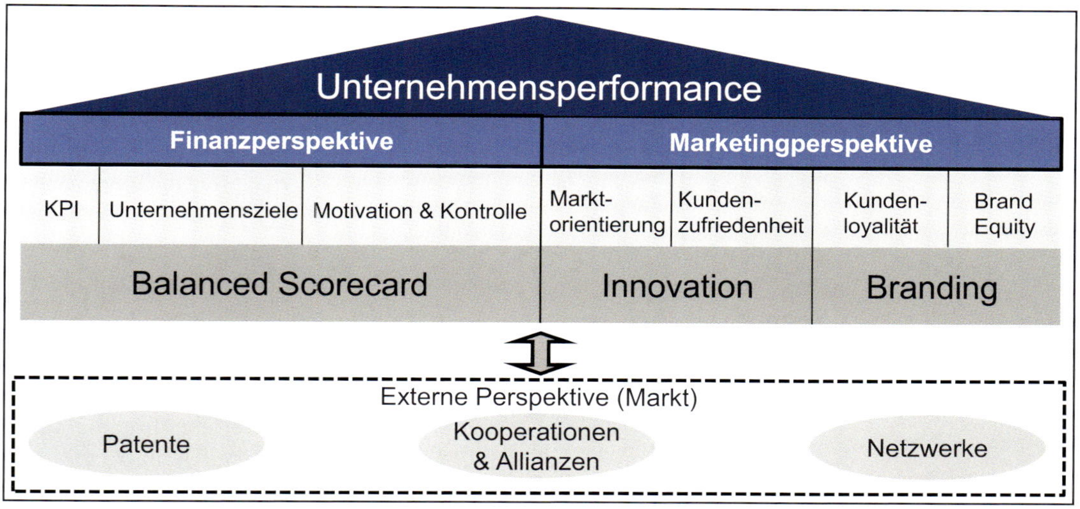

Abb. 1: Grundlegende Treiber der Unternehmensperformance mit Fokus auf Finanz- und Marketingperspektive

Die Ergebnisse der Trennung von Unternehmensperformance in die Finanz- und Marketingperspektive können nachfolgend entnommen werden, welche nun ausführlicher beleuchtet werden (s. Abb. 1). Die Erläuterung der externen Perspektive entfällt an dieser Stelle aus Gründen der Vereinfachung.

2.1.1 Finanzperspektive

<small>Finanzkennzahlen für Performance-Prognose nicht immer geeignet</small>

Jedes Unternehmen schuldet ihren Stakeholdern mindestens einmal jährlich Rechenschaft und Dokumentation über das vergangene Geschäftsjahr. Bei diesen Finanz-Reports spielt das Finanz-Management eine entscheidende Rolle. Möglichst alle Interessen sollen weiterverfolgt sowie alle Unternehmensziele erreicht werden. Das Hauptinteresse der Shareholder liegt jedoch oft in der Rendite. Die Finanzkennzahlen aus dem Report sollen ihnen die Sicherheit geben, dass sie diese auch in Zukunft erhalten. Es ist heutzutage so, dass die Accounting-Reports diese Sicherheit nicht widerspiegeln, sondern lediglich Hintergrundinformationen geben. Eine zuverlässige Prognose kann nicht immer gegeben werden.

2.1.2 Marketingperspektive

Im Lauf der letzten 40 Jahre haben sich folgende **4 Haupt-Maßeinheiten für Marketing** hervorgehoben:[2]

- Marktorientierung;
- Kundenzufriedenheit;
- Kundenloyalität und
- Brand Equity.

Die **Marktorientierung** meint die Aktivitäten, die zur Entwicklung Gebrauch von Intelligenz über den Markt beitragen. Will man mit exzellenten und erfolgreichen Produktinnovationen wettbewerbsfähig bleiben, so wird heute eine starke Marktorientierung vorausgesetzt. Dieser Prozess sollte kundenfokussiert sein. Dadurch entwickelt sich Marktorientierung zu einem Prozess, der Kundenbedürfnisse adäquat zu identifizieren versucht. Am Ende dieses Prozesses steht – hoffentlich – dann die innovative Idee und damit auch eine potenzielle Innovation.

Sind die Kundenbedürfnisse durch erfolgreiche Marktorientierung aufgedeckt, gilt es, diese angemessen zu befriedigen. Es ist nachvollziehbar, dass die Befriedigung von Kundenbedürfnissen in den letzten Jahren eines der wichtigsten Benchmarks geworden ist – und das über viele Branchen hinweg. Insbesondere Innovationen sind in der Lage, neue und sich entwickelnde Kundenbedürfnisse zu befriedigen. Diese Befriedung schlägt sich dann im besten Fall auch in der entsprechenden **Kundenzufriedenheit** nieder.

<small>Stammkundenbindung und Neukundengewinnung</small>

Aus finanzieller Sicht ist jedoch nicht der Grad der Bedürfnisbefriedigung, sondern die **Kundenloyalität** für das weitere Kaufverhalten entscheidend. Kunden sollten deshalb mit entsprechenden Marketing-Aktivitäten möglichst langfristig an das Unternehmen gebunden werden. Dazu kommt, dass die Bindung von Bestandskunden günstiger ist als die

---

[2] Vgl. Neely, 2003.

Generierung von Neukunden. Weitere Aspekte, wie bspw. Cross-Selling, word-of-mouth und Markenreputation, fließen an dieser Stelle auch mit ein. Loyale Kunden verstärken die Eintrittsbarrieren für andere Firmen und fördern gleichzeitig die Bereitschaft, einen höheren Preis für die wahrgenommene Marke und Qualität zu zahlen.

Kunden verlassen sich auf bekannte Marken. Diese sollten innerhalb der **Brand Equity** geschützt und ausgebaut werden. Starke Marken ermöglichen den Transfer in neue Produkt- und Geschäftskategorien und reduzieren das mit dem Kauf verbundene wahrgenommene Risiko für den Kunden. Zur Messung von Brand Equity sind bspw. die Wahrnehmung der Marke oder die Verkäufe zu analysieren. Auch die Darstellung der Brand Equity als inkrementeller Cashflow ist denkbar, der den Cashflow von nicht gebrandeten Marken/Produkten übersteigt.

Kundenwahrnehmung der Marke sowie Transfermöglichkeiten

Letztlich lassen sich die Maßeinheiten Marktorientierung und Kundenzufriedenheit unter dem Begriff **Innovation** und Kundenloyalität und Brand Equity zu **Branding** zusammenfassen. Das bedeutet wiederum, dass Innovation und Branding die maßgeblichen Performance-Treiber aus der Marketingperspektive sind.

2.2 Die Rolle des Kunden innerhalb von Open Innovation & Co-Creation

Die 4 Maßeinheiten des Marketings reflektieren die Wichtigkeit des Kunden; auf ihn soll nun der Fokus gelegt werden. Wenn der Kunde tatsächlich für die Unternehmensperformance essenziell ist, sollte man ihn in möglichst viele Schritte der Produktentwicklung einbeziehen. Es ist sogar eine gesamte Ausrichtung aller Aktivitäten auf den Kunden denkbar. Unternehmen sollten sich bemühen, alle Bedürfnisse des Kunden zu befriedigen – und zwar mit ihm zusammen. Dieser Ansatz wird **Customer Co-Creation** genannt, also die gemeinsame Produkt- bzw. Service-Entwicklung mit dem Kunden. Dieser Prozess geschieht typischerweise nach einer ersten Marktorientierung.

Kunde in Innovation integrieren

Der Ansatz der Co-Creation ist eine Möglichkeit, **Open Innovation** im Unternehmen voranzutreiben. Open Innovation meint hier v.a. den **Wissenstransfer von außen nach innen mittels Netzwerken, Partnern, Lieferanten usw.** Inhaltlich gesehen, ist Open Innovation der diametrale Gegensatz von geschlossener Innovation. Open Innovation zeichnet sich vor allem dadurch aus, dass Unternehmen Kooperationen auf horizontalen und vertikalen Stufen der Wertschöpfungskette eingehen, um das Potenzial ihrer Innovationen zu steigern. Innerhalb dieses Prozesses fließen auch externe Quellen wie die Ideen von Kunden und Wettbewerbern ein.[3]

Externes Wissen transferieren

---

[3] Vgl. Piller, 2010.

Grundlagen & Konzepte

Lead User engen die Bandbreite ein

Oftmals fokussieren sich Unternehmen immer noch auf die in ihrem Umfeld präsenten Lead User. Ihre Expertise mit den jeweiligen Produkten der Unternehmen ist exzellent. Die Lead User als solche bringen also die benötigten Informationen für Prognosen und durch ihre Erfahrungen neue Produktkonzepte mit ins Unternehmen. Die Motivation der Lead User ist in erster Linie intrinsisch, da sie später von dem Produkt profitieren werden, welches an ihre Bedürfnisse angepasst worden ist. Co-Creation hingegen wird vom Unternehmen und nicht vom Kunden ausgehend angetrieben. Anstatt sich auf Neuprodukt-Kreation von Lead Usern zu verlassen, stellt das Unternehmen im Co-Creation-Prozess diverse Werkzeuge und Techniken zur Verfügung, um gemeinsam zu einer Lösung zu kommen. Der Co-Creation Ansatz ist folglich nicht ganz so engstirnig wie ein wohlmöglicher traditioneller Ansatz und gibt dem Unternehmen eine Palette an unterschiedlichen Kundenbedürfnissen.

2.3 Vorbereitung des Frameworks: Festlegung eines inhaltlichen und zeitlichen Rahmens zur Entwicklung passender KPIs

Lernprozesse zur Fehlerprävention und -behebung anstoßen

Ziel des Frameworks soll sein, mittels marketing-, gegenwarts- und innovationsbezogener KPIs zukünftige Unternehmensperformance möglichst präzise vorauszusagen. Dafür müssen Innovationsmetriken als Framework konzeptualisiert werden. Neben einer Performance-Prognose ist auch der Einsatz als formales Diagnostikinstrument denkbar, d.h. der Fortschritt könnte im Unternehmen nachverfolgt und Lernprozesse angestoßen werden. Gerade im Hinblick auf die zukünftige Produktentwicklung sind letztere höchst interessant.

2.3.1 6 Phasen im Framework

Die **zeitliche Ebene** der Metrik soll die Frage beantworten, an welcher Stelle des Produktionsprozesses gemessen werden soll. Wir bedienen uns an dieser Stelle einer EU-Norm, die einen 5-phasigen Innovationsprozess definiert:[4]

Mit dieser Norm wurde das Innovationsmanagementsystem auf europäischer Ebene ein Stück weit standardisiert. Es folgt die Erklärung der einzelnen Phasen:

- Zunächst erfolgt die Identifikation der unterschiedlichen **Kundenbedürfnisse**; dies kann bspw. mittels Marktforschung geschehen. Die verschiedenen Bedürfnisse sollten gesammelt und analysiert werden. Daraufhin werden die Besten zur weiteren Bearbeitung ausgewählt.
- Aus den Kundenbedürfnissen müssen dann konkrete **Ideen generiert** werden. Eine Möglichkeit zur Ideenauswahl stellt z.B. der „Innovation

---

[4] DIN TS 16555.

Funnel" dar. Innerhalb dieses Prozesses wird die Tauglichkeit der einzelnen Ideen geprüft und getestet, wobei die passendsten Ideen tatsächlich weiterentwickelt werden sollen.

- Für diese Weiterentwicklung ist zunächst eine konkrete **Konzeptentwicklung** erforderlich. Folglich wird die Eignung der Ideen anhand einer Transformation in Konzepte geprüft. Hier wären bspw. Szenario-Analysen möglich, die die verschiedenen Konzepte mit Risiken, Investitionsausgaben und möglichen Profiten charakterisieren.
- Daraufhin soll dann das Produkt **entwickelt** werden. Hat man innerhalb dieses Prozesses noch mehrere Produkte zur Auswahl, wäre zunächst die Entwicklung eines Minimum Viable Products (MVP) ratsam, das zunächst nur die Kernaspekte bzw. Charakteristika des Produktes enthält, welche dann zügig getestet werden können.
- Letztlich wird dann das finale Produkt in den **Markt eingeführt**.

Abb. 2: Die 5 Phasen des Innovationsprozesses in Anlehnung an die DIN TS 16555 Norm

Aufgrund der Tatsache, dass die 5 Phasen nicht alle Unternehmensprozesse und -aktivitäten aufgreifen können, sollen noch weitere KPIs für eine vorgelagerte 0. Phase analysiert werden. Diese Phase nennen wir hier **Beschaffenheit des Unternehmens**. Damit soll gewährleistet werden, dass auch allgemeine Faktoren und Rahmenbedingungen für die erfolgreiche Messung zukünftiger Ertragsfähigkeit miteinbezogen werden können.

0. Phase: Beschaffenheit des Unternehmens

2.3.2 5 inhaltliche Ebenen des Frameworks

Die **inhaltliche Ebene** der Metrik legt die Ausgestaltung von KPI-Dimensionen zugrunde. Diese werden im Framework mit dem 6-phasigen Innovationsprozess vereint. Somit würde aus jeder Phase jeweils eine KPIs mit einer Dimension verbunden werden:

- **Kundenzentriertheit:** Unternehmen, die kundenzentriert arbeiten, erhöhen die Qualität der Beziehungen zu den Kunden. Außerdem erreichen sie letztlich auch ein hohes Maß an Profitabilität. Letztlich müssten Kundensegmente jedoch detailliert geplant und kontrolliert werden. Das geschieht über die Integration kundenrelevanter Information sowie die Messung von Metadaten.

- **Grundlegende Must-haves:** Best Practices im Kontext von Kennzahlen haben verschiedene Einsatzmöglichkeiten. Meistens unterstützen sie Entscheidungsprozesse. Häufig finden Unternehmen Anwendungen und Vorgehensweisen außerhalb ihrer Branche in anderen Unternehmen, die dann im eigenen Geschäft umgesetzt werden sollen. Möchte man zukünftig erfolgreich sein, muss man im Umkehrschluss davon ausgehen, dass Unternehmen auch die gängigen Methoden integriert und verinnerlicht haben. Das wird hier mittels branchenweit anerkannter Standards gewährleistet.
- **Prozesskette:** Unternehmen ohne Prozesse sind heutzutage nicht vorstellbar. Selbst bei ausgereifter interner Kommunikation, müssen im Vorfeld Prozesse entwickelt und ausgeführt werden, sodass Mitarbeiter dem operativen Geschäft nachgehen können. Prozesse bedeuten nicht nur stetige Veränderung, sondern können in erster Linie auch zu Verbesserungen führen. Prozesse sind das Bindeglied zwischen den Strategien und Fähigkeiten.
- **Kreative Impulse:** Kreativität ist der ursprüngliche Impuls für Innovation. Diese sollte möglichst auf unternehmensweiter Ebene vorhanden sein und gefördert werden. 2010 wählten unter 1.500 CEOs Kreativität mit 60 % zu wichtigsten Eigenschaft für Führungskräfte.[5] Kreativität ist eine der unberechenbarsten und umfangreichsten Quellen, aus denen erfolgreiche Produkte entstehen können.
- **Hard Facts:** Es ist schwierig, Performance zu messen, ohne dabei vollständig auf quantitative input- und outputorientierte Größen zu verzichten. Die Einbeziehung finanztheoretischer Kennzahlen kann hierdurch ermöglicht werden. Das ist aufgrund der Fokussierung auf Innovation und Branding notwendig.

3 Das Performance-Framework: Erläuterung ausgewählter KPIs

30 ausgewählte KPIs

Ziel war es, für jede inhaltliche und zeitliche Dimension eine gemeinsame Schnittstelle zu finden. Für diesen Prozess wurden zunächst mehr als 60 verschiedene KPIs mit Ergebnissen aus der Praxis analysiert, wovon dann letztlich 30 ausgewählt wurden, d.h. für jede Schnittstelle eine KPI. Einige sollen zum besseren Verständnis nun noch weiter erläutert werden.

Nachfolgend ist das fertig gestellte Framework dargestellt (s. Abb. 3). Auf der obersten horizontalen Ebene sind die einzelnen Innovationsphasen abgebildet. In der linken Spalte kann man die verschiedenen

---

[5] Vgl. Carr, 2010.

inhaltlichen Ebenen einsehen. Die jeweiligen Schnittstellen sind die entwickelten KPIs.

Hier folgen nun ausgewählte Erklärungen zu den KPIs.

3.1 Kennzahlen zur Dimension „Beschaffenheit des Unternehmens"

- **Kontinuierliche Verfahren als Alarmfunktion und zur Beobachtung (BSC, Bewertungsmethoden, Neely's Performance Prism)**

Diese KPI analysiert nicht nur das Bestreben, eines Unternehmens, eine klare Strategie und Vision zu definieren, sondern hilft auch bei der Implementierung eines stetigen Prozesses, der das Unternehmen auf die Verfolgung der Strategie ausrichtet. Die Verwendung von Management-Frameworks wie der BSC kann bei der Performance-Messung genau die Lücke schließen, welche finanztheoretische Ansätze offenlassen.

- **Aktive Kunden des Unternehmens**

Peter Fader brachte in seinem Vortrag zu Kunden-Metriken als Unternehmens-Bewertungsansätze zum Ausdruck, dass die sog. *active user* als Kennzahl durchaus geeignet sind.[6] Damit meinte er alle Kunden des Unternehmens, die mindestens ein Produkt pro Jahr erwerben. Durch diese KPI wird ein Stück weit die vorher diskutierte KPI „Markenwert" lediglich auf die Kundenanzahl reduziert. Diese Zahl reflektiert die Customer Base des Unternehmens. Anstatt den abstrakten Wert einer Marke zur zukünftigen Erfolgsbestimmung heranzuziehen, würde hier lediglich die intuitive Kennzahl *active user* untersucht werden. Das ist die relevanteste Zielgruppe für Entscheidungsträger.

3.2 Performance-Indikatoren für Kundenbedürfnisse

- **Verwendung eines Prozesses zur Integration von Kundeninformationen**

Wie Unternehmen letztlich Informationen über ihre Kunden zur lösungsorientierten Produktentwicklung sammeln ist unerheblich; indes ist entscheidender, dass ein solcher Prozess überhaupt vorhanden ist. Es ist jedoch unerlässlich, dass Kunden nach Problemen und nicht nach Lösungen befragt werden. Daraus können dann gezielt Bedürfnisse abgeleitet und letztlich Produkte entwickelt werden.

---

[6] Vgl. Fader, 2017.

Grundlagen & Konzepte

KPI-Dimension	Beschaffenheit des Unternehmens	Kundenbedürfnisse	Ideengenerierung	Konzeptentwicklung	Entwicklung	Markteinführung
Kunden-zentriertheit	Klare Definition von USP und Positionierung der Marke	Verwendung eines Prozesses zur Integration von Kundeninformationen	Innovationsbereitschaft und Entwicklung Leitfaden zur Ideenentwicklung	Methodik: Fokus auf interdisziplinäre Teams sowie Kundenintegration	Integration Feedback-System, das Prototyp checkt (Kunde integrieren)	Active Users & Repurchase-Rate
Grundlegende Must-haves	Verwendung der Resource-based View	Betreibung und Auswertung von Marktforschung	Innovations- und Branding-Strategie über alle Ebenen kommuniziert	Strategische Planung von Wettbewerbern, Mission, Zielen	Intellectual Property System zur Patentanmeldung etc.	Time-to-market im Benchmark der Branche
Prozesskette	Kontinuierliche Verfahren als Alarmfunktion und zur Beobachtung (BSC)	Trends: Marktbeobachtung (Data Mining in Netzwerken) Reaktionsfähigkeit	Prozess, der die Ideenauswertung interdisziplinär gestaltet	Prozess nach der Idee, der diese in Konzepte und Produkte entwickelt	Schnelles Prototyping (MVP) zur Hypothesentestung	Anzahl an Neukunden durch Produkteinführung (Feedback!)
Kreative Impulse	CSR-Mentalität sowie Integration sozialer Meinungen der Kunden	Verwendung eines Anreizsystems für Kundenbedürfnisse	Ideen / Monat in der Pipeline	Förderung Kreativität, z.B. durch Design Thinking	% inkrementelle Innovationen vs. % radikale Innovationen	Entwicklung und Evaluation von Advertising-Kanälen und -Aktivitäten
Hard Facts	Active Users (Kunden > 0 Einkäufe/Jahr)	Verhältnis: Projekten mit Kundenintegration an Gesamtprojekten	Effektivität F&E: Verhältnis produktbezogene F&E zum Ertrag	Erfolgsquote: Wie viele Ideen schaffen es zur Konzeptentwicklung?	Realisierungsquote: Wie viele Ideen werden tatsächlich entwickelt?	% Umsätze ohne Kannibalisierungseffekt

Der Innovationsprozess nach DIN TS 16555 Norm

Abb. 3: Das Innovationskennzahlen-Framework mit den zugehörigen KPIs

- Verwendung eines Anreizsystems für Kunden, sich dem Unternehmen mitzuteilen

Kundeninformationen sowie die Identifikation von Bedürfnissen sind Grundaufgaben des Marketings. Soziale Netzwerke können einen geeigneten Channel zur Absorption dieser Informationen darstellen. Doch wie kann man sicherstellen, dass man nicht nur eine geeignete Schnittmenge kundenrelevanter Daten und Bedürfnisse offenlegt, sondern diese auch tatsächlich aktiv vom Kunden fordert? Diese KPI kontrolliert insofern, dass Unternehmen die nötigen kreativen Impulse der Kunden auch erhalten. Heutzutage bieten bspw. viele Unternehmen die Möglichkeit, ihnen bei Facebook oder Twitter eine Nachricht zu schreiben, die dann tatsächlich auch von einem Mitarbeiter beantwortet wird. Auch ein Ideenwettbewerb wäre hier denkbar. Entscheidend ist, dass der Kunde die Integration wahrnimmt. Lediglich einen Kanal einzurichten, der lediglich Beschwerden auffängt, ist weniger sinnvoll.

3.3 Performance-Indikatoren für Ideengenerierung

- Prozess, der die Ideenauswertung interdisziplinär gestaltet

Bezieht man viele interdisziplinäre Teams in den Prozess der Ideengenerierung ein, erhält man unterschiedliche Ergebnisse. Mitarbeiter aus unterschiedlichen Abteilungen bringen verschiedene Ideen und Skillsets mit. Von diesen können substanzielle Impulse und Inputs für neue Produkte ausgehen. Es geht jedoch weniger um die Anzahl als vielmehr um die generelle Einbeziehung verschiedener Abteilungen. Das erhöht die Qualität der Ideenauswertung nachhaltig. Die Wahrscheinlichkeit, dass Ideen bis auf den erstrebten innovativen Kern verfolgt werden, steigt mit der Integration verschiedener Abteilungen in diesen Prozess.

- Messung der Effektivität von F&E: Verhältnis der produktbezogenen F&E zum Ertrag

Setzt man die F&E-Ausgaben ins Verhältnis zum jeweiligen erzielten Ertrag, lassen sich die einzelnen Projekte erfolgswirksam voneinander abgrenzen. Diese Erfolgswirksamkeit wird als KPI dann messbar. Durch diesen jeweiligen inhaltlichen Kontextrahmen steht F&E nicht einfach nur als aufsummierte Zahl, sondern lässt auch Aussagen über die Effektivität zu. Weiterhin sind Benchmark-Möglichkeiten gegeben, da viele Unternehmen in den jährlichen Reports sowohl produktbezogene Erträge als auch ihre Ausgaben für F&E veröffentlichen.

3.4 Performance-Indikatoren zur Konzeptentwicklung

- Förderung der Kreativität in der Konzeptentwicklung, bspw. durch Design Thinking

Die Bedeutung und Auswirkung kreativitätsfördernder Ansätze ist unumstritten. Ein mögliches Konzept kreativer Schöpfung und Produktentwicklung ist das Design Thinking. An dieser Stelle soll dieses stellvertretend für ähnliche Methoden stehen, die die Kreativität in der Konzeptentwicklung fördern. Im Kern steht dabei die schnelle Prototyping. Zusammen mit interdisziplinären Teams werden Produktentwürfe gebaut. Anschließend werden diese mit dem Zielanwender getestet. Eines der bekanntesten Beispiele für die erfolgreiche Umsetzung ist die schnurlose Computer Maus von Apple.

- Erfolgsquote: Wie viele Ideen schaffen es zur Konzeptentwicklung?

Will man die Effektivität und Relevanz der aufgestellten Ideen messen, sollte man überprüfen, wie viele Ideen es tatsächlich bis zur Konzeptentwicklung schaffen. Diese Kennzahl hält fest, wie hoch der Anteil der tatsächlich konzipierten Produkte wirklich ist. Neben der mathematischen Kennzahl, soll hier gleichzeitig die Schärfe der Kriterien gemessen werden, mit denen die Konzepte beurteilt werden. Entwickelt bspw. ein Unternehmen fast jede Idee auch zu einem Konzept, kann man davon ausgehen, dass die Kriterien nicht scharf genug sind.

3.5 Ausgewählte Performance-Indikatoren: Entwicklung

- Verhältnis inkrementelle Innovationen vs. radikale Innovationen

Für Unternehmen sind sowohl radikale als auch inkrementelle Innovationen von hoher Bedeutung. Deshalb erscheint eine KPI, welche das Verhältnis zwischen den beiden Typen als Prozentzahl darstellt, sinnvoll. Dabei hängt das **richtige** Verhältnis der beiden zueinander sowohl von der Branche als auch von der Art des Unternehmens ab. Etablierte Unternehmen fokussieren sich zumeist auf inkrementelle Innovationen, während Start-up-Unternehmen neue Märkte durch radikale Innovationen erschaffen. Unternehmen, die radikale Innovationen in den Markt bringen möchten, sollten sich bewusst sein, dass diese mit einem hohen Maß an Ungewissheit und Risiken behaftet sein können; doch das Eingehen dieses Risikos ist möglicherweise immens ertragreicher als bei inkrementellen Innovationen.

▪ Integration eines Kunden-Feedback-Systems

Produkttests mit dem Kunden sind heutzutage für viele Unternehmen selbstverständlich. Für den größten Lerneffekt sollten die Befragten dabei möglichst vielschichtig sein. Die Befragung fällt in das Aufgabengebiet des Marketing- oder Produkt-Managers. Dieser hält das Feedback fest und nimmt Eindrücke bzgl. Zielgruppe und Bedürfnisbefriedigung auf. Die gesammelten Ergebnisse müssen dann in der weiteren Produktentwicklung miteinbezogen werden. Solch ein System kann die Wahrscheinlichkeit für den Produkterfolg und die Marktakzeptanz signifikant erhöhen.

3.6 Performance-Indikatoren zur Markteinführung

▪ Durchschnittliche Einkäufe über alle active user sowie Beachtung der Repurchase-Rate

Kunden, die häufig Produkte des selben Unternehmens kaufen, können als loyal angesehen werden. Solche Unternehmen habe eine hohe Repurchase-Rate. Die Durchschlagskraft dieser KPI liegt vor allem in der Tatsache begründet, dass sie als einzelne Metrik die Produkt-Markt Beziehung, also den **fit** zueinander, untersuchen kann. Darüber hinaus lässt sie Schlüsse über die Loyalität von Kunden zu. Ist die Zielgruppe der loyalen Kunden identifiziert, könnte das Unternehmen in einem weiteren Schritt ermitteln, wieso Kunden sich von den Produkten abwenden und möglicherweise einen Wettbewerber vorziehen.

▪ Anzahl an Neukunden durch Produkteinführung

Die Rolle des Kunden innerhalb der Markteinführung ist zentral. Er ist schließlich derjenige, der das angebotene Produkt letztlich kaufen soll. Das Maß der Customer Retention, also inwiefern Unternehmen Kunden halten können, wurde bereits durch die Kennzahl „Repurchase-Rate" zum Ausdruck gebracht. Um noch besser differenzieren zu können, ob Kunden häufiger oder zum ersten Mal (z.B. durch die Einführung eines Produktes) Produkte kaufen, lässt sich durch diese Metrik heranziehen. Unternehmen, die die Anzahl von Neukunden messen, können nicht nur den Erfolg ihrer Produkte besser bewerten (z.B. Expandieren der Customer Base), sondern auch Lernprozesse anstoßen, falls ein Produkt lediglich die bestehenden Kunden anspricht. Dieses **Gap** könnte geschlossen werden, sofern dann konkrete Bedürfnisse dieser Gap-Gruppe (Kunden) identifiziert worden sind.

4 Fazit: Auch Marketingkennzahlen haben Erklärungsgehalt

Aktuelle Methoden zur Prognose zukünftiger Unternehmensperformance sind meistens vergangenheitsorientiert, d.h. sie beruhen auf in der Vergangenheit liegenden Ereignissen und (Miss-)Erfolgen. Im vorliegenden Beitrag ist deutlich geworden, dass Performance nicht nur aus finanztheoretischer Sicht gemessen und illustriert werden kann. Auch das Marketing inkl. innovationsbezogener Kennzahlen hat unter Umständen einen hohen Erklärungsgehalt. Dabei wurde nachgewiesen, dass die Unternehmensperformance maßgeblich von den Faktoren Innovation und Branding abhängt. Weiterhin kommt dem Kunden und dem Umfeld der Kundenintegration eine besondere Bedeutung zu.

Einsatz des Frameworks als formales Diagnostikinstrument

Das Framework beruht auf einer Vielzahl von Management- und Marketing-Techniken, die für Unternehmen einerseits als Kontrollfunktion wirken; andererseits bieten diese Techniken auch die Möglichkeit der Beobachtung und Alarmierung, falls einige der dargebotenen Methoden noch nicht für das Unternehmen in Betracht gezogen worden sind. Man sollte indes beachten, dass **Performance** kein trivial zu definierender Begriff ist, der lediglich durch eine Kennzahl gemessen werden kann. Die dargestellten Zusammenhänge zwischen Performance, Innovation, Branding und Kundenintegration untermauern jedoch die Auffassung, dass eine gänzliche Neubetrachtung von Performance-Messung aus marketingtheoretischer Sicht absolut sinnvoll ist.

5 Literaturhinweise

Carr, The Most Important Leadership Quality for CEOs? Creativity, in Fast Company, 5/2010.

Fader, How to Use Common Customer Metrics to Enhance Firm Valuation Models.

Müller/Schroiff, Warum Produkte floppen, 2013.

Neely/Adams/Kennerley, The performance prism. The scorecard for measuring and managing business success, in Financial Times, 2002.

Neely, Business performance measurement. Theory and practice, 2003.

Rigby, Management Tools 2007 – An Executive's Guide, 2007.

Piller/Ihl/Vossen, A Typology of Customer Co-Creation in the Innovation Process, in SSRN Electronic Journal, 2010.

Kennzahlen zur Steuerung der Digitalisierung: Rahmenkonzept, Leitfragen und Beispiele

- Kennzahlen sind für die strategische und operative Steuerung von Unternehmen von erheblicher Bedeutung. Die Digitalisierung verändert sowohl Geschäftsmodelle, Produkte und Services von Unternehmen, als auch die dahinter liegenden operativen Prozesse in erheblichem Umfang. Auf dieser Grundlage stellt sich für die Unternehmen die Frage, inwieweit das bestehende Set an Kennzahlen zur Unternehmenssteuerung erweitert oder angepasst werden muss.

- Der vorliegende Artikel stellt zunächst einen konzeptionellen Rahmen bestehend aus 4 Clustern als Ordnungsraster vor, der für die gezielte Suche und Auswahl von Kennzahlen zur Steuerung der Digitalisierung genutzt werden kann. Darüber hinaus werden beispielhaft einzelne Kennzahlen für jeden der 4 Cluster definiert. Zusätzliche Leitfragen sollen die unternehmensspezifische Suche und Auswahl von Kennzahlen unterstützen.

Inhalt		Seite
1	Performance Measurement im Kontext der Digitalisierung	81
1.1	Verständnis der digitalen Transformation klären	81
1.2	Performance Measurement und Kennzahlen	83
2	Bewertungsradar als Steuerungsinstrument der digitalen Transformation	84
3	Spezifische Kennzahlen zur Steuerung der digitalen Transformation	86
3.1	Digital Impacts	87
3.2	Digital Operations	88
3.3	Digital Enablers	88
3.4	Digital Capabilities	89
4	Fazit: Digitalisierung als Chance wahrnehmen	90
5	Literaturhinweise	91

- **Die Autoren**

Dr. Mike Schulze, Inhaber der Professur für Controlling, Rechnungswesen und Finanzmanagement an der European Management School (EMS) in Mainz.

Deborah Nasca, Wissenschaftliche Mitarbeiterin und Doktorandin im Forschungsbereich Controlling und Innovation am Strascheg Institute for Innovation, Transformation and Entrepreneurship (SITE) der EBS Universität für Wirtschaft und Recht in Oestrich-Winkel.

Nadin Eymers, Wissenschaftliche Mitarbeiterin und Doktorandin im Forschungsbereich Controlling & Innovation am SITE der EBS Universität für Wirtschaft und Recht in Oestrich-Winkel.

1 Performance Measurement im Kontext der Digitalisierung

1.1 Verständnis der digitalen Transformation klären

Die digitale Transformation (auch als digitaler Wandel bezeichnet) ist ein aktuell in Gesellschaft und Wirtschaft gleichermaßen stark diskutiertes Thema. Durch zahlreiche teilweise auch synonym und parallel verwendete Begrifflichkeiten, wie bspw. Industrie 4.0, Internet der Dinge (IoT), Big Data oder künstliche Intelligenz, sind die digitale Transformation und Digitalisierung in den unterschiedlichsten Medien omnipräsent. Im internationalen Kontext werden diesbezüglich im Wesentlichen die Begriffe „Digitization", „Digitalization" und „Digital Transformation" verwendet.

Transparenz in Definitionen schaffen

Tab. 1 fasst chronologisch eine Auswahl bestehender Begriffsverständnisse von Digitalisierung und digitaler Transformation zusammen, die größtenteils durch Unternehmensberatungen formuliert wurden.

Verfasser	Jahr	Definition
Capgemini	2011	„**Digital transformation** (DT) – the use of technology to radically improve performance or reach of enterprises."[1]
PwC	2013	Die **digitale Transformation** beschreibt den „grundlegenden Wandel der gesamten Unternehmenswelt durch die Etablierung neuer Technologien auf Basis des Internets […]".[2]
Fitzgerald et al.	2014	**Digital Transformation**: „the use of new digital technologies […] to enable major business improvements […]".[3]
KPMG	2014	„**Digitale Transformation** steht für eine kontinuierliche Veränderung der Geschäftsmodelle, der Betriebsprozesse sowie der Kundeninteraktion im Zusammenhang mit neuen Informations- und Kommunikationstechnologien."[4]
BMWi	2015	„Die **Digitalisierung** steht für die umfassende Vernetzung aller Bereiche von Wirtschaft und Gesellschaft sowie die Fähigkeit, relevante Informationen zu sammeln, zu analysieren und in Handlungen umzusetzen."[5]

---

[1] Vgl. Capgemini, 2011, S. 5.
[2] Vgl. PwC, 2013, S. 5.
[3] Vgl. Fitzgerald et al., 2013, S. 2.
[4] Vgl. KPMG, 2014, S. 6.
[5] Vgl. BMWi, 2015, S. 3.

Grundlagen & Konzepte

Verfasser	Jahr	Definition
Gartner	2018	„**Digitalization** is the use of digital technologies to change a business model and provide new revenue and value-producing opportunities; […]". „is the process of changing from analog to digital form […]". „is the process of exploiting digital technologies and supporting capabilities to create a robust new digital business mode".[6]

Tab. 1: Definitionen zu den Begriffen Digitalisierung und digitale Transformation

Ergänzend dazu hat Hanna (2016) eine grundlegende Unterscheidung im Hinblick auf die 3 englischsprachigen Begriffe definiert.

- „Digitization" ist demnach die erste Stufe, unter der man die Konvertierung von analogen Informationen und Prozessen in digitale versteht.
- „Digitalization" als zweite Stufe drückt die Verbesserung von Geschäftsprozessen und/oder des Geschäftsmodells auf Basis digitaler Technologien aus.
- „Digital Transformation" als dritte und letzte Stufe ist die „tiefgreifende strukturelle Veränderung in Wirtschaft und Gesellschaft, die durch die Ausschöpfung des vollen Potenzials der IKT-Revolution[7] […] mit dem Ziel des Aufbaus einer intelligenten Wirtschaft und Gesellschaft herbeigeführt wird".[8]

Digitale Transformation im Controlling

Der digitale Wandel betrifft alle Unternehmensbereiche. Die Bewältigung und hier insbesondere die Steuerung der digitalen Transformation sind zu einer neuen Aufgabe des Controlling- bzw. Finanzbereiches geworden. Der Controller übernimmt in der Begleitung des Wandlungsprozesses eine entscheidende Rolle bei der Mitwirkung und Unterstützung der zukünftigen digitalen Ausrichtung des Unternehmens.

Das Controlling unterliegt aber auch selbst dem digitalen Wandel. Dieser ist bspw. geprägt durch

- die Automatisierung und Standardisierung der **Controllingprozesse**,
- **digitale Technologien**, wie das IoT, Social Media, Cloud-Lösungen und Big Data, die als Türöffner zur Automatisierung und Standardisierung gelten,
- auf den verfügbaren Technologien aufbauende **Anwendungen im Controlling**, wie bspw. ERP- oder Big-Data-Analytics-Anwendungen,

---

[6] Vgl. Gartner, 2018.
[7] IKT steht für Informations- und Kommunikationstechnologien.
[8] Vgl. Hanna, 2016.

- Veränderungen in der **Controllingorganisation**, hierzu zählen neue Formen wie Controlling Factories oder Controlling Hubs sowie
- neue **Kompetenzanforderungen** an die **Controller**, verursacht durch den Einsatz neuer Technologien und Controllinganwendungen.

Dies kann u.a. in folgende 8 zentrale Herausforderungen für den CFO-Bereich spezifiziert werden:[9]

1. Datenmanagement (Stammdaten- und Systemqualität)
2. Self-Controlling (Self Service, Digital Boardroom, Debiasing)
3. Agile Unternehmensteuerung (schlanke, integrierte, schnelle Prozesse; Trial & Error, Campus-Konzepte)
4. Effizienz im Controlling (Standardisierung, Shared Service & Outsourcing, Automatisierung)
5. Business Partnering (Hinterfragen von Geschäftsmodell, Ressourcenallokation)
6. Analytics (Predictive Analytics, Simulation und Bandbreitenplanung)
7. Neue Fähigkeiten (Statistik und Informationstechnologie etc.)
8. Controlling Mindset (Effizienz und profitables Wachstum versus Lernen unter Unsicherheit)

Komplementär wird neben dem Business Partner häufig auch die Rolle des Controllers als Change Agent diskutiert. Dieser soll proaktiv und eigenverantwortlich für die Umsetzung der Veränderungsprozesse im Unternehmen sorgen. Die Rolle des Change Agent ist unerlässlich, da der digitale Wandel nur erfolgreich sein kann, wenn er von den Mitarbeitern und Führungskräften getragen wird.

1.2 Performance Measurement und Kennzahlen

Um den Grad der digitalen Transformation im Unternehmen messen zu können, ist der Einsatz ausgewählter Leistungsindikatoren bzw. Kennzahlen unerlässlich. Das Management nutzt sie zur permanenten Leistungsbeurteilung, als Frühwarnindikatoren und ex post zur Überprüfung der Zielerreichung.[10]

Leistungsfaktur und Frühindikator

Kennzahlen bleiben auch im digitalen Zeitalter ein zentrales Instrument der Controller zur Informationsversorgung und Entscheidungsunterstützung der Manager. Eine erfolgreiche digitale Transformation erfolgt deshalb sicherlich stets kennzahlenbasiert. Entscheidend ist dabei jedoch, mit welchen Kennzahlen gesteuert wird. Nur die vollständige Trans-

Erfolgreiche Digitalisierung mit den richtigen Kennzahlen

---
[9] Vgl. Schäffer/Weber, 2016, S. 10.
[10] Vgl. Posselt, 2014, S. 14.

parenz über die entscheidenden unternehmensindividuellen Faktoren ermöglicht eine schnelle und flexible Anpassung an sich kontinuierlich ändernde Bedingungen.[11]

Die digitale Transformation betrifft längst nicht mehr nur die Wertschöpfungs-, sondern insbesondere auch die betrieblichen Supportprozesse. **Ein umfassendes Performance Measurement sollte daher weiterhin die Leistungsmessung sowohl auf Prozessebene, als auch auf der gesamten Organisationebene ermöglichen.**[12] Darüber hinaus sind Frühindikatoren zu berücksichtigen, mit denen sich die Leistung in der Zukunft im Vorlauf beurteilen lässt.

Die digitale Transformation verstärkt den Trend, auch nicht-finanzielle Leistungsindikatoren bzw. Kennzahlen zu verwenden. Um möglichst viele relevante Faktoren erfassen zu können, sollte diese ganzheitliche Betrachtung auf einem mehrdimensionalen Steuerungssystem basieren. Nichtfinanzielle Kennzahlen sind teilweise zeitlich vorgelagert und sollten mittel- bis langfristig den finanziellen Mehrwert der digitalen Transformation für das Unternehmen abbilden.[13]

Die digitale Transformation macht eine Anpassung der klassisch bewährten Controllingansätze und bisher etablierter, traditioneller Kennzahlensysteme notwendig. Viele Unternehmen tun sich jedoch schwer mit der eigenen Standortbestimmung und der Identifikation bzw. Definition aussagekräftiger Kennzahlen, die als Grundlage für ein adäquates Reporting zum Umsetzungsgrad der digitalen Transformation dienen können.[14]

2 Bewertungsradar als Steuerungsinstrument der digitalen Transformation

Bewertungsradar bildet Kernelemente der Digitalisierung ab

Ein konzeptionelles Ordnungsraster, das Unternehmen in Bezug auf ihre digitale Standortbestimmung nutzen können, ist das von der Managementberatung Horváth & Partners entwickelte Bewertungsradar (s. Abb. 1). Es dient dazu, den Reifegrad eines Unternehmens im Hinblick auf die digitale Transformation mit messbaren Kriterien bewerten zu können. Der Kern des Bewertungsradars besteht aus den beiden strategischen Komponenten Digital Organization und Digital Culture. Die eher operativen Aspekte werden durch die folgenden 4 Cluster beschrieben:

- Digital Impacts,
- Digital Operations,

---

[11] Vgl. International Group of Controlling, 2017, S. 73.
[12] Vgl. International Group of Controlling, 2017, S. 73.
[13] Vgl. Schönbohm/Egle, 2016, S. 4ff.
[14] Vgl. Schönbohm/Egle, 2016, S. 6.

- Digital Capabilities und
- Digital Enablers.[15]

Was die einzelnen Aspekte im Detail bedeuten, wird im Folgenden näher erläutert.

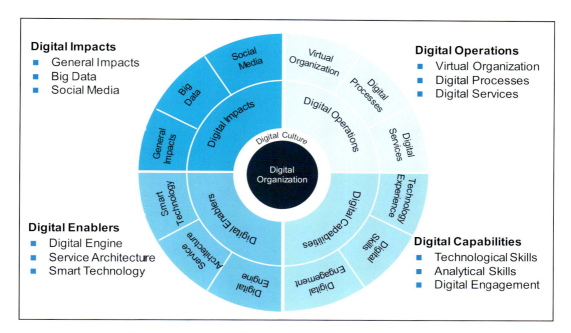

Abb. 1: Bewertungsradar Digitalisierungsgrad[16]

Die **Digital Impacts** fokussieren sich auf das Datenmanagement und die Datenanalyse. Die Bedeutung des Datenmanagements nimmt im digitalen Zeitalter zu. Die Speicherung und Sammlung von Daten allein bringt keinen Nutzen mehr, erst die weitergehenden Analysen und deren Integration in die Prozesse schaffen ein zentrales Fundament für den Unternehmenserfolg.

Digital Operations umfasst die Automatisierung von Prozessen. Angestrebt wird der Verzicht auf die manuelle Datenverarbeitung, um Potenziale im Hinblick auf die Verkürzung von Durchlaufzeiten realisieren zu können. Neue Technologien, wie Robotic Process Automation (RPA), bieten dafür Ansatzpunkte. Verschiedene IT-Systeme bilden hier keine Grenze mehr, eine Automatisierung kann applikationsübergreifend, ohne die Programmierung von komplexen Schnittstellen, erfolgen.

---

[15] Vgl. Kirchberg/Müller, 2016, S. 84 ff.
[16] Vgl. Kirchberg/Müller, 2016, S. 83.

Digital Enablers sind das zentrale Fundament für die Abbildung der Organisations- und Prozessmodelle und unterstützen damit die Digital Operations. Daher ist nachvollziehbar, dass den technologischen Plattformen im digitalen Zeitalter eine besondere Bedeutung zukommt. Neue Technologienermöglichen es, die Daten und Informationen umfassender und schneller zugänglich zu machen.

Die Digitalisierung hat nicht nur Einfluss auf die Technologie und Prozesse, sondern stellt auch neue Anforderungen an die Struktur und Kultur der Organisation. Die erfolgreiche Nutzung der digitalen Technologien und Tools kann nur durch Mitarbeiter mit entsprechenden Fähigkeiten, den sog. **Digital Capabilities**, erfolgen. Mitarbeiter müssen in der Lage sein, neue digitale Technologien zu beherrschen und diese anzuwenden. Oftmals scheitern neue Tools einfach an der fehlenden oder unzureichenden Schulung für die bedienenden Mitarbeiter. Neue Technologien bedeuten aber auch, dass sich die Mitarbeiter in ihren Aufgaben der inhaltlichen Möglichkeiten bewusst sein müssen. Dieses digitale Mindset aus der Kombination der Beherrschung von Technologien und dem Verständnis der Möglichkeiten, wird für Mitarbeiter zukünftig im Rahmen der Digitalisierung Teil des Anforderungsprofils werden.

Vision und Digitalisierungsstrategie als Basis

Das beschriebene Bewertungsradar bietet mit seinen 4 Clustern eine geeignete Struktur für die Suche und Definition von Kennzahlen. Die inhaltliche Basis für die Kennzahlensuche bilden eine klar formulierte Vision sowie eine darauf aufbauende konkretisierte Digitalisierungsstrategie. Die darin formulierten Teilziele müssen über Kennzahlen messbar gemacht, es müssen Zielwerte definiert und Einzelmaßnahmen abgeleitet werden. Für eine erfolgreiche digitale Transformation ist die Digitalisierungsstrategie daher zwingend notwendig.

3 Spezifische Kennzahlen zur Steuerung der digitalen Transformation

Basierend auf dem im vorhergehenden Kapitel vorgestellten Bewertungsradar wird im weiteren Verlauf beschrieben, welche Leistungsindikatoren zur Messung des Digitalisierungsgrads aus allgemeiner Perspektive, ohne Berücksichtigung eines spezifischen Unternehmenskontextes, genutzt werden können. Weiterhin werden jeweils Leitfaden in einem Praxis-Tipp aufgeworfen, die zusätzliche Denkanstöße zur Identifikation von Kennzahlen geben.

3.1 Digital Impacts

Die Neuausrichtung des Kennzahlenmanagements in Unternehmen aufgrund der Digitalisierung bedeutet keineswegs, dass etablierte Kennzahlen vollständig ihren Wert bzw. ihre Aussagekraft verlieren. Klassische Erfolgs- und Rentabilitätskennzahlen, wie Umsatz, EBIT/EBITDA, Umsatzrendite, Eigenkapital- und Gesamtkapitalrendite bleiben weiterhin relevant.

Ein wesentlicher Erfolgsfaktor der digitalen Transformation sind verbesserte Produkt- und Serviceangebote, die sowohl den Kundennutzen als auch die vom Kunden wahrgenommene Qualität erhöhen. Der finanzielle Erfolg aus derartigen neuen digitalen Produkten und Services (der Aspekt der Neuheit ist kontextspezifisch zu definieren, bspw. nicht älter als 2 Jahre) kann durch folgende Kennzahl ausgedrückt werden:[17]

$$\text{Finanzieller Erfolg } [\%] = \frac{\text{EBIT aus neuen digitalen Produkten und Services [EUR]}}{\text{Umsatz aus neuen digitalen Produkten und Services [EUR]}} * 100$$

Der Kundenerfolg aus derartigen neuen digitalen Produkten und Services kann bspw. wie folgt gemessen werden:[18]

$$\text{Kundenerfolg } [\%] = \frac{\text{Umsatz aus neuen digitalen Produkten und Services [EUR]}}{\text{Gesamtumsatz [EUR]}} * 100$$

Tipp: Leitfragen zum Digital Impact

- Verändert sich das Geschäftsmodell unseres Unternehmens aufgrund der Digitalisierung?
- Bieten wir neue digitale Produkte und Services an? Wie stark verändert sich unser Produktportfolio durch die Digitalisierung?
- Hat die Digitalisierung Einfluss auf unsere Kostenstruktur? In welchen Funktionsbereichen erwarten wir Kostensenkungspotenziale?
- Welchen Investitionsbedarf sehen wir kurz-, mittel- und langfristig? Welche Auswirkungen hat das auf unsere Finanzierungsstruktur?
- Wie verändert sich unsere Datenlandschaft im Unternehmen durch die Digitalisierung?
- Welchen zusätzlichen Möglichkeiten ergeben sich im Umgang mit den vorhandenen Daten?

---

[17] Vgl. Entreß-Fürsteneck et al., 2017, S. 19.
[18] Vgl. Entreß-Fürsteneck et al., 2017, S. 17.

3.2 Digital Operations

Insbesondere im Bereich der Prozesse ergeben sich durch die Digitalisierung erhebliche Veränderungen. Laut einer Studie erwarten nahezu alle teilnehmenden Unternehmen dadurch positive Effekte und mehr als 90 % rechnen mit einer effizienteren Gestaltung ihrer Prozesse.[19] Daher ist es wichtig, in diesem Bereich durch geeignete Kennzahlen die Veränderungen im Hinblick auf Kosten, Zeit und ggf. auch Qualität kontinuierlich zu messen und dadurch steuerbar zu machen.

Neben einer Messung der jeweiligen absoluten Prozesskosten (leistungsmengeninduzierte Kosten plus anteilige leistungsmengenneutrale Kosten), bietet sich auch die relative Größe der Prozesskosteneffizienz an, die die Effizienzsteigerung in Prozent abbildet:

$$\text{Prozesskosteneffizienz [\%]} = [1 - \frac{\text{Prozesskosten Ist digitaler Prozess [EUR]}}{\text{Prozesskosten alt [EUR]}}] * 100$$

Auch beim Faktor Zeit bietet es sich an, die Effizienzsteigerungen im Hinblick auf die durchschnittliche Durchlaufzeit von Prozessen als relative Kennzahl zu erfassen:

$$\text{Zeiteffizienz [\%]} = [1 - \frac{\varnothing \text{ Durchlaufzeit digitaler Prozess [Min.]}}{\varnothing \text{ Durchlaufzeit Prozess alt [Min.]}}] * 100$$

Tipp: Leitfragen zu Digital Operations

- Welche Prozesse in der Prozesslandschaft unseres Unternehmens bieten ein hohes Potenzial für eine Digitalisierung?
- Welche Auswirkungen im Hinblick auf Qualität, Zeit und Kosten sind für bereits digitalisierte Prozesse zu erkennen?
- Welche Serviceleistungen unseres Unternehmens lassen sich standardisieren und/oder automatisieren? Inwieweit lässt sich dadurch die Servicequalität steigern?

3.3 Digital Enablers

Neue Technologien können erhebliche Nutzenpotenziale entfalten. Somit steigt auch die Bedeutung der Rolle der IT im Unternehmen. Die Bedeutung neuer IT-Technologien kann mithilfe einer relativen Kennzahl transparent gemacht werden, die den finanziellen Nutzen ins Verhältnis zu den Kosten neuer IT-Technologien stellt:

---

[19] Vgl. Horváth & Partners, 2016.

$$\text{Bedeutung neuer IT-Technologien [\%]} = \left[\frac{\text{Nutzen neuer IT-Technologien [EUR]}}{\text{Kosten neuer IT-Technologien [EUR]}} - 1 \right] * 100$$

Ebenso ist es in Bezug auf einzelne IT-Technologien sinnvoll, den jeweiligen Integrationsgrad zu erfassen. In Bezug auf das Cloud Computing kann bspw. evaluiert werden, wie stark das Cloud Computing im Fertigungsbereich integriert ist. Eine mögliche Kennzahl wäre daher die Cloud-Computing-Integration:[20]

$$\text{Cloud-Computing-Integration [\%]} = \frac{\text{Einsatzzeit der Cloud [Std.]}}{\text{Gesamte Fertigungszeit [Std.]}} * 100$$

Tipp: Leitfragen zu Digital Enablers

- Welche Veränderungen resultieren aus der Digitalisierung im Hinblick auf unsere IT-Infrastruktur? Welche neuen Technologien und Anwendungen kommen dort zum Einsatz?
- Wie verändern sich unsere IT-Prozesse dadurch?

3.4 Digital Capabilities

Die Umsetzung des digitalen Wandlungsprozesses wird i.d.R. auch eine Weiterentwicklung der Qualifikation von Mitarbeitern bedingen. Um digitales Know-how im Unternehmen aufzubauen, sind ggf. Fort-/Weiterbildungsmaßnahmen (unternehmensintern und -extern) notwendig. Dabei kann, neben den beiden absolut gemessenen Kennzahlen

- Budget für Fort-/Weiterbildungsmaßnahmen [EUR] oder
- Anzahl der teilnehmenden Mitarbeiter an Fort-/Weiterbildungsmaßnahmen

die Schulungsintensität [Tage/FTE][21] als relative Kennzahl eine geeignete Messgröße für die Etablierung von digitalem Know-how sein:

$$\text{Fort-/Weiterbildungsintensität} = \frac{\text{Fort-/Weiterbildungstage mit Digitalisierungsbezug [Tage]}}{\text{Anzahl Mitarbeiter [FTE]}}$$

Inwieweit die notwendige Qualifikation von Mitarbeitern im Rahmen der digitalen Transformation voranschreitet, kann dann anhand nachfolgender relativer Kennzahl bewertet werden:

---

[20] Vgl. Entreß-Fürsteneck et al., 2017, S. 6.
[21] Full Time Equivalent bzw. Vollzeitäquivalente.

Grundlagen & Konzepte

$$\text{Kompetenzquote [\%]} = \frac{\text{Anzahl Mitarbeiter mit Digitalisierungskompetenzen [FTE]}}{\text{Anzahl benötigte Mitarbeiter mit Digitalisierungskompetenzen [FTE]}} * 100$$

Tipp: Leitfragen zu Digital Capabilities
- Inwieweit beeinflussen neue digitale Prozesse die Aufgaben und Zuständigkeiten von unseren Mitarbeitern?
- Welche zusätzlichen Kompetenzen benötigen unsere Mitarbeiter in den einzelnen Funktionsbereichen aufgrund der Digitalisierung?
- Inwieweit gelingt es uns, die benötigten Kompetenzen sicherzustellen? Sind unsere Mitarbeiter ausreichend qualifiziert?

4 Fazit: Digitalisierung als Chance wahrnehmen

Die digitale Transformation sollte von Unternehmen nicht nur als externer Beeinflussungsfaktor, sondern vielmehr auch als Erfolgschance gesehen werden, mit der positive Auswirkungen auf Umsatz, Kundenzufriedenheit, interne Prozesse und Wettbewerbsfähigkeit erzielt werden können. Dies scheint aktuell nicht in allen Unternehmen der Fall zu sein, da festzustellen ist, dass vielfach eine umfassende, kontinuierliche und vor allem auch zielgerichtete Steuerung von Digitalisierungsaktivitäten nicht etabliert ist. Dies mag unter Umständen damit zu tun haben, dass insbesondere kleine und mittelständische Unternehmen sich aufgrund fehlender Expertise und/oder limitierter Ressourcen schwer dabei tun, eine adäquate Steuerung umzusetzen. Dabei können bisherige Kennzahlensysteme auf Grundlage von unternehmensspezifischen Digitalisierungsstrategien mit relativ überschaubarem Aufwand weiterentwickelt und auf die digitale Agenda des Unternehmens ausgerichtet werden. Grundvoraussetzung ist dabei natürlich, dass bereits eine kennzahlenbasierte Unternehmenssteuerung etabliert ist, auf die man aufsetzen kann.

Weiterhin bleibt festzuhalten, was bereits allgemein für die Nutzung von Kennzahlen im Unternehmenskontext gilt: Es gibt nicht das allgemeingültige Set an Kennzahlen zur Steuerung der digitalen Transformation. Je nach unternehmensspezifischem Kontext werden die zur Anwendung kommenden Kennzahlen variieren. Die hier vorgestellten Indikatoren sind nur als Beispiele zu verstehen. Sie sollen jedoch aufzeigen, wie bisherige Kennzahlensysteme adjustiert werden können, um die digitale Transformation in der Unternehmenssteuerung adäquat zu berücksichtigen. Letztendlich sollte die Kennzahlensuche und -definition auf jeden Fall vor dem Hintergrund des jeweiligen Unternehmenskontextes und den mit der Digitalisierung verbundenen unternehmensindividuellen Zielsetzungen erfolgen.

5 Literaturhinweise

Bundesministerium für Wirtschaft und Energie (BMWi), Industrie 4.0 und Digitale Wirtschaft – Impulse für Wachstum, Beschäftigung und Innovation, 2015.

Capgemini Consulting, Digital Transformation: a roadmap for billion-dollar organizations, 2011, https://www.capgemini.com/wp-content/uploads/2017/07/Digital_Transformation__A_Road-Map_for_Billion-Dollar_Organizations.pdf, Abrufdatum 27.6.2018.

Entreß-Fürsteneck/Karl/Urbach, Performance Measurement im Zeitalter der Digitalisierung: Eine Balanced Scorecard für die Industrie 4.0, in Winkler/Berger/Mieke/Schenk (Hrsg.), Anwendungsorientierte Beiträge zum Industriellen Management – Flexibilisierung der Fabrik im Kontext von 4.0, Band 6, S. 107–132.

Fitzgerald/Kruschwitz/Bonnet/Welch, Embracing Digital Technology: A New Strategic Imperative, in MIT Sloan Management Review, 55. Jg. (2014), H. 2, S. 1–12.

Gartner Inc., Gartner IT-Glossary, https://www.gartner.com/it-glossary/, Abrufdatum: 27.6.2018.

Hanna, Mastering Digital Transformation – Towards a Smarter Society, Economy, City and Nation, 2016.

Hilgers, Performance Measurement – Leistungserfassung und Leistungssteuerung in Unternehmen und öffentlichen Verwaltungen, 2008.

Horváth & Partners Management Consultants (Hrsg.), Digitalisierung – Der Realitäts-Check, Geschäftsmodelle, Prozesse, Steuerung – Der Status quo der Transformation in deutschen Unternehmen, Studienbericht, 2016, https://www.horvath-partners.com/de/media-center/ studien/detail/digitalisierung-der-realitaets-check/, Abrufdatum: 27.6.2018.

International Group of Controlling, Controlling-Prozessmodell 2.0: Leitfaden für die Beschreibung und Gestaltung von Controllingprozessen, 2. Aufl. 2017.

Kirchberg/Müller, Digitalisierung im Controlling: Einflussfaktoren, Standortbestimmung und Konsequenzen für die Controllerarbeit, in Gleich/Grönke/Kirchmann/Leyk (Hrsg.), Konzerncontrolling 2020, 2016, S. 79–96.

KPMG AG WPG, Digitale Transformation in der Schweiz, 2014.

Posselt, Mitarbeiter führen mit Kennzahlen – Attention Leadership, 2014.

PricewaterhouseCoopers AG WPG, Digitale Transformation – der größte Wandel seit der industriellen Revolution, Studienbericht, 2013.

Schäffer/Weber, Die Digitalisierung wird das Controlling radikal verändern, in Controlling & Management Review, 60. Jg. (2016), H. 6, S. 6–17.

Schönbohm/Egle, Der Controller als Navigator durch die digitale Transformation, in Controller Magazin, 41. Jg. (2016), H. 6, S. 4–8.

Kapitel 3: Umsetzung & Praxis

Kennzahlen des Marketingcontrollings

- Die Verwendung von Kennzahlen im Marketingcontrolling kann einen signifikanten Einfluss auf das Geschäftsergebnis haben, etwa durch eine bessere Bewältigung der Informationsfülle. Voraussetzung hierfür ist immer eine adäquate Einbindung in ein Gesamtcontrollingkonzept.
- Das strategische und operative Marketingcontrolling weisen in quantitativer Hinsicht viele Überschneidungen auf. Die nachfolgende Darstellung zieht eine klare Grenze zwischen formalökonomischen (strategischen) und bereichsbezogenen (operativen) Kennzahlen.
- Der Beitrag gibt einen Überblick über die wichtigsten Kennzahlen des strategischen und operativen Marketingcontrollings. Deren Anwendung wird dabei an einem konkreten Praxisbeispiel veranschaulicht.

Inhalt		Seite
1	Zeithorizont und Methodik der Unternehmenssteuerung	97
2	Kennzahlen im strategischen Marketingcontrolling	98
2.1	Strategische Kontrolle mittels RAVE™-Ansatz	98
2.2	Statistische Korridore und Kennzahlencontrolling	101
3	Kennzahlen im operativen Marketingcontrolling	104
3.1	Produkt- und Preispolitik	104
3.2	Vertriebspolitik	105
3.2.1	Vertriebskennzahlen im Überblick	105
3.2.2	Kennzahlen für das Direktmarketing	109
3.2.3	Kennzahlen im Online-Marketing	110
4	Fallstudie zum Kennzahlencontrolling im Online-Marketing	111
5	Fazit: Empfehlungen zu Anwendung und Problemvermeidung	114
6	Literaturhinweise	115

Die Autoren

Prof. Dr. Christopher Zerres, Professor für Marketing an der Hochschule Offenburg. Zuvor war er bei einer Unternehmensberatung sowie einem internationalen Automobilzulieferer tätig. Christopher Zerres ist Autor zahlreicher Publikationen zu den Bereichen Management und Marketing.

Prof. Dr. Dirk Drechsler, Professor für betriebswirtschaftliches Sicherheitsmanagement, Hochschule Offenburg. Zuvor war er bei einer Wirtschaftsprüfungsgesellschaft, einem Finanzinvestor im Rahmen einer Beteiligung sowie einem internationalen Produktionsunternehmen in den Bereichen Risikomanagement, Interne Revision und Working Capital Controlling tätig.

Florian Litterst, Senior Online Marketing Manager bei der Burda Direct interactive GmbH, einem BurdaDirect Unternehmen. Er verantwortet den Bereich Social Media Advertising und betreut Kunden aus verschiedenen B2C- und B2B-Branchen. Über seine Erfahrungen schreibt er auf seinem Blog adsventure.de und spricht auf Online-Marketing-Konferenzen.

1 Zeithorizont und Methodik der Unternehmenssteuerung

Die Typen der Unternehmenssteuerung lassen sich mithilfe einer zweidimensionalen Matrix mit den Dimensionen „Art der Methodik" und „Zeithorizont" generisch ableiten (s. Abb. 1).[1] Ausgehend von einer quantitativ orientierten Unternehmenssteuerung[2] unterscheiden wir zunächst in einen langfristigen und einen kurz- bis mittelfristigen Betrachtungshorizont. In diesen Kontext ist das Marketingcontrolling einzubetten, das „der Unterstützung der Führungsverantwortlichen im Marketing bei Entscheidungen, die die aktuellen und zukünftigen Beziehungen zwischen Unternehmen und seinen Märkten betreffen"[3] dient.

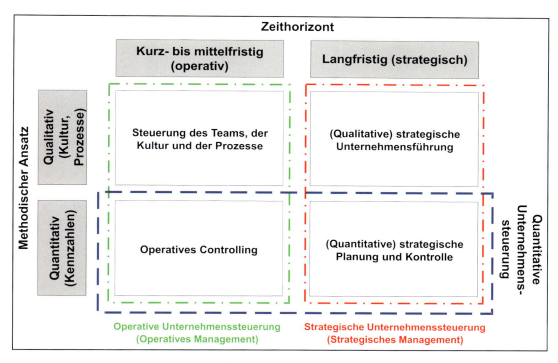

Abb. 1: Typen der Unternehmenssteuerung[4]

---

[1] Vgl. Steuernagel, 2017, S. 21 f.
[2] Eine Gestaltung von Kennzahlensystemen erfordert eine nach bestimmten Kriterien organisierte Vorgehensweise, die im Folgenden als bekannt vorausgesetzt wird.
[3] Reichmann/Kißler/Baumöl, 2017, S. 436.
[4] Eigene Darstellung in Anlehnung an Steuernagel, 2017, S. 22.

Umsetzung & Praxis

Neben den Aufgaben des strategischen Marketingcontrollings in Form von Analysen des strategischen Produkt- und Absatzprogramms, der Markt- und Wettbewerbsbedingungen und der Kundenorientierung[5] macht es Sinn, den Bezug zur strategischen Unternehmenssteuerung herzustellen. Dies erfordert einen Anschluss an entweder zukunfts- oder kontrollorientierte Ansätze der Unternehmenswertbetrachtungen. Wir greifen dabei die strategische Kundenorientierung auf und entwickeln den Zusammenhang über den Kundenstammwert (Customer Equity).

2 Kennzahlen im strategischen Marketingcontrolling

Fokussierung der wertorientierten Unternehmensführung

Ansätze einer eher zukunftsorientierten Betrachtung analysieren das betriebliche Erfolgspotenzial mittels Prognosen zu betrachtender Wertgrößen oder über Predictive-Analytics-Methoden. Eine eher vergangenheitsorientierte Betrachtung würde sich in diesem Zusammenhang dagegen eher auf eine Kontrolle der Effektivität und Effizienz der Situationsanalyse sowie der strategischen Marketingplanung konzentrieren. Andererseits stehen die Kaufentscheidungen der Nachfrager in einem mehr operativen Zusammenhang. Die Entwicklungen in Wissenschaft und Praxis in den vergangenen Jahren haben durch eine stärkere Fokussierung der wertorientierten Unternehmensführung dem strategischen Beitrag des Marketings eine andere Richtung gegeben. Auf dieser Grundlage haben sich Forschungsansätze zur Kundenstammwertforschung (Customer Equity) und zum Markenwert (Brand Equity) entwickelt.[6]

2.1 Strategische Kontrolle mittels RAVE™-Ansatz

Beziehung zwischen Unternehmens- und Kundenwert

Die Verwendung von wertbasierten Modellen erfordert stets einen Blick auf die Möglichkeiten der Quantifizierung, um den Kundenwert griffiger zu formulieren. Dafür müssen die Komponenten, insbesondere bei kontrollorientierten Ansätzen, stärker differenziert werden (s. Abb. 2).

---

[5] Vgl. Reichmann/Kißler/Baumöl, 2017, S. 442.
[6] Vgl. Meffert/Burmann/Kirchgeorg, 2015, S. 819.

Kennzahlen des Marketingcontrollings

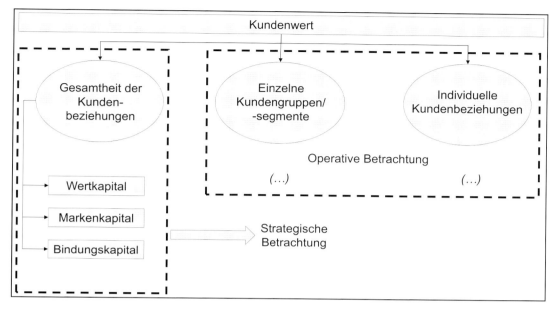

Abb. 2: Horizontale und vertikale Differenzierung des Kundenwertes[7]

In horizontaler Hinsicht erfolgt eine Unterscheidung zwischen Konzepten, die zunächst die Gesamtheit der Kundenbeziehungen betreffen. Damit ist das Customer Equity gemeint. Stärkere granulare Betrachtungsweisen fokussieren einzelne Kundengruppen bzw. -segmente oder sogar den Einzelkunden selbst. Es ist auch möglich, eine Aggregation der zuletzt genannten zwei Ausprägungen zu berechnen, eine Vorgehensweise, die hier nicht näher verfolgt werden soll. Sofern das Kundenwertkonzept im Sinne des Customer Equity weiter betrachtet wird, kann vertikal in ein Wertkapital, ein Markenkapital und ein Bindungskapital unterschieden werden. Eine Möglichkeit, das Kundenkapital bezüglich des intellektuellen Kapitals noch etwas zu konkretisieren, besteht im RAVE^{TM}-Ansatz (Real Asset Value Enhancer). Dieser stellt eine Erweiterung von wertbasierten Modellen wie dem EVA^{TM} (Economic Value Added)[8] oder dem CVA-

---

[7] Eigene Darstellung in Anlehnung an Helm/Günter/Eggert, 2017, S. 6f.
[8] Die Grundidee des EVA-Konzeptes besteht in der Messung des wirtschaftlichen Wertzuwachses einer Investition. Ein zusätzlicher wirtschaftlicher Wert wird nur dann geschaffen, wenn Geld über die Kapitalkosten für Eigen- und Fremdkapital hinaus verdient wird. Die Kennzahl EVA entspricht dem NOPAT (Net operating profit after tax), der für das operative Geschäftsergebnis nach Steuern steht, abzüglich der gewichteten, Risiko-gerichteten Kapitalkosten für Fremd- und Eigenkapital.

Konzept (Cash Value Added)[9] dar. In Abb. 3 wird zwischen Workonomics[TM], Customonics[TM] und Supplynomics[TM] unterschieden, wobei für unsere Zwecke lediglich der Customonics[TM]-Bereich relevant ist.[10]

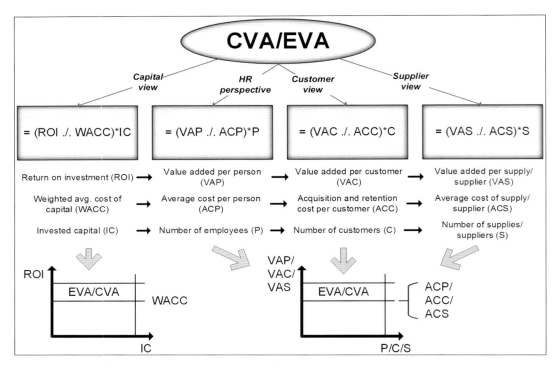

Abb. 3: Das RAVE®-Konzept und seine Bestandteile[11]

Die Kennzahlen CVA oder EVA werden ausschließlich mit Metriken berechnet, die für eine Kundenbetrachtung relevant sind. Die Berechnungsformel lautet

CVA (oder EVA) = (VAC − ACC) × C

Der Wertbeitrag berechnet sich über die Differenz zwischen dem Mehrwert pro Kunde (**VAC − Value Added per Customer**) und den Kosten für den Kundenerwerb sowie dessen Beibehaltung (**ACC −**

---

[9] Der Cash Value Added stellt ebenfalls eine Residualgewinngröße auf der Grundlage des Cash-Flow Return on Investment (CFROI) dar und ist eine Variation des EVA-Konzepts.
[10] Vgl. Strack/Villis, 2002, S. 147.
[11] Eigene Darstellung in Anlehnung an Strack/Villis, 2002, S. 149, 152 und 153.

Acquisition and retention Cost per Customer), die dann mit der Anzahl der Kunden (C – Number of Customers) multipliziert wird.[12]

Die Kennzahlen EVA/CVA ergeben sich aus der Summe der Teilbereiche und könnten noch um weitere Aspekte erweitert werden, wie z.B. um den Markenwert.[13] Analog dazu könnte eine ähnliche Formulierung rechnerisch konstruiert werden. Wir orientieren uns dabei an der bisher verwendeten Methodik und schlagen folgende Formel vor:

Vorschlag zur Berechnung des Markenwertes

CVA (oder EVA) = (VAB – ACB) × B

Zunächst errechnet man die Differenz zwischen dem Wertbeitrag pro Marke (VAB – Value Added per Brand) und den durchschnittlichen Kosten pro Marke (ACB – Average Cost per Brand) und multipliziert das Ergebnis mit der Anzahl an Marken (B – Number of Brands).[14]

Im ersten Schritt wären aber die Komponenten zur Berechnung der Residualgröße durchgängig für interne Zwecke über eine marketingorientierte Kostenrechnung zu standardisieren. Allerdings bringt eine angemessene Quantifizierung Probleme hinsichtlich der Operationalisierung mit sich. Schließlich bestimmt das Unternehmen individuell, welche historischen und prognostischen Zeiträume Anwendung finden.

2.2 Statistische Korridore und Kennzahlencontrolling

Sofern eine Berechnung für den EVA/CVA für die Kundenperspektive durchgeführt wurde, können die einzelnen Werte für VAC, ACC und EVA/CVA [customer] statistisch aufbereitet werden. Es bietet sich dazu an, akzeptable Intervalle zu entwickeln, die Auskunft geben, ob die monatlichen Einzelwerte sich innerhalb eines vordefinierten Konfidenzintervalls befinden.

Entwicklung statistischer Kennzahlen für das Controlling

Ausgehend von den Rohdaten für einen Kunden erstellt der Controller hierbei (s. Abb. 4) statistische Kennzahlen über deskriptive und induktive statistische Methoden. So können die Kennzahlen einzeln besser betrachtet und analysiert werden. Insgesamt verdeutlicht diese Vorgehensweise schnell das Unter- bzw. Überschreiten. Statistisch

---

[12] Mathematisch betrachtet erfolgt die Hochrechnung linear und ohne Gewichtung. Das würde bedeuten, dass jeder Kunde aus Sicht des Unternehmens ökonomisch gleich viel wert ist. Dieser theoretische Aspekt wäre ggf. zu überdenken.

[13] Weitere, formalökonomisch orientierte Ansätze stellen über kostenorientierte, preisorientierte, kapitalmarktorientierte, ertragswertorientierte und conjoint-analytisch orientierte Betrachtungen Beziehungen her, deren Verknüpfung mit der Customer-Equity-Kennzahl allerdings nur bedingt bis überhaupt nicht möglich ist (vgl. Burmann/Jost-Benz, 2005, S. 32).

[14] Die oben gemachte Anmerkung gilt gleichermaßen.

müssen die Intervallgrenzen beim Vorliegen von neuen Daten erneut berechnet werden.[15]

t	VAC	ACC	EVA/CVa [customer]
1	33	28	5
2	26	21	5
3	27	23	4
4	24	21	3
5	27	24	3
6	27	25	2
7	24	22	2
8	21	19	2
9	34	32	2
10	33	32	1
11	22	31	-9
12	22	20	2

VAC		ACC		EVA/CVA [customer]	
Punktschätzung ()	26,67	Punktschätzung (MW)	24,83	Punktschätzung (MW)	1,83
Untere Intervallgrenze	23,80	Untere Intervallgrenze	21,81	Untere Intervallgrenze	-0,48
Obere Intervallgrenze	29,54	Obere Intervallgrenze	27,86	Obere Intervallgrenze	4,15
t-Wert	2,20	t-Wert	2,20	t-Wert	2,20
Standardabweichung	4,52	Standardabweichung	4,76	Standardabweichung	3,64
Wurzel (n)	3,46	Wurzel (n)	3,46	Wurzel (n)	3,46
Konfidenzniveau(95,0%)	2,87	Konfidenzniveau(95,0%)	3,03	Konfidenzniveau(95,0%)	2,31

Abb. 4a: Konfidenzintervalle und Korridore: Rohdaten und statistische Formeln

---

[15] Die über die reine beschreibende Betrachtung hinausgehende Analyse konstruiert ein Konfidenzintervall mit einer Konfidenzwahrscheinlichkeit von 95 % für den Mittelwert. Davon addiert/subtrahiert man das Produkt aus Tabellenwert der t-Statistik für eine Konfidenzwahrscheinlichkeit von 95 % (zweiseitige Betrachtung) und dem Quotienten von Standardabweichung zur Wurzel der Gesamtzahl an Beobachtungen.

Kennzahlen des Marketingcontrollings

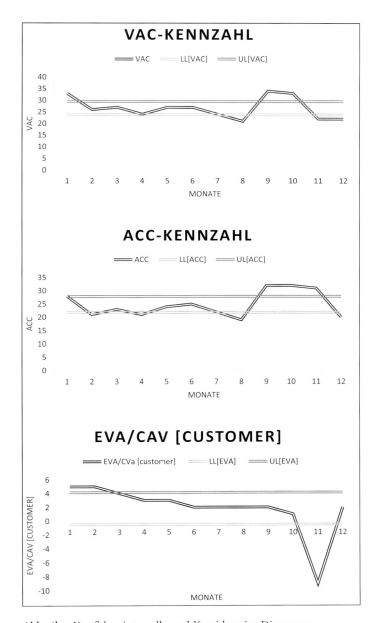

Abb. 4b: Konfidenzintervalle und Korridore im Diagramm

Aus betriebswirtschaftlicher Sicht kann der Controller Intervalle vergangenheitsorientiert berechnen und als Zielkorridore formulieren. Über die Anpassung entscheidet das Management.

3 Kennzahlen im operativen Marketingcontrolling

Effektivität und Effizienz des Marketing-Instrumentariums

Im Rahmen des operativen Marketingcontrollings geht es um die Erfassung der Effektivität und Effizienz des Marketing-Instrumentariums.[16] Hierbei wird i.d.R. Bezug auf die sog. 4 Ps genommen, also die Produkt-, Preis-, Kommunikations- und Vertriebspolitik. Im Mittelpunkt stehen dabei vergangenheitsorientierte Informationen in Form eines Plan-/Ist-Vergleichs. Derartige Vergleiche werden quartalsweise, monatlich oder wöchentlich zur Verfügung gestellt.[17] Darüber hinaus wird die operative Marketing-Mix Planung durch zukunftsorientierte (Plan-)Kosten und Erfolgsinformationen ergänzt. Im nachfolgenden Teil des Beitrages geben die Autoren einen Überblick ausgewählter Kennzahlen bzw. Kennzahlensysteme des operativen Marketingcontrollings. Hier wird zunächst die Deckungsbeitragsrechnung vorgestellt, die ein zentrales Instrument des Controllings der Produkt- und Preispolitik darstellt. Anschließend werden für die Vertriebs- und Kommunikationspolitik zentrale Kennzahlen(-systeme) beschrieben.

3.1 Produkt- und Preispolitik

Kontrolle mit der Deckungsbeitragsrechnung

Die Deckungsbeitragsrechnung stellt eines der wichtigsten Instrumente für die Kontrolle von produkt- und preispolitischen Maßnahmen dar.[18] Hierbei wird in einem ersten Schritt der Deckungsbeitrag I errechnet (s. Abb. 5), der die Differenz zwischen Umsatz und variablen Kosten wiedergibt. In einem zweiten Schritt wird der Deckungsbeitrag II kalkuliert. Dieser spiegelt die Differenz zwischen Deckungsbeitrag I und den Fixkosten, die sich einem Kontrollobjekt (z.B. Produkt, Kundengruppe, Region) als Einzelkosten zuschreiben lassen, wider. Ein Beispiel wäre hier das Gehalt eines Produktmanagers, der für ein bestimmtes Produkt zuständig ist.[19] In einem letzten Schritt werden nun die bereichs- oder auch gruppenfixen Kosten vom Deckungsbeitrag II subtrahiert. Der hieraus resultierende Deckungsbeitrag III gibt an, ob ein gesamter Bereich bzw. eine Produktlinie die „ihr" zugeordneten Fixkosten trägt. Um die hier beschriebenen Schritte zu verdeutlichen, stellt die nachfolgende Tabelle eine exemplarische Errechnung der verschiedenen Schritte anhand der Produkte eines Elektronikherstellers vor. Es handelt sich somit um ein Beispiel mit dem Kontrollbezugsobjekt „Produkt".

---

[16] Vgl. Zerres/Zerres, 2017.
[17] Vgl. Palloks-Kahlen, 2017, S. 469.
[18] Vgl. Fischer, 2017, S. 264 ff.
[19] Vgl. Palloks-Kahlen, 2017, S. 470.

	Kühlschrank	Waschmaschine A	Waschmaschine B	Fernseher A	Fernseher B	Gesamt
Erlös/Umsatz	30.000	70.000	90.000	60.000	75.000	325.000
– Variable Kosten	10.000	35.000	40.000	20.000	35.000	140.000
Deckungsbeitrag I	**20.000**	**35.000**	**50.000**	**40.000**	**40.000**	**185.000**
– Produktfixkosten	10.000	20.000	25.000	35.000	30.000	120.000
Deckungsbeitrag II	**10.000**	**15.000**	**25.000**	**5.000**	**10.000**	**65.000**
– Bereichsfixkosten	4.000	15.000		9.000		28.000
Deckungsbeitrag III	**6.000**	**25.000**		**6.000**		**37.000**
– Unternehmensfixkosten	5.000					5.000
Betriebsergebnis						**32.000**

Abb. 5: Beispiel Deckungsbeitragsrechnung (Beträge in EUR)

3.2 Vertriebspolitik

3.2.1 Vertriebskennzahlen im Überblick

Die Vertriebspolitik umfasst heute zahlreiche Teilgebiete, in denen gerade im operativen Bereich viele Entscheidungen getroffen und kontrolliert werden müssen.[20] Daher hat sich sowohl in der Praxis als auch in der Wissenschaft ein großes Spektrum an Controllingmöglichkeiten und hier insbesondere an Kennzahlen herausgebildet.

Controllingmöglichkeiten

Für den spezifischen Bereich der Distributionspolitik können drei generische Typen von (Distributions-)Kennzahlen unterschieden werden:[21]

- Produktivitätskennzahlen (Messung der Produktivität der Distributionsakteure, Verkaufsmitarbeiter und der technischen Einrichtungen),
- Wirtschaftlichkeitskennzahlen (Umsatzerlöse werden zu bestimmten Kostengrößen ins Verhältnis gesetzt) sowie
- Qualitätskennzahlen (Beurteilung des Grads der Zielerreichung).

Einen äußerst wichtigen Bereich im Rahmen der Vertriebspolitik stellt die Logistik dar. Diese beinhaltet u.a. Entscheidungen und Maßnahmen im Zusammenhang mit der Lagerhaltung und dem Transport, die gerade für Unternehmen, die E-Commerce betreiben, immer wichtiger werden. Mit Bezug auf die oben aufgeführten „generischen" Kennzahlen hat hier Daduna eine Übersicht möglicher Kennzahlen zusammengestellt.[22] Neben

---

[20] Vgl. Hünerberg, 2017, S. 336.
[21] Vgl. Link/Gerth/Vossbeck, 2000, S. 296.
[22] Vgl. Daduna, 2003, S. 188 ff.

den genannten, sehr umfassenden Kennzahlen, können die folgenden Kontrollgrößen vorgeschlagen werden:[23]

- Servicegrad,
- Distributionsgrad und
- Konzept der direkten Produktprofitabilität.

Exemplarisch lässt sich etwa der Distributionsgrad durch folgende Kennzahl erfassen:[24]

Distributionsgrad (numerisch) = $\dfrac{\text{Zahl der die Marke X führenden Einkaufsstätten}}{\text{Zahl der die entsprechende Warengruppe führenden Einkaufsstätten}}$

Ein umfangreiches Kennzahlensystem, welches einige der vorgenannten Aspekte berücksichtigt, wird in Abb. 6 dargestellt.[25]

Im Bereich der Kommunikationspolitik hat sich sowohl übergreifend als auch für die jeweiligen Sub-Instrumente, also z.B. Werbung, Verkaufsförderung, Direktmarketing oder Online-Marketing, ein umfangreiches Kennzahlensystem herausgebildet. Daher wird zunächst ein Ansatz vorgestellt, der die verschiedenen Kennzahlen-Instrumente unabhängig systematisiert. Anschließend werden, exemplarisch für die Sub-Instrumente Direkt-Marketing und Online-Marketing einschlägige Kennzahlen bzw. Kennzahlensysteme beschrieben. Das Controlling der Kommunikationspolitik ist grundsätzlich durch eine hohe Komplexität gekennzeichnet, die vor allem aus der Heterogenität der eingesetzten Instrumente und Kanäle resultiert.[26]

Eine Systematisierung der Kennzahlen des Kommunikationscontrollings kann in Anlehnung an die Wirkungsstufen der Kommunikation erfolgen.[27]

1. Die erste Wirkungsstufe umfasst zunächst den (potenziellen) Kontakt des Rezipienten mit dem Kommunikationsinstrument (Kontaktziele der Kommunikation).
2. Die zweite Stufe beinhaltet die Messung der Wirkung von meist nicht-monetären / psychologischen Zielen. Hierunter fallen die Aufnahme der Kommunikationsbotschaft (Wahrnehmung, Verarbeitung und Speicherung), die Einstellungsveränderungen und die Verhaltensänderungen.
3. Die letzte Stufe umfasst dabei monetäre Größen, die den Markterfolg der Kommunikation erfassen (z.B. ausgelöste Kaufakte oder Profitabilität).

---

[23] Vgl. Reinecke/Janz, 2007, S. 324.
[24] Vgl. Reinecke/Janz, 2007, S. 325.
[25] Vgl. für eine ähnliche Übersicht Kühnapfel, 2017, S. 44f.
[26] Vgl. Pechtl, 2017, S. 153f.
[27] Vgl. hierzu ausführlich Reinecke/Janz/Hohenauer, 2016, S. 8.

Kennzahlen des Marketingcontrollings

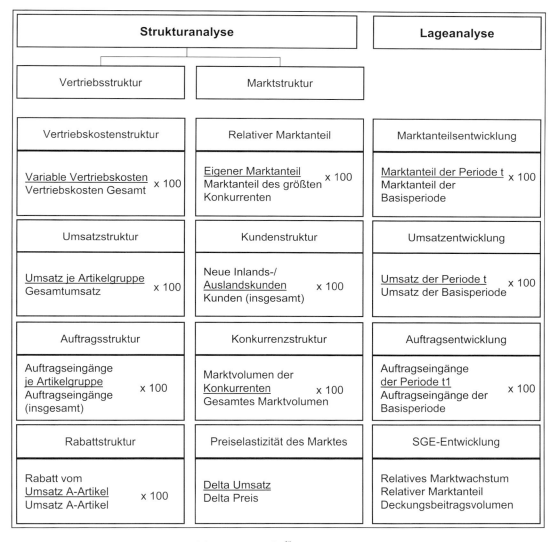

Abb. 6a: Vertriebscontrolling-Kennzahlensystem, Teil 1[28]

In Anlehnung an dieses Grundmodell lassen sich die folgenden Kennzahlenebenen unterscheiden:

- Kostenbezogene Kennzahlen,
- kontaktgrößenbezogene Kennzahlen sowie
- Kennzahlen bezogen auf die psychologische Wirkung.

---

[28] Vgl. Palloks-Kahlen, 2017, S. 505.

Wirtschaftlichkeitsanalyse

Erfolg der Vertriebsaktivitäten

Umsatzrentabilität

$$\frac{\text{Nettoverkaufsgewinn}}{\text{Umsatz}} \times 100$$

DBU-Steuerung

$$\frac{\text{DB A-Artikel}}{\text{Umsatz A-Artikel}} \times 100$$

Verkaufsförderungsmaßnahmen

$$\frac{\text{Delta Umsatz}}{\text{Delta Kosten der Verkaufsförderung}} \times 100$$

Werbeerfolgskontrolle

$$\frac{\text{Delta Werbekosten}}{\text{Delta Umsatz}}$$

Effizienz der Vertriebsorganisation

Personaleffizienz

$$\frac{\text{Umsatz}}{\text{Eingesetzte Mitarbeiter}}$$

Akquisitionseffizienz

$$\frac{\text{Umsatz}}{\text{Eingesetzte Akquisitionskosten}} \times 100$$

Budget-/Kapitaleffizienz

$$\frac{\text{Umsatz}}{\text{Eingesetztes Budget Kapital}} \times 100$$

Key-Account-Effizienz

$$\frac{\text{Netto Auftragssumme}}{\text{Akquisitionskosten}} \times 100$$

Erfolgsträger (Segmente)

Produktgruppenbezogener Umsatzanteil

$$\frac{\text{Umsatz A-Artikel}}{\text{Gesamtumsatz}} \times 100$$

Kundengruppenbezogener Umsatzanteil

$$\frac{\text{Umsatz A-Kunde}}{\text{Gesamtumsatz}} \times 100$$

Regionenbezogener Umsatzanteil

$$\frac{\text{Umsatz Verkaufsregion A}}{\text{Gesamtumsatz}} \times 100$$

Betriebsformbezogener Umsatzanteil

$$\frac{\text{Umsatz Fach-/Einzel-/Großhandel}}{\text{Gesamtumsatz}} \times 100$$

Abb. 6b: Vertriebscontrolling-Kennzahlensystem, Teil 2[29]

---

[29] Vgl. Palloks-Kahlen, 2017, S. 505.

3.2.2 Kennzahlen für das Direktmarketing

Im Direktmarketing kommen unterschiedliche Instrumente für eine Direktkommunikation mit den Kunden zum Einsatz. Diese lassen sich z. B. nach dem Grad der Individualität, den Kontaktkosten und dem Umfang des Informationsaustausches systematisieren.[30] Die Kontrolle solcher Direktmarketingmaßnahmen schließt „…alle Informations- und Bewertungsaktivitäten für die Planung und Umsetzung sowie die Koordination und Kontrolle von einzelnen Aktivitäten und Kampagnen…" mit ein.[31] In diesem Zusammenhang gelangen verschiedene Verfahren zum Einsatz, u. a. vor allem auch Kennzahlen. Für die Messung des Erfolges von Direktmarketing-Maßnahmen kommen Kennzahlen typischerweise aus den Bereichen Reichweite, Responsequote, Kosten und Wirtschaftlichkeit zum Einsatz. In Abb. 7 sind einige ausgewählte Kennzahlen für Direktmarketing-Kampagnen zusammengestellt.

Messung des Erfolges von Direktmarketing-maßnahmen

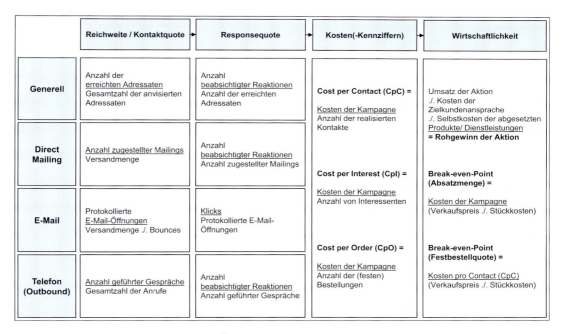

Abb. 7: Kennzahlen des Direktmarketings[32]

---

[30] Vgl. Mann, 2017, S. 210.
[31] Vgl. Mann, 2017, S. 211.
[32] Vgl. Mann, 2017, S. 230.

3.2.3 Kennzahlen im Online-Marketing

Vom View zur Conversion

Das Online-Marketing bietet, im Vergleich zu den „klassischen" Kommunikationsinstrumenten, sehr umfassende und präzise Möglichkeiten des Controllings. Die Kennzahlen, die für das Online-Marketingcontrolling zum Einsatz gelangen, lassen sich in die Kategorien View, Engagement und Perform einordnen.[33] Die erste Kategorie „View" umfasst Kennzahlen, die grundsätzlich messen, wie häufig eine Botschaft ausgespielt worden ist, z. B. Öffnungsrate von E-Mail-Newslettern oder Impressions bei Google AdWords. Auf der nächsten Ebene in der Kategorie „Engagement" ist insbesondere die Kennzahl Click-Through-Rate (CTR) eine maßgebliche Größe, um den Erfolg zu messen. Daneben sind Kennzahlen, wie „Page Impressions", Verweildauer und Absprungraten von Bedeutung. Schließlich wird in der letzten Phase überprüft, ob ein Nutzer tatsächlich eine Aktion bzw. Handlung durchführt. Hier ist die sog. Conversion Rate die wichtigste Kennzahl. Von zentraler Bedeutung ist beim Online-Marketingcontrolling die kanalübergreifende Verknüpfung der Kennzahlen, was als Omni-Channel-Controlling bezeichnet wird.[34]

Abschließend soll nun noch der Einsatz von Kennzahlen im Marketing an einem konkreten Praxisbeispiel verdeutlicht werden. Obwohl die Erfolgsmessung von Social-Media-Maßnahmen in Wissenschaft und Praxis noch relativ am Anfang steht, haben sich mittlerweile verschiedene Kennzahlen bzw. Kennzahlensysteme durchgesetzt.[35] Die unterschiedlichen Ansätze fokussieren dabei meist Kennzahlen, die die Kontrolle bestimmter Zielsetzungen von Social Media Maßnahmen kontrollieren, also etwa im Zusammenhang mit dem Markenmanagement oder dem Kundenservice.[36] Für den Bereich „bezahlte Kampagnen" in Social Media (Werbung auf Social-Media-Plattformen) hat sich für die Bewertung der Wirtschaftlichkeit der Einsatz von entsprechenden Kampagnenkennzahlen durchgesetzt. Diese werden i. d. R. im Verhältnis zu diesbezüglichen Kostenkennzahlen gesetzt. Abb. 8 zeigt beispielhaft Kampagnen im Social-Media-Kanal Twitter auf.

---

[33] Vgl. Zerres/Tscheulin/Israel, 2017, S. 180 ff.
[34] Vgl. Zerres/Tscheulin/Israel, 2017, S. 180.
[35] Vgl. Pein, 2018, S. 222 ff.; Kumar/Bezawada/Rishika/Janakiraman/Kannan, 2016.
[36] Vgl. Zerres, 2018.

Zielsetzung bei Twitter-Werbung	Wichtigste Kampagnen-Kennzahlen	Kostenkennzahlen
Follower	Follower, CTR	Kosten pro Follower
Website-Klicks oder Conversions	Link-Klicks, CTR, Conversions, Conversion Rate	Kosten pro Link-Klick oder Kosten pro Conversion
Tweet-Interaktionen	Impressionen, Retweets, Replies, Follower, Tweet Likes, CTR	Kosten pro Tweet-Interaktion
App-Installationen oder erneute Interaktion mit der App	Installation einer App, CTR	Kosten pro App-Installation
Video-Aufrufe	Video-Aufrufe, durchschnittliche View-Dauer, Retweets, Replies, Tweet Likes	Kosten pro Video-Aufruf
Follower	Leads, CTR	Kosten pro Lead
Markenbekanntheit steigern	Impressionen, Reichweite, Frequenz	Kosten pro 1.000 Impressionen

Abb. 8: Übersicht Zielsetzungen, Kampagnen- und Kostenkennzahlen bei Twitter-Werbung[37]

4 Fallstudie zum Kennzahlencontrolling im Online-Marketing

Der Einsatz von Kennzahlen im Online-Marketing soll im Folgenden anhand einer Werbekampagne auf Facebook verdeutlicht werden. In der Praxis erfolgt die Planung, als auch die laufende Bewertung der durchgeführten Maßnahmen üblicherweise anhand eines Mediaplans.

Kennzahlen im Online-Marketing von Facebook

Ein Mediaplan beinhaltet neben den benötigten Basisinformationen zu den eingesetzten Maßnahmen (Werbekanal, Anzeigenformat, Abrechnungsmodell) die prognostizierten Zielwerte (i.d.R. auf Basis von Vergangenheits- oder Branchenwerten) hinsichtlich verschiedener Kennzahlen.

Bei der Planung der Maßnahmen wird eine übergeordnete Kostenkennzahl festgelegt (z.B. Cost per Order)[38] und weitere unterstützende bzw. hinleitende Kennzahlen (Impressions, Klicks usw.) prognostiziert und anschließend gemessen. Auf Basis der mithilfe eines Mediaplans kalkulierten Zielwerte, kann im Verlauf einer Kampagne regelmäßig ein Soll-Ist-

---

[37] Vgl. Zerres/Litterst, 2017.
[38] Vgl. Zerres/Litterst, 2017.

Umsetzung & Praxis

Vergleich vorgenommen und das eingesetzte Mediabudget entsprechend des Erreichungsgrades der Kostenkennzahl allokiert werden.

Der in Abb. 9 dargestellte Mediaplan zeigt beispielhaft die für einen Online-Händler durchgeführten Facebook-Kampagnen auf und stellt die prognostizierten Kennzahlen der verschiedenen Anzeigenformate dar. Die übergeordnete Kostenkennzahl, auf Basis derer eine Bewertung der durchgeführten Maßnahmen stattgefunden hat, lautet „Cost per Order" (CPO).

Mediaplan mit Zielwerten

Aufgrund des impressionsbasierten Abrechnungsmodells von Facebook erfolgte die Kalkulation der geplanten Zielwerte auf Basis des Cost per Mille (CPMs). Bei dieser Planung wurde für jedes Anzeigenformat mithilfe von Vergangenheits- oder Branchenwerten ein CPM prognostiziert. Die Gesamtzahl der geplanten Impressionen wurde anschließend unter Hinzunahme des eingesetzten Budgets errechnet (Budget / CPM * 1.000). Unter Annahme verschiedener Klick- (Click Through Rate – CTR) und Konversionsraten (CVR), welche je nach Anzeigenformat variieren, konnten dann die Zielwerte

- Klicks (Impressionen * CTR) und
- Orders (Klicks * CVR)

berechnet werden. Auf Basis der auf diesem Weg prognostizierten Anzahl von Verkäufen wurde dann im letzten Schritt der geplante CPO ermittelt. Die Berechnung des Cost per Click (CPCs) erfolgt durch eine Division des Budgets und der Anzahl der prognostizierten Klicks. Er stellt (neben dem CPM) eine weitere wichtige Kampagnen-Kennzahl dar, welche regelmäßig überwacht werden sollte. Der geplante CPO als übergeordnete Kostenkennzahl lag in diesem Beispiel bei 29,11 EUR und diente als Benchmark zur Bewertung der umgesetzten Maßnahmen.

Um eine Soll-Ist-Analyse durchführen und die eingesetzten Budgets hinsichtlich des Erreichungsgrades der Kostenkennzahl CPO bewerten zu können, wurde der Mediaplan im Kampagnenverlauf mit Informationen zur tatsächlichen Performance der verschiedenen Maßnahmen erweitert. Durch das Hinzufügen der tatsächlich erreichten KPIs können Plan-Abweichungen identifiziert und die eingesetzten Budgets entsprechend angepasst werden. Die Auswertung des finalen Mediaplans in Abb. 10 zeigt, dass durch eine regelmäßige Anpassung der Budgets (insbesondere durch eine Erhöhung des Budgets der „Link Ads" und einer entsprechenden Reduktion der restlichen Maßnahmen) der geplante Zielwert bzw. prognostizierte CPO erreicht werden konnte.

Kennzahlen des Marketingcontrollings

Basisinformationen				Zielwerte (prognostiziert)						
Kanal	Anzeigenformat	Abrechnungs-modell	CPM in EUR	Impressions	Klicks	CTR	CPC in EUR	Budget in EUR	CVR	Orders	CPO in EUR
Facebook	Video Link Ads	CPM	8,00	187.500	1.500	0,80 %	1,00	1.500	1,80 %	27	55,56
Facebook	Link Ads	CPM	10,00	500.000	7.500	1,50 %	0,67	5.000	3,00 %	225	22,22
Instagram	Video Link Ads	CPM	7,00	285.714	2.000	0,70 %	1,00	2.000	2,00 %	40	50,00
								8.500		292	29,11

Abb. 9: Mediaplan am Beispiel einer Facebook-Kampagne für einen Online-Händler

Basisinformationen				Performance nach 7 Tagen						
Kanal	Anzeigenformat	Abrechnungs-modell	CPM in EUR	Impressions	Klicks	CTR	CPC in EUR	Budget in EUR	CVR	Orders	CPO in EUR
Facebook	Video Link Ads	Video Link Ads	9,50	157.895	1.421	0,90 %	1,06	1.500	1,27 %	18	83,33
Facebook	Link Ads	Link Ads	8,00	625.000	7.500	1,20 %	0,67	5.000	3,00 %	225	22,22
Instagram	Video Link Ads	Video Link Ads	10,00	200.000	600	0,30 %	3,33	2.000	1,00 %	6	333,33
								8.500		249	34,14

Abb. 10: Mediaplan mit der tatsächlichen Performance der Maßnahmen

5 Fazit: Empfehlungen zu Anwendung und Problemvermeidung

Eine richtige Verwendung von Kennzahlen bzw. Kennzahlensystemen zur Messung des Marketingerfolgs hat insbesondere eine signifikante Auswirkung auf den Geschäftserfolg.[39]

Vor allem für das operative Marketingcontrolling liegen teils sehr umfangreiche Kennzahlensysteme vor. Allerdings liegt genau darin eine große Herausforderung: Einerseits muss das richtige Kennzahlensystem ausgewählt werden und andererseits müssen die Kennzahlen instrumentenübergreifend zusammengeführt werden. Dementsprechend konstatieren einige Autoren, dass es im Hinblick auf die Kontrolle des operativen Marketingcontrollings besser wäre, lediglich einige wenige, marketinginstrumentübergreifende Kennzahlen zu verwenden.[40] Kennzahlen sind darüber hinaus auch immer „nur" ein Teil eines umfassenden Marketingcontrollingsystems. Es ist daher wichtig, diese in ein unternehmensweites Controllingsystem zu integrieren.[41] Dabei spielt der Verknüpfung zwischen operativer und strategischer Ebene eine wichtige Rolle, da diese die Verbindung bereichsbezogener und formalökonomischer Kennzahlen mit Blick auf den Erfolg des Gesamtunternehmens ermöglicht.

Trotz der hohen Bedeutung von Kennzahlen für das Marketingcontrolling dürfen verschiedene Probleme im Zusammenhang mit Kennzahlen nicht übersehen werden:[42]

- Es werden nur quantitative Größen verwendet. Gerade im strategischen Marketingcontrolling können solche quantitativen Größen nur zu einem gewissen Grad eingesetzt werden. Eine Vielzahl strategischer Betrachtungen favorisiert hingegen qualitative Analysen.
- Zielvorgaben in Kennzahlensystemen entsprechen häufig nicht den Vorstellungen einzelner Funktionsbereiche. Diese müssen daher auf einem gemeinsamen Zieldefinitionsprozess beruhen.
- Kennzahlen bzw. Kennzahlensysteme berücksichtigen keine Zielkonflikte.
- Kennzahlenziele werden häufig zu stark fixiert. Somit werden neue Ziele bzw. geänderte Ziele im Laufe des Entscheidungsprozesses nicht berücksichtigt.

Zusammenfassend kann trotzdem festgehalten werden, dass Kennzahlen ein wichtiges Instrument des strategischen und operativen Marketingcontrollings darstellen und großes Potential aufweisen, etwa im Zusam-

---

[39] Vgl. O'Sullivan/Abela, 2007; O'Sullivan/Abela/Hutchinson, 2009.
[40] Vgl. Reinecke, 2000, S. 4.
[41] Vgl. Reinecke, 2010, S. 81.
[42] Vgl. Ehrmann, 2016, S. 235.

menhang mit der Bewältigung der Informationsfülle im Marketing; allerdings gilt es dabei auch immer, die verschiedenen Herausforderungen zu berücksichtigen.

6 Literaturhinweise

Burmann, Customer Equity Management – Modellkonzeption zur wertorientierten Gestaltung des Beziehungsmarketings, in Burmann (Hrsg.), LiM Arbeitspapiere, http://www.lim.uni-bremen.de/files/burmann/publikationen/LiM-AP-03-Customer%20Equity%20Modell.pdf, 2003, Abrufdatum 18.4.2018.

Burmann/Jost-Benz, Brand Equity Management vs. Customer Equity Management? – zur Integration zweier Management-Konzepte, in Burmann (Hrsg.), LiM Arbeitspapiere, http://www.lim.uni-bremen.de/files/burmann/publikationen/LiM-AP-19-Brand-Equity-Management_vs._Customer-Equity-Management.pdf, 2005, Abrufdatum 18.4.2018.

Daduna, Controlling der operativen Distributionslogistik, in Pepels (Hrsg.), Marketing-Controlling-Kompetenz, 2003, S. 177–202.

Ehrmann, Marketing-Controlling, 5. Aufl. 2016.

Fischer, Produkt-Controlling, in Zerres (Hrsg.), Handbuch Marketing-Controlling, 4. Aufl. 2017, S. 207–237.

Helm/Günter/Eggert, Kundenwert – eine Einführung in die theoretischen und praktischen Herausforderungen der Bewertung von Kundenbeziehungen, in Helm/Günter/Eggert, (Hrsg.), Kundenwert, Grundlagen – Innovative Konzepte – Praktische Umsetzungen, 4. Aufl. 2017, S. 3–34.

Hünerberg, Vertriebscontrolling, in Zerres (Hrsg.), Handbuch Marketing-Controlling, 4. Aufl. 2017, S. 333–356.

Kühnapfel, Vertriebscontrolling, 2. Aufl. 2017.

Kumar/Bezawada/Rishika/Janakiraman/Kannan, From social to sale: The effects of firm-generated content in social media on consumer behavior, in Journal of Marketing, 2016, Heft 80, S. 7–25.

Link/Gerth/Vossbeck, Marketing-Controlling – Systeme und Methoden für mehr Markt- und Unternehmenserfolg, 2000.

Mann, Direktmarketing-Controlling, in Zerres (Hrsg.), Handbuch Marketing-Controlling, 4. Aufl. 2017, S. 207–237.

Meffert/Burmann/Kirchgeorg, Marketing: Grundlagen marktorientierter Unternehmensführung, Konzepte – Instrumente – Praxisbeispiele, 12. Aufl. 2014.

O'Sullivan/Abela, Marketing Performance Measurement Ability and Firm Performance, in Journal of Marketing, 2007, Heft 71, S. 79–93.

O'Sullivan/Abela/Hutchinson, Marketing performance measurement and firm performance: Evidence from the European high-technology sector, in European Journal of Marketing, 2009, Heft 43, S. 843–862.

Palloks-Kahlen, Das Marketing-Controlling, in Reichmann/Kißler/Baumöl (Hrsg.), Controlling mit Kennzahlen, 9. Aufl. 2017, S. 435–505.

Pechtl, Controlling der Werbung, in Zerres (Hrsg.), Handbuch Marketing-Controlling, 4. Aufl. 2017, S. 151–172.

Pein, Social Media Manager, 3. Aufl. 2018.

Reichmann/Kißler/Baumöl, Controlling mit Kennzahlen – Die systemgestützte Controlling-Konzeption, 9. überarbeitete und erweiterte Aufl. 2017.

Reinecke, Konzeptionelle Anforderungen an Marketing-Kennzahlensysteme, in Arbeitspapier des Forschungsinstituts für Absatz und Handel an der Universität St. Gallen, 2000.

Reinecke/Janz, Marketingcontrolling, 2007.

Reinecke, Marketingcontrolling: Sicherstellen von Effektivität und Effizienz einer marketingorientierten Unternehmensführung; in Controlling – Zeitschrift für erfolgsorientierte Unternehmenssteuerung, 22. Jahrgang, Heft 2, 2010, S. 75–82.

Reinecke/Janz/Hohenauer, Controlling der Marketingkommunikation: Zentrale Kennzahlen und ausgewählte Evaluationsverfahren, in Esch/Langner/Bruhn (Hrsg.), Handbuch Controlling der Kommunikation, 2. Aufl. 2016, S. 3–25.

Steuernagel, Strategische Unternehmenssteuerung im digitalen Zeitalter, Theorien, Methoden und Anwendungsbeispiele, 2017.

Strack/Villis, RAVE^{TM}: Integrated Value Management for Customer, Human, Supplier and Invested Capital, in European Management Journal, 2002, Heft 20, S. 147–158.

Wiesel, Customer Engagement Value, in Helm/Günter/Eggert (Hrsg.), Kundenwert, Grundlagen – Innovative Konzepte – Praktische Umsetzungen, 4. Aufl. 2017, S. 113–137.

Zerres/Litterst, Social Media-Controlling, in Zerres (Hrsg.), Handbuch Marketing-Controlling, 2017, S. 191–206.

Zerres/Tscheulin/Israel, Online-Marketing-Controlling, in Zerres (Hrsg.), Handbuch Marketing-Controlling, 4. Aufl. 2017, S. 173–190.

Zerres/Zerres, Einführung in das Marketing-Controlling, in Zerres (Hrsg.), Handbuch Marketing-Controlling, 4. Aufl. 2017, S. 3–13.

Zerres, Social-Media-Controlling (2): Vorstellung von Ansätzen, in Management Journal, 2018.

Procurement Excellence: Effizienzgewinne durch Kennzahlen im Einkauf

- Zur optimalen Steuerung des Einkaufsbereichs mittels Kennzahlen ist es notwendig, Prozesse und Prozessverantwortlichkeiten klar zu definieren und gut zu strukturieren.

- Die eingesetzten Kennzahlensets müssen auf die individuellen Anforderungen des Unternehmens und der jeweiligen Einkaufsbereiche, wie direktem und indirektem Einkauf, angepasst werden, um die richtigen Rückschlüsse aus ihrer Verwendung ziehen zu können.

- Kennzahlen-Benchmarks helfen dabei, eigene Prozesse mit sog. „Best-in-Class"-Unternehmen zu vergleichen. Unterschiede bei der Definition häufig eingesetzter Kennzahlen können allerdings zur fehlenden Vergleichbarkeit von Unternehmen und somit zu Ineffizienzen in den abgeleiteten Maßnahmen führen.

- Eine Digitalisierung des gesamten Einkaufsprozesses erhöht zwar die Notwendigkeit und den Aufwand für Data Governance, hat auf der anderen Seite aber auch einen positiven Einfluss auf die Aussagekraft und Steuerungsrelevanz der erhobenen Kennzahlen.

- Der Beitrag beschreibt zunächst die Eigenschaften effizienter Einkaufsstrukturen und Prozesse. Anschließend werden die wichtigsten Kennzahlen zur Messung und Steuerung dieser Faktoren einschließlich Best-in-Class-Werten dargestellt.

Inhalt		Seite
1	Exzellenz im Einkauf	119
1.1	Einkaufsbereiche im Unternehmen	119
1.2	Voraussetzungen für die Zukunftsfähigkeit der Einkaufsorganisation	119
2	Der Weg zum „idealen" Einkaufsprozess als Grundlage der Wirksamkeit von Performance-Messung	120
2.1	Synchronisation von Parallelprozessen	120
2.2	Einfluss der Digitalisierung auf den Einkaufsprozess	121
3	Kennzahlen zur Steuerung des Einkaufsprozesses	122
3.1	Sourcing	123
3.2	Negotiation	124
3.3	Supplier Lifecycle Management	125
3.4	Contract Management	126

3.5	Spend Analysis	127
3.6	Procure to Pay: Operative Procurement	128
3.7	Die Kennzahlen im Überblick	128
4	Fazit: Bedeutung von Performance-Measurement-Systemen steigt	129
5	Literaturhinweise	130

■ Die Autoren

Dr. Stefan Mayer, Global Procurement Process Expert und Experte für softwaregestützte Einkaufs- und Planungsprozesse sowie Marketdesign (spieltheoretischer Verhandlungsansätze) bei KUKA in Augsburg.

Philipp Lill, Strategic Project Manager im Bereich „Advanced Technologies" der KUKA AG in Augsburg sowie wissenschaftlicher Mitarbeiter und Doktorand im Forschungsbereich Controlling und Innovation am Strascheg Institute for Innovation, Transformation and Entrepreneurship (SITE) der EBS Universität für Wirtschaft und Recht in Oestrich-Winkel.

1 Exzellenz im Einkauf

Unabhängig davon, in welchem Sektor ein Unternehmen tätig ist, besteht die Hauptaufgabe des Einkaufsbereichs darin, die bedarfsgerechte und wirtschaftliche Versorgung der zum Ausüben der Geschäftstätigkeit notwendigen Materialien und Ressourcen, die nicht selbst hergestellt werden können, durch externe Anbieter sicherzustellen.[1] Die Kongruenz dieses Ziels spiegelt sich jedoch nicht in seiner Erreichung wider, da industriespezifische Charakteristika großen Einfluss auf die organisatorische Gestaltung des Einkaufsbereichs haben. Grundsätzlich ist dieser jedoch in die Funktionen strategischer und operativer Einkauf unterteilt.

Ein Ziel – viele Wege

1.1 Einkaufsbereiche im Unternehmen

Das Augenmerk des strategischen Einkaufs liegt, analog zu Planungsprozessen, auf der zukünftigen Entwicklung des Einkaufs eines Unternehmens. Das Grundgerüst hierfür bietet die Einkaufsplanung, in der ermittelt wird, welche Dienstleistungen oder Sachmittel zukünftig benötigt werden. Auf dieser Basis werden Lieferanten allokiert, die diese Leistungen gemäß zuvor entwickelter Spezifikationen erbringen können. Der strategische Aufgabenbereich umfasst darüber hinaus auch die Koordination verschiedener Unternehmensbereiche sowie Verhandlungen mit und Qualifizierung von potenziellen neuen und existierenden Lieferanten. Im Gegensatz dazu besteht die Aufgabe des operativen Bereichs in der Sicherstellung der kurzfristigen Handlungsfähigkeit eines Unternehmens. Nach der Bedarfsermittlung mit einhergehender Bestandskontrolle werden anschließend Bestellungen bei genehmigten Lieferanten ausgelöst und überwacht.

Aufgaben des strategischen und operativen Einkaufs

Die Organisation und die Ausgestaltung der einzelnen Prozesse obliegen dabei dem jeweilgen Unternehmen und sind somit in der Praxis vielfältig ausgestaltet.

1.2 Voraussetzungen für die Zukunftsfähigkeit der Einkaufsorganisation

Trotz der unterschiedlichen Gegebenheiten ist der Ansatz, sich in Benchmarks zyklisch mit anderen Unternehmen zu vergleichen, um die eigenen Prozesse besser bewerten und ggf. anpassen zu können, auch für den Einkaufsbereich zu empfehlen. Die sog. „Best-in-Class"-Unternehmen weisen dabei besonders effiziente Ausgestaltungen auf und repräsentieren somit das Zielbild für viele andere. Eine Studie des Bundesverbands

Einkaufsprozesse effizienter gestalten

---

[1] Vgl. Grün/Jammernegg, 2009, S. 117.

Materialwirtschaft, Einkauf und Logistik (BME) aus dem Jahr 2014 kam dabei zu dem Ergebnis, dass sich diese Unternehmen insbesondere durch 5 Eigenschaften auszeichnen:[2]

- **Einkaufsstrategie:** Die Sichtweise des Einkaufs als Werttreiber – und ein damit verbundener hoher Stellenwert – ermöglicht die Entwicklung einer umfassenden Einkaufsstrategie für alle Warengruppen.
- **Frühzeitige Einbindung:** Wenn der Einkauf bereits in frühen Entwicklungsphasen eingebunden wird, übersteigen die Einsparpotenziale die damit verbundenen Mehrkosten um ein Vielfaches. Best-in-Class-Unternehmen weiten dies sogar häufig auf nicht traditionelle Einkaufsfelder, wie Marketing- oder Reiseleistungen, aus.
- **Hohe Automatisierungsquote:** Indem Bestellvorgänge zunehmend automatisiert werden, können Kosteneinsparungen realisiert werden. Effiziente Unternehmen erhöhten diese Quote im Schnitt von 50 auf 67 % und konnten damit die Kosten um 30-50 % senken.
- **Lieferantenmanagement:** Regelmäßige Lieferantenbewertungen, bspw. mittels eines ABC-Schemas, führen zu einer Verschlankung des Lieferantenstamms, einer Erhöhung der Liefertermintreue und einer Verringerung der Reklamationsquote um durchschnittlich 10-20 %.
- **Regelmäßiges Controlling und externes Benchmarking:** Zwei Drittel der Best-in-Class-Unternehmen gaben an, regelmäßig eigene Prozesse zu überwachen und diese mit anderen Unternehmen zu vergleichen.

An diesen Grundsätzen sollten Unternehmen ihre eigenen Prozesse messen und anpassen, um ihren Einkaufsprozess effizienter zu gestalten.

2 Der Weg zum „idealen" Einkaufsprozess als Grundlage der Wirksamkeit von Performance-Messung

2.1 Synchronisation von Parallelprozessen

Eindeutige Prozessdefinition als Voraussetzung

Durch Umstrukturierungen sowie Zu- und Verkäufe von Unternehmensbereichen sind insbesondere im Einkaufsbereich häufig mehrere Parallelprozesse entstanden, da deren Konsolidierung von mehreren Akteuren im Unternehmen aufgrund unterschiedlicher Inhalte (Projektgeschäft vs. Serienfertigung) oder Systeme (ERP-Landschaft) als nicht realisierbar abgetan wurde. Diese sind nur sehr schwer mit einem einheitlichen Kennzahlen-System zu steuern. Um daher Synergieeffekte zwischen Unternehmensbereichen vollständig heben zu können, ist eine solche Vereinheitlichung unabdingbar. Das sog. Business Process Management (BPM) ist dabei eine Möglichkeit die eigenen Geschäfts-

---

[2] Vgl. BME, 2017, S. 8.

prozesse effektiver und adaptiver zu gestalten, insbesondere auch in der Supply Chain.[3] In einem Business Process House werden alle Prozesse modelliert, in Verbindung zueinander gestellt und einzelnen Verantwortlichen zugeteilt. Dabei ist zu beachten, dass dies ein kontinuierlicher Verbesserungsprozess ist. So sind die fünf Phasen des BPM-Lebenszyklus (Modellierung, Implementierung, Überwachung, Analyse und Optimierung) als Kreislauf zu verstehen, der bei jedem Durchlauf eine Effizienzsteigerung des jeweiligen Prozesses bewirkt. Das vorrangige Ziel im Kontext einer Anpassung der IT-Systeme ist es dabei, die zur Ausübung dieser Prozesse relevanten Informationen aufzuspüren und alle anderen Datenansammlungen zu beseitigen bzw. zu minimieren. Diese Projekte sollten grundsätzlich unter Einbezug aller relevanten Stakeholder mit einer Definition des Status Quo beginnen und sukzessive durch Standardisierung, Harmonisierung und Konsolidierung einzelner Aufgabenpakete zu einem gemeinsamen Zielprozess entwickelt werden. Um operative und strategische Einkaufsprozesse effizienter zu gestalten, ist es wichtig diese mit der zukünftigen strategischen Ausrichtung des Unternehmens zu harmonisieren. Hierbei spielt vor allem die fortschreitende Digitalisierung eine entscheidende Rolle.

2.2 Einfluss der Digitalisierung auf den Einkaufsprozess

Häufig ist von einem digitalisierten Prozess die Rede, sobald ein Arbeitsauftrag nicht mehr in Papierform erledigt wird. Dies ist zwar ein notwendiger Schritt, führt aber letztendlich nicht zur vollständigen Realisierung potenzieller Effizienzgewinne. Während das im Deutschen schwierig abzugrenzen ist, bietet hier die englische Sprache eine weitaus differenziertere Bezeichnung. Sie unterscheidet zwischen „Digitization" und „Digitalization".

Einkauf mithilfe softwaregestützter Prozesse harmonisieren

- „Digitization"bezeichnet die bereits beschriebene Durchführung bestehender Prozesse in digitaler Form. Dies ist zwar ein notwendiger Schritt, kann aber eben nur als Anfang gesehen werden.
- Wesentlich wichtiger ist jedoch „Digitalization", die Verarbeitung dieser Informationen, sei es zur Automatisierung einzelner Prozessschritte oder zur Nutzung der digitalen Informationen zur Aufstellung von Prognosen über zukünftige Entwicklungen.

Die Digitalisierung des Einkaufsbereichs ist eine notwendige Voraussetzung für dessen zukunftsfähige Funktionalität. In einem digitalisierten Einkaufsprozess können bspw. einzelne Prozessschritte bei der Auslösung von Bestellungen automatisiert und Bedarfsprognosen oder

---
[3] Vgl. Bae/Seo, 2007, S. 2545 ff.

Umsetzung & Praxis

Qualifizierungspläne für Lieferanten erstellt werden. Hierzu ist es notwendig, dass Unternehmensprozesse und IT-Systeme harmonisiert werden. Die Frage ist allerdings, ob sich IT-Systeme an Unternehmensprozesse anpassen sollen oder umgekehrt. Da über die Jahre häufig eine Ansammlung unterschiedlicher Prozesse entstanden ist, die das gleiche Ziel verfolgen, ist es schwierig eine Best-Practice-Lösung zu definieren. Viele Teilschritte sind nur durch die Abfolge einzelner manueller Aufgaben entstanden, die durch die fortschreitende Automatisierung obsolet werden. Hinzu kommt, dass durch die Harmonisierung der IT-Systeme im gesamten Unternehmen, die Anzahl der relevanten Stakeholder und deren Anforderungen an selbiges, um ein Vielfaches ansteigen. Es ist daher sinnvoller, die häufig schlanke Architektur von Software-Lösungen als Grundlage zur Definition der eigenen Prozesse heranzuziehen, als umgekehrt (s. Abb. 1).

Abb. 1: Der gesamte Einkaufsprozess

3 Kennzahlen zur Steuerung des Einkaufsprozesses

Kennzahlen werden relevanter denn je

Auch Performance-Measurement-Systeme gewinnen durch die höhere Güte der Datengrundlagen aufgrund der Einbeziehung aller relevanten Informationen an Qualität. Dies steigert die Aussagekraft eingesetzter Kennzahlen und führt in Zukunft zu einer noch breiteren Anwendung. Umso wichtiger ist es, für jeden Bereich geeignete Kennzahlensets zu definieren, die nicht nur Kosteneinsparungen darstellen und anregen können, sondern auch die Einhaltung von Compliance-Richtlinien sicherstellen sowie die Minimierung von Supply-Chain-Risiken ermöglichen. Im Folgenden werden Teilprozesse beschrieben und ausgewählte Kennzahlen vorgestellt, die für die Steuerung des Einkaufs geeignet sind. Die zugehörigen Benchmarks stammen von der Hacket Group, der Aberdeen Group und SpendMatters.

3.1 Sourcing

Unternehmen müssen definieren, wie ihre Bezugsquelle (engl. Source) von Material, Baugruppen oder sonstigen Waren zur Versorgung der eigenen Tätigkeiten aussehen sollen. Entscheidet sich ein Unternehmen, Bauteile nicht selbst zu fertigen, kann es verschiedene Strategien verfolgen. Über die Jahre sind so verschiedene Sourcing-Konzepte entstanden, deren Auswahl häufig strategische Überlegungen zugrunde liegen.[4] Bspw. sind hier Folgende zu nennen:

Effizienz verschiedener Sourcing-Strategien

- **Sole Sourcing:** Vor allem aus patentrechtlichen Gründen kann es zu der Situation kommen, dass der Lieferant eine Monopolstellung innehat. Er ist somit faktisch der einzig mögliche Lieferant, der zur Auswahl steht.

- **Single Sourcing:** Im Unterschied zum Sole Sourcing entscheidet sich das Unternehmen – unter einer Vielzahl potenzieller Optionen – bewusst für einen einzelnen Lieferanten, der die Versorgung mit einem bestimmten Bauteil oder einem Subsystem verantwortet. Obwohl diese Strategie häufig zum besten Preis-Leistungs-Verhältnis führt, birgt sie auch eine Missbrauchsgefahr durch die dadurch entstehende Marktmacht.

- **Dual Sourcing:** Daher entscheiden sich viele Unternehmen für das sog. Dual Sourcing, bei dem die Verantwortung auf 2 Lieferanten verteilt wird. Die damit verbundenen höheren Kosten werden häufig als Versicherungsprämie angenommen, da sie eine Risikominimierung für Produktionsausfälle eines Lieferanten bedeuten. Um dennoch günstige Konditionen zu erhalten, kommt es hier oft zu einer ungleichen Verteilung unter den beiden Lieferanten. Das bedeutet, es gibt einen Haupt- und einen Nebenlieferanten.

- **Multiple Sourcing:** Für die Ausweitung des Lieferantenpools auf mehrere Unternehmen spricht die Maximierung der Versorgungssicherheit und die Möglichkeit, die Einkaufspreise durch stetigen Wechsel zum günstigsten Anbieter zu minimieren. Günstige Konditionen werden i.d.R. durch den Einsatz sog. „Split Award Auctions" erreicht.[5] Bei Spezialteilen kann dies jedoch zu Qualitätsproblemen und zu hohen Kosten für die Anfertigung von Werkzeugen führen.

Grundsätzlich ist die Auswahl der geeigneten Strategie abhängig von vielen unterschiedlichen Faktoren. Ein Kennzahlenset kann daher lediglich begrenzte Aussagefähigkeit über die Eignung einzelner Konzepte bieten.

---

[4] Vgl. Burke/Carrillo/Vakharia, 2007, S. 95 ff.
[5] Vgl. Mayer/Louca, 2013, S. 190.

Ausgewählte Kennzahl: Sourcing Savings (Einsparungen im Einkauf)

Überlegene Einkaufsprogramme sind diejenigen, die Einsparungen so früh wie möglich in den Prozess einfließen lassen, noch vor der Kategorisierung, Verhandlung und Lieferantenauswahl. Bei Best-in-Class-Unternehmen liegt dieser Wert bei ca. 7,7 % des gesamten Sourcing-Volumens.

Ausgewählte Kennzahl: Sourcing Cycle Time (Einkaufszyklus)

Die Sourcing Cycle Time misst die durchschnittliche Zeit, die benötigt wird, um Produkte (Materialien, Halbfabrikate, Produkte, Waren, Handelswaren) von internen oder externen Bezugsquellen (Lieferanten) zu beziehen. Je nach Komplexität der zu beziehenden Ware sollten Unternehmen hier Werte im Bereich von 45 Tagen anpeilen, um sich mit den Best-in-Class-Unternehmen messen zu können.

3.2 Negotiation

Verhandlungsergebnisse richtig bewerten

Verhandlung ist definiert als ein Prozess der „Kommunikation mit dem Ziel, ggf. durch Kompromisse zu einer Einigung zu gelangen".[6] Eine erfolgreiche Verhandlung erreicht dieses Ziel und sichert Lieferungen, Materialien und Dienstleistungen in der richtigen Qualität, in der richtigen Menge, zur richtigen Zeit, aus der richtigen Quelle und zu den richtigen Kosten. Seit vielen Jahren werden Auktionen als Kauf- und Verkaufsprozess von Waren oder Dienstleistungen genutzt. Häufig werden nicht nur einzelne Objekte, sondern mehrere versteigert, was u.a. die Komplexität der Berechnung und Kommunikation einer solchen Auktion erhöht. Verschiedene Maßnahmen, wie bspw. die Einführung spieltheoretischer Ansätze, können eingeleitet werden, um diese Verhandlungen erfolgreicher für das Unternehmen zu gestalten.[7] Trotz verschiedener Strategien heißt Erfolg hierbei immer bessere Konditionen zu erzielen. Eine geeignete Performance-Messung sollte daher den Prozess und eingeleitete Maßnahmen indirekt über die Zielerreichung bewerten.

Ausgewählte Kennzahl: Discount Spend (Durchschnittlicher Discount auf Einkaufsausgaben)

Das oberste Ziel der Einkaufsanstrengungen eines Unternehmens muss es sein, Lieferanten zu allokieren, die die festgelegten Anforderungen erfüllen. Die Effizienz spiegelt sich allerdings in einer anderen Kennzahl wider: der durchschnittlichen Höhe des Discounts auf die gesamten

---

[6] Vgl. Zartman, 2008, S. 2.
[7] Vgl. Bichler/Guler/Mayer, 2015, S. 1012 ff.

Einkaufsausgaben. Erfolgreiche Unternehmen können hier Werte von im Schnitt 0,1 % erreichen.

3.3 Supplier Lifecycle Management

Eine wertorientierte Gestaltung der Lieferantenbeziehungen kann für das Wohl des eigenen Unternehmens eine entscheidende Rolle spielen.[8] Eine gute Lieferantenbeziehung beginnt jedoch nicht erst mit dem ersten Geschäft, das beide Vertragspartner abschließen, sondern bereits mit den diversen Aufgaben im Vorfeld des ersten Vertrags. Grundsätzlich kann der „Lebenszyklus" der Lieferantenbeziehung in 8 Teilbereiche gegliedert werden:

Langfristige Lieferantenbeziehungen als Ziel

1. **Lieferantenqualifizierung:** Aufgabe des strategischen Einkaufs ist es, geeignete Lieferanten zu suchen. Potenzielle Lieferanten können in Ausschreibungen ihr Interesse bekunden und darlegen, ob sie die zuvor festgelegten Anforderungen erfüllen.
2. **Lieferantenbewertung:** Anhand der eingereichten Unterlagen liegt es nun am Einkauf, die Lieferanten zu bewerten und zu klassifizieren, um somit ohne große Zeit- und Ressourcenverschwendung ungeeignete Bewerber aus dem Prozess zu eliminieren. Sowohl Scorecards als auch direkte Gespräche können hier zur Zielerreichung dienen.
3. **Lieferantenauswahl:** Grundsätzlich sollten Lieferanten ausgewählt werden, mit denen eine langfristige Zusammenarbeit vorstellbar ist. Daher sollte diese Auswahl auf Basis fundierter Analysen erfolgen.
4. **Lieferanten-Onboarding:** Der neue Partner muss ordnungsgemäß aufgenommen werden. Obwohl er bereits zugesagt hat, die Anforderungen erfüllen zu können, kann er dies nur mit detaillierten Spezifikationen über die Art, den Umfang und sonstige Informationen tun. Das Onboarding ist auch die perfekte Möglichkeit, Überwachungsprozesse einzurichten.
5. **Leistung der Lieferanten:** Zum Lieferantenmanagement gehört vor allem ein konsequentes Monitoring der Transaktionen und der Kommunikation mit dem Lieferanten, um zu prüfen, ob dieser seine Zusagen einhält. So können ggf. Nachbesserungen gefordert werden und die Notwendigkeit eines Lieferantenwechsels wird frühzeitig erkannt.
6. **Lieferantenrisiko:** Das Risikomanagement ist darauf ausgelegt, das Unternehmen zu schützen, bspw. bei Vertragsbruch, Lieferverzug oder Qualitätsverlust. Das Vertrauen, das ein Unternehmen seinem Lieferanten entgegenbringt ist wichtig, schützt aber dennoch nicht vor unerwarteten Krisen.

---

[8] Vgl. Hofbauer/Mashour/Fischer, 2012, S. 13 ff.

7. **Lieferantenentwicklung:** Lieferantenentwicklung gewinnt vor allem bei besonders wertvollen Beziehungen an Bedeutung. Eine enge Zusammenarbeit mit externen Partnern, um Transaktionen zu optimieren, kann für beide Seiten von Vorteil sein.
8. **Lieferantenmanagement:** Ziel ist es grundsätzlich, dauerhafte und langfristig profitable Partnerschaften zu schaffen. Falls also Lieferantenbeziehungen lohnend für beide Seiten sind, sollte an diesen festgehalten und in deren Zukunft weiter investiert werden.

Ausgewählte Kennzahl: Liefertermintreue

Der Quotient aus Anzahl der pünktlichen Lieferungen und Anzahl der gesamten Lieferungen (in Prozent) beschreibt die Verlässlichkeit des Vertragspartners. Die Termintreue von Lieferanten weist mit rund 80 % einen schlechten Wert auf.[9] Die Verwendung dieser Kennzahl ist daher insbesondere als Teil der Zielvereinbarung einzelner Einkäufer sinnvoll, da sie ein Beweis für deren Fähigkeit ist, Lieferanten richtig zu bewerten.

Ausgewählte Kennzahl: Reklamationsquote

Im Gegensatz zur zeitlichen Komponente bewertet diese Kennzahl die Qualität der gelieferten Materialien. Sie beschreibt die Anzahl der fehlerhaften Lieferungen im Vergleich zur Gesamtanzahl aller Lieferungen eines Jahres. Laut der bereits erwähnten Studie des BME liegt diese Quote über alle teilnehmenden Branchen hinweg bei ca. 2,5 %.

3.4 Contract Management

Verträge effizient managen

Es wird oft angenommen, dass der Vertrieb und das Marketing eines Unternehmens einen wesentlichen Beitrag zum Unternehmensergebnis leisten, jedoch hat die Vertragsverwaltung einen ebenso entscheidenden Einfluss auf die Leistung des Unternehmens.

Viele Personen und Abteilungen tragen direkt und indirekt zur Vertragsverwaltung eines Unternehmens bei. Gerade in großen Unternehmen gibt es unterschiedliche Teams aus Rechts- und Vertragsfachleuten, die die Einhaltung eigener Compliance-Richtlinien überprüfen. Ineffizienzen treten hierbei durch die Vielzahl der beteiligten Prozesspartner über Abteilungsgrenzen hinweg, eine mangelnde Transparenz sowie nicht standardisierte Ansätze auf. Geeignete Kennzahlensets allokieren diese Ineffizienzen und ermöglichen eine Ableitung von Maßnahmen.

---

[9] Vgl. BME, 2017, S. 10.

Procurement Excellence: Effizienzgewinne im Einkauf

■ **Ausgewählte Kennzahl: Contract Cycle Time (Vertragsdurchlaufzeit)**

Die erwähnten Ineffizienzen lassen sich am geeignetsten mit der Zeit beziffern, die für den Abschluss eines Vertrages benötigt wird, der sog. Contract Cycle Time. Maßnahmen zur Reduktion dieser Zeit sind bspw. die Erstellung von Vertragsvorlagen mit vorab genehmigten Klauseln oder die Definition eines Genehmigungs-Workflows, der die Bearbeitung der Verträge auf Grundlage der Eingaben verschiedener Stakeholder erleichtert. Best-in-Class-Unternehmen erreichen insbesondere durch die Verwendung von IT-Lösungen in diesem Bereich eine Zeit von ca. 40 Tagen.

■ **Ausgewählte Kennzahl: Spend Compliant to Contract (Anteil vertragskonformer Ausgaben)**

Hiermit wird der Wert von Transaktionen mit einem Lieferanten beschrieben, bei denen die Konditionen eines formell vorliegenden Vertrages berücksichtigt wurden. Je höher dieser Wert ist, desto größer ist die Wahrscheinlichkeit, dass die getroffenen Entscheidungen des Einkäufers mit den Vorgaben des Unternehmens kongruent sind. Mit Softwareunterstützung kann diese Kennzahl auf bis zu 67 % verbessert werden.

3.5 Spend Analysis

Die Ausgabenanalyse ist der Prozess der Identifizierung, Sammlung, Bereinigung, Gruppierung, Kategorisierung und Analyse der Ausgaben eines Unternehmens mit dem Ziel, die Einkaufskosten zu senken und die Effizienz zu steigern. Als Teil des Ausgabenmanagements wird sie verwendet, um bessere Einkaufs- und Lieferantenentscheidungen treffen zu können, Zykluszeiten zu verkürzen und bspw. die Ausgaben von Einzelpersonen aufdecken zu können.

Die richtigen Schlüsse aus getätigten Ausgaben ziehen

■ **Ausgewählte Kennzahl: Spend under Management**

Mit der Kennzahl **Spend under Management** können die Einkaufsorganisationen die Entscheidungen von Budgetverantwortlichen beeinflussen und sie dazu bewegen, Rechenschaft für Kaufentscheidungen abzulegen. Branchen-Benchmarks deuten darauf hin, dass Best-in-Class-Unternehmen 75-85 % der Ausgaben verwalten, während relativ weniger ausgereifte Einkaufsorganisationen sogar Schwierigkeiten haben, 50 % zu erreichen. Durch unterschiedliche Definitionen der verwalteten Ausgaben sind Benchmarks nicht immer repräsentativ. Dennoch ist 80 % ein guter Zielwert für die Reife der eigenen Einkaufsorganisation.

3.6 Procure to Pay: Operative Procurement

Die Aufgabe des operativen Einkaufs ist es nun, auf Basis der ausgehandelten Verträge und Konditionen, Materialien anhand existierender Planungsprozesse zu bestellen und den Prozess bis zum ordnungsgemäßen Wareneingang zu begleiten. Dies ist mit vielen ineffizienten manuellen Teilprozessen verbunden. Eine Erhöhung der Automatisierung dieses Prozesses überwindet nicht nur diese Ineffizienz, sondern schafft zusätzlich auch mehr Transparenz und Compliance und erhöht die Einkaufsgeschwindigkeit.

Ausgewählte Kennzahl: Transaktionskosten

Kennzahlen für Transaktionskosten, wie die Cost per Purchase Order (Kosten pro Bestellung), sind sehr umstritten, da ihre Ausprägung stark von der Definition und Anwendung abhängt. Grundsätzlich beschreibt diese Kennzahl die durchschnittlichen Kosten der Auftragsabwicklung von der Erstellung bis zum Rechnungsabschluss. Zunehmende Automatisierungsbestrebungen im operativen Einkauf führen zu immer geringer werdenden Kosten pro Bestellung. Best-in-Class-Unternehmen erreichen Werte von nicht mehr als 4 EUR.

3.7 Die Kennzahlen im Überblick

Kennzahl	Beschreibung	Best-in-Class
Sourcing Savings	Anteil der erzielten Einsparungen am gesamten Einkaufsvolumen	7,7 %
Sourcing Cycle Time	Durchschnittliche Bezugszeit interner oder externer Waren und Dienstleistungen	45 Tage
Discount Spend	Durchschnittliche Höhe des Discounts bezogen auf das gesamte Einkaufsvolumen	0,1 %
Liefertermintreue	Anteil pünktlicher Lieferungen bezogen auf die gesamte Lieferanzahl, optional messbar je Lieferant	80 %
Reklamationsquote	Anteil fehlerfreier Lieferungen bezogen auf die gesamte Lieferanzahl, optional messbar je Lieferant	2,5 %
Contract Cycle Time	Durchschnittlich benötigte Zeit für einen Vertragsabschluss	40 Tage

Kennzahl	Beschreibung	Best-in-Class
Spend Compliant to Contract	Anteil der Transaktionen auf Basis zugrundeliegender formeller Verträge	67 %
Spend under Management	Anteil des Einkaufsvolumens, das durch Budgetverantwortliche beeinflusst wird	75-85 %
Cost per Purchase Order	Durchschnittliche Kosten pro Bestellung	4 EUR

Abb. 2: Einkaufscontrolling: Wichtige Kennzahlen mit Benchmark-Werten

4 Fazit: Bedeutung von Performance-Measurement-Systemen steigt

Durch die Digitalisierung können sich die Anforderungen an Unternehmen und ihre Prozesse in sehr kurzer Zeit verändern. Das Controlling muss hierauf kontinuierlich Antworten finden, um eine Steuerbarkeit des Unternehmens mittels Kennzahlen jederzeit zu gewährleisten. Insbesondere die Implementierung einer einheitlichen softwarebasierten Lösung für den gesamten Einkaufsprozess birgt hier enorme Potenziale, wenn sie auch mit hohen Aufwänden verbunden ist. Die größte Chance für Unternehmen liegt darin, vorhandene Prozesse zu hinterfragen und sie bestmöglich zu modernisieren. Darüber hinaus geben aktuelle Entwicklungen insbesondere im Bereich der Speicher- und Prozessortechnologie Anlass zur Hoffnung, dass sich unstrukturierte Datenberge in effiziente Quellen für qualitativ hochwertige, datengestützte Entscheidungen verwandeln. Im Einkaufsbereich können insbesondere durch das Einbeziehen von Informationen auf Einkaufsbelegebene erhebliche Potenziale entstehen, Effizienzgewinne zu realisieren. Hinzu kommt, dass durch die Automatisierung von Prozessen auch die Einhaltung gesetzlicher Bestimmungen und interner Compliance-Richtlinien verbessert werden kann. Die Aufgabe des Controllings wird dabei vor allem sein, die digitale Transformation des Unternehmens mitzugestalten und über diesen Prozess hinaus die Handlungsfähigkeit der Performance-Measurement-Systeme jederzeit zu gewährleisten.

5 Literaturhinweise

Bae/Seo, BPM-based integration of supply chain process modeling, executing and monitoring, International Journal of Production Research, 2007, 45(11), S. 2545–2566.

Bichler/Guler/Mayer, SplitAward Procurement Auctions—Can Bayesian Equilibrium Strategies Predict Human Bidding Behavior in Multi-Object Auctions?, Production and Operations Management, 2015, 24(6), S. 1012–1027.

BME – Bundesverband Materialwirtschaft, Einkauf und Logistik, Top Kennzahlen im Einkauf, 2017, https://www.bme.de/fileadmin/user_upload/BME-TOP-Kennzahlen_im_Einkauf_2017.pdf, Abrufdatum 5.5.2018.

Burke/Carrillo/Vakharia, Single versus multiple supplier sourcing strategies, European Journal of Operational Research, 2007, 182, S. 95–112.

Grün/Jammernegg, Grundzüge der Einkauf, Produktion und Logistik (Vol. 1), 2009.

Hofbauer/Mashhour/Fischer, Lieferantenmanagement: die wertorientierte Gestaltung der Lieferbeziehung, 2012.

Mayer/Louca, Procurement sales with (homogenous and) heterogenous goods, IEEE International Conference on Business Informatics, 2013, S. 190–197.

Zartman, Introduction bias, prenegotiation and leverage in mediation, International Negotiation, 2008, 13(3), S. 305–310.

Modernes Personalcontrolling: Steuerung mit Kennzahlen am Beispiel der Commerzbank AG

- Personalcontrolling ist immer noch unterrepräsentiert und bietet in vielen Unternehmen zusätzliches Potenzial.
- Kennzahlen als Basis des Personalcontrollings können zur Steuerung des Personals im Unternehmen und der Personalorganisation gleichermaßen genutzt werden.
- Die Reports des Personalcontrollings orientieren sich idealerweise am Personalkreislauf. Die wichtigsten HR-Kennzahlen werden in einem Report dargestellt. Beispielhaft werden Berichtsmuster der Commerzbank dargestellt.
- Um die Auswirkungen des Arbeitsmarkts und die Veränderungen der Gesellschaft auf die Mitarbeiter steuern zu können, wird in der Commerzbank ein Personalrisiko-Report erstellt.
- Predictive Analytics und neue schnellere Reporting-Tools werden zukünftig das Personalcontrolling beeinflussen.

Inhalt		Seite
1	Grundlagen und Grundlegendes zum Personalcontrolling	133
1.1	Gründe gegen Personalcontrolling	133
1.2	Prozesse im Personalcontrolling	135
1.3	Favoriten und Verbreitungsgrad von Kennzahlen	136
1.4	Kennzahlensysteme	137
1.5	Neue Herausforderungen erfordern neue Kennzahlen	139
2	Neuere Entwicklungen im Personalcontrolling	140
2.1	Predictive Analytics	140
2.2	Personal-Risikomanagement	140
2.3	IT-Unterstützung	143
3	Wertbeitrag des Personalcontrollings wird noch nicht ausgeschöpft	143
4	Literaturhinweise	143

Die Autoren

Prof. Dr. Silke Wickel-Kirsch, Professorin für Personalwirtschaft und Organisation im Studiengang Media Management des Fachbereichs Design, Informatik und Medien an der Hochschule RheinMain in Wiesbaden. Sie ist Autorin diverser Fachbeiträge und Fachvorträge zum Thema Personalcontrolling und war in leitenden Funktionen im Personalcontrolling in der Industrie tätig.

Volker Schaumburg, Abteilungsdirektor HR-Controlling bei der Commerzbank und Lehrbeauftragter für Controlling an der Hochschule RheinMain im Bereich Wirtschaftsinformatik. Er verfügt über jahrelange Praxiserfahrung im Personalcontrolling und hat das HR-Cockpit der Commerzbank mitentwickelt. Zu seinen aktuellen Hauptaufgaben zählen die fachliche Steuerung der technischen Umsetzung der Personalcontrolling-Anforderungen in den Reporting-Tools sowie die Erstellung und Weiterentwicklung des Personalrisiko-Reports.

1 Grundlagen und Grundlegendes zum Personalcontrolling

Das Personalcontrolling gibt es in der deutschen Praxis seit Mitte der 1980er Jahre und auch in der Theorie wird die Thematik seit dieser Zeit vermehrt aufgegriffen und weiterentwickelt. Ein wichtiger Meilenstein für das Personalcontrolling war eine empirische Studie im Jahr 1993,[1] in der zum ersten Mal die Unterscheidung zwischen faktor- und prozessorientiertem Personalcontrolling eingeführt wurde. Diese Differenzierung bezieht sich auf den sog. Controllinggegenstand.[2]

Entstehung des Personalcontrollings

- Das faktororientierte Personalcontrolling beschäftigt sich mit der Messung, Informationsaufbereitung und Steuerung aller Daten zum Produktionsfaktor „Personal" und gibt Auskunft über Fragen zur Statistik wie Durchschnittsalter oder Frauenanteil in Führungspositionen, aber auch zu Führungsthemen wie Zufriedenheit mit den Vorgesetzten oder Fehlzeitenquoten.
- Das prozessorientierte Personalcontrolling hingegen beschäftigt sich mit den Prozessen in der Personalabteilung sowie deren Effizienz und Effektivität. Hierbei werden Messungen vorgenommen wie etwa Anzahl der Gehaltsabrechnungen pro Mitarbeiter, Dauer einer Beschaffungsmaßnahme und Erfolg von Personalmarketingaktivitäten.

Obwohl seit 25 Jahren sowohl das faktor- als auch das prozessorientierte Personalcontrolling in Theorie und Praxis bekannt sind, werden beide Disziplinen in vielen Unternehmen noch immer nur rudimentär eingesetzt, da offenbar das Steuerungspotenzial nicht wahrgenommen wird. Laut einer repräsentativen Studie aus Deutschland, Österreich und der Schweiz im Jahr 2015 hatten zwar rund zwei Drittel der Unternehmen ein zumindest ansatzweises Reporting zu faktororientierten Themen (allerdings kein Controlling mit Steuerungsfunktion), aber nur ca. 18 % der Unternehmen verfügten über ein „irgendwie" geartetes, prozessorientiertes Personalcontrolling bzw. ein Reporting zu diesen Aspekten.[3]

1.1 Gründe gegen Personalcontrolling

Das Personalcontrolling steckt also auch nach rund 30 Jahren noch in vielen Unternehmen in den Kinderschuhen. Und das obwohl neue Herausforderungen, wie z.B. die digitale Transformation oder auch

Datenschutz als Hindernis

---

[1] Vgl. Metz/Betzer, 1993 und Metz/Winnes/Knauth, 1995.
[2] Vgl. Armutat, 2013, S. 21 f.
[3] Vgl. Jäger/Wickel-Kirsch, 2016a.

eine massive Veränderung der Arbeitsmärkte durch die demografische Entwicklung, auf die Unternehmen zukommen. Hier wäre eine professionelle Steuerung nicht nur wünschenswert – sie ist geradezu ein Muss.

Dennoch wird in den Unternehmen oft bewusst auf das Personalcontrolling verzichtet. Was sind die Gründe, die gegen eine Durchführung sprechen? Ein Argument, das von Unternehmen immer wieder angeführt wird, ist der Arbeitsaufwand für das Personalcontrolling, dem (angeblich) kein erkennbarer Nutzen gegenüber steht.[4] Dabei ist der potenzielle Wertbeitrag des Personalcontrollings sehr hoch und liegt regelmäßig am oberen Ende der Skala aller Personalfunktionen. Das Personalcontrolling kann helfen, Fehlentwicklungen zu vermeiden, indem es nicht wirksame Maßnahmen aufdeckt, durch deren Streichung Kosten reduziert werden können, oder indem es Investitionsvorhaben mithilfe von Wirtschaftlichkeitsberechnungen überprüft. Typischerweise ergeben sich durch Controllingaktivitäten Einsparungen in Euro und können somit auf der Habenseite des Personalcontrollings verbucht werden.[5]

Aber auch Akzeptanzprobleme sowie das Thema Datenschutz werden häufig als Erklärung angeführt, die gegen ein Personalcontrolling sprechen. Bezüglich des Datenschutzes sind hierbei die neue EU-Datenschutz-Grundverordnung (DSGVO) und das angepasste deutsche Bundesdatenschutzgesetz (BDSG 2018) zu beachten. Das „Need-to-know"-Prinzip und Löschfristen müssen auch bei den Reporting-Sachverhalten beachtet werden. In der Commerzbank werden die Daten hierfür nicht gelöscht, sondern anonymisiert. Das hat den Vorteil, dass die Auswertungen grundsätzlich jederzeit wieder erstellt werden können. Darüber hinaus dürfen fast alle Anwendergruppen die Reports nur vier Jahre in die Vergangenheit und in die Zukunft starten.

Unstimmigkeiten mit dem Betriebsrat

Ein weiteres Problem bei der Einführung von Personalcontrolling stellt offenbar für einige Unternehmen die Einigung mit dem Betriebsrat dar. Allerdings ist dieses Argument im Laufe der Zeit immer weniger relevant geworden. Eine frühzeitige Einbindung des Betriebsrats kann helfen, die Vorbehalte zu zerstreuen und zu einer produktiven Zusammenarbeit beizutragen.

---

[4] Vgl. Jäger/Wickel-Kirsch 2016a.
[5] Vgl. Jäger/Wickel-Kirsch 2016b, S. 41.

Personalcontrolling mit Kennzahlen

1.2 Prozesse im Personalcontrolling

Neben dem klassischen Reporting, das vergleichsweise häufig zu finden ist und normalerweise auf Kennzahlen beruht, sollte ein zeitgemäßes Personalcontrolling noch weitere Prozesse[6] umfassen. Wie ein solches Prozessmodell idealtypisch aussehen kann, zeigt Abb. 1, die wiederum auf das allgemeine Controlling-Prozessmodell zurückgreift.

Reporting einzelner Kennzahlen ist kein echtes Personalcontrolling

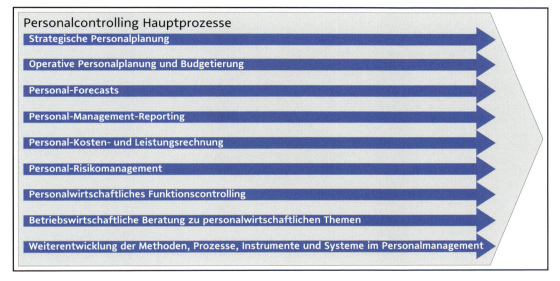

Abb. 1: Prozessmodell Personalcontrolling[7]

Anhand des Prozessmodells „Personalcontrolling" wird deutlich, dass ein Reporting von einzelnen Kennzahlen auf Ist-Basis kein echtes Personalcontrolling darstellt. Vielmehr müssen im Rahmen des Personalcontrollings auch strategische Themen wie die langfristige Personalplanung und Personal-Risikomanagement oder eben auch das personalwirtschaftliche Funktionscontrolling (das Pendant zum prozessorientierten Personalcontrolling) aufgegriffen und gesteuert werden.

Wie eine solche Informationsversorgung idealerweise aussehen könnte, zeigt als Praxisbeispiel der Report „Facts & Figures" der Commerzbank: Seitens des Managements werden HR-Informationen zu Personalthemen nachgefragt. In der Commerzbank decken die erstellten Reports daher den Personalkreislauf ab (s. Abb. 2). In den jeweiligen Reports werden unterschiedliche Kennzahlen verwendet, sodass ein Report, wie z. B. „Facts

Commerzbank AG als Best-Practice-Beispiel

---

[6] Vgl. Niedermayr-Kruse/Waniczek/Wickel-Kirsch, 2014.
[7] Vgl. Niedermayr-Kruse/Waniczek/Wickel-Kirsch, 2014, S. 24.

Umsetzung & Praxis

& Figures", durchaus mehrere Felder des Personalkreislaufs abdecken kann. Ziel der Reports ist es, den unterschiedlichen Zielgruppen (Management, Arbeitnehmergremien, Fachverantwortliche) die Informationen so aufzubereiten, dass entsprechende Maßnahmen eingeleitet werden können.

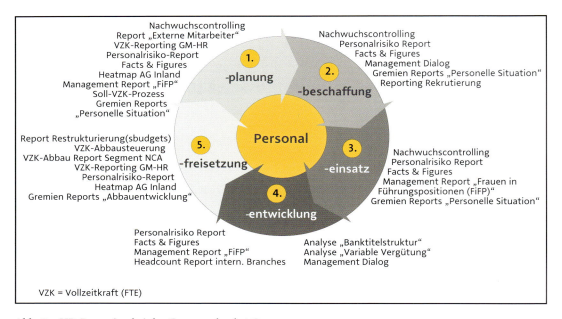

Abb. 2: HR-Reporting bei der Commerzbank AG

1.3 Favoriten und Verbreitungsgrad von Kennzahlen

Nutzung in der DACH-Region

Kennzahlen sind und bleiben die Basis des Personalcontrollings. Allerdings lässt sich in der Praxis auch hier feststellen, dass viele Unternehmen und Organisationen noch weit von einer stringenten Messung und vor allem der Steuerung mithilfe von Kennzahlen entfernt sind. KPIs – dies die positive Bilanz – werden von den meisten Unternehmen eingesetzt.[8] Allerdings erfolgt ein Einsatz häufig ohne ein schlüssiges Konzept, welche Kennzahlen sinnvoll sind und vor allem warum diese erhoben werden sollten. Aber Schlüsselindikatoren bieten eine erste Plattform, auf der aufgesetzt werden kann. Die in Deutschland, Österreich und der Schweiz (DACH-Region) im Jahr 2015 am häufigsten erhobenen Kennzahlen zeigt Abb. 3.

---

[8] Vgl. Jäger/Wickel-Kirsch, 2016.

Position	Kennzahl
1	Anzahl der Mitarbeiter in FTE (Gesamt/je Bereich)
2	Krankenquote
3	Durchschnittsalter der Belegschaft
4	Fluktuationsquote (Anzahl geschiedene Mitarbeiter/durchschnittliche Mitarbeiterzahl)
5	Durchschnittliche Betriebszugehörigkeit
6	Quote weiblicher Mitarbeiter
7	Direkte Personalkosten p.a. (Löhne, Gehälter, Personalnebenkosten etc.) pro FTE (Vergütung)
8	Quote weiblicher Führungskräfte
9	Eigenkündigungsquote („echte Fluktuation")
10	Personalstrukturkennzahlen (Arbeiter/Angestellte, Alter, Qualifikation etc.)
11	Kosten für Weiterbildung bzw. Personalentwicklung pro FTE
12	Altersstruktur der Belegschaft nach Altersklassen
13	Personalkostenquote (Personalkosten/Gesamtkosten des Unternehmens) (in %)
14	Personalnebenkosten p.a. (Sozialleistungen) pro FTE
15	Durchschnittlicher Anstieg der Gehälter zum Vorjahr

Abb. 3: Die häufigsten Personalkennzahlen 2015[9]

Hier wird deutlich, dass alle Schlüsselindikatoren aus dem Bereich des faktororientierten Personalcontrollings stammen und keine aus dem Bereich des prozessorientierten. Außerdem ist zwischen den Kennzahlen kein sachlogischer, kausaler oder strategischer Zusammenhang zu erkennen. Vielmehr sind diese offenbar mehr oder weniger zufallsgetrieben.

1.4 Kennzahlensysteme

Um diesen Zusammenhang darzustellen, besteht der nächste sinnvolle Schritt in einer Zusammenführung der Leistungsindikatoren zu einem geschlossenen System, einem sog. Kennzahlensystem. Ein Kennzahlensystem kann je nach Ausgestaltung sachlogisch, kausal/zielorientiert oder aus der Strategie abgeleitet sein. Derzeit verfügen darüber lediglich 9,4 % der Unternehmen in der DACH-Region, wobei keine Unterscheidung nach oben genannter Ausgestaltung vorgenommen wird.[10]

Großteil der Unternehmen verfügt über kein Kennzahlensystem

---

[9] Vgl. Jäger/Wickel-Kirsch, 2016.
[10] Vgl. Jäger/Wickel-Kirsch, 2016.

Umsetzung & Praxis

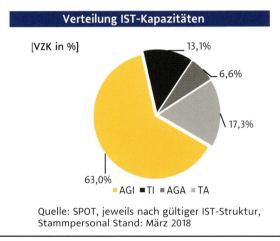

Kapazitäten Commerzbank Konzern						
	Inklusive Nachwuchs		Exklusive Nachwuchs			
Kapazitäten	Köpfe per 03/2018	VZK per 03/2018	Köpfe per 03/2018	VZK per 03/2018	VZK per 12/2017	VZK per 03/2017
AG Inland (AGI)	30.195	27.230	28.873	26.094	26.658	26.879
Töchter Inland (TI)	6.179	5.590	5.966	5.403	5.264	4.653
Summe Inland	36.374	32.820	34.839	31.497	31.922	31.532
AG Ausland (AGA)	2.970	2.905	2.768	2.716	2.703	2.745
Töchter Ausland (TA)	9.399	7.347	9.110	7.179	7.189	7.347
Summe Ausland	12.369	10.251	11.878	9.895	9.892	10.092
Summe Konzern*	48.743	43.071	46.717	41.392	41.814	41.624

Quelle: SPOT, jeweils nach gültiger IST-Struktur, Stammpersonal + Nachwuchs Stand: März 2018
*inkl. Sonstige (neutraler Bereich)
Zahlen gerundet; Rundungsdifferenzen können auftreten

Abb. 4: Auszug aus Commerzbank-Bericht „Facts & Figures"

Auch hier kann wieder idealtypisch der Report „Facts & Figures" der Commerzbank zur Veranschaulichung herangezogen werden. Er stellt dem Management die personelle Situation auf einen Blick dar (Auszug s. Abb. 4). Es werden graphische Elemente und tabellarische Informationen verwendet. Im Einzelnen handelt es sich um die nachstehenden Indikatoren:

- **Personalbestand:** Bestandsentwicklung in Vollzeitkräften (VZK) und Köpfen, regional und nach Segmenten
- **HR-Strukturkennzahlen:** im Vergleich zum Vorquartal: Quoten zu Abgängen, Krankheit, Teilzeit, außertariflich bezahlten Mitarbeiter sowie Frauenquote, durchschnittliche Betriebszugehörigkeit und Durchschnittsalter

- **Frauen in Führungspositionen:** nach Führungsebenen und Segmenten
- **Nachwuchskennzahlen:** Anzahl und Durchschnitt Auszubildende, Trainees, akademischer Nachwuchs sowie die Nachwuchsquote
- **Vergütung:** Vergütungsstruktur Tarif/Außertarif, Außertarif weiblich/ männlich nach Segmenten
- **Demographie:** Altersstruktur, Durchschnittsalter

Der Report wird quartalsweise erstellt und dem Vorstand und HR-Management zur Verfügung gestellt.

1.5 Neue Herausforderungen erfordern neue Kennzahlen

Aufgrund von Veränderungen, vor allem durch den Einsatz von Technik in der Personalarbeit sowie Social Media im Personalmarketing und in der Rekrutierung, ergibt sich die Notwendigkeit, neue Kennzahlen zur Messung und Steuerung zu definieren und einzusetzen. Bislang reagieren viele Unternehmen auf die Anforderung, Beschaffungsprozesse zu messen, mit sehr traditionell ausgerichteten (aber wichtigen) Kennzahlen, darunter

Digitalisierung und Social Media steuern

- Time to Hire bzw. Time to fill (Besetzungsdauer; Zeitraum zwischen der Bedarfsfeststellung, z.B. dem Tag einer Mitarbeiterkündigung, bis zur Wiederbesetzung der Stelle durch einen neuen Mitarbeiter),
- Cost per Hire (durchschnittliche externe und interne Personalbeschaffungskosten pro Einstellung) oder auch
- Anzahl passender Bewerber pro Inserat.[11]

Diese klassischen Kennzahlen stellen die Basis dar, reichen aber nicht mehr aus. Sie müssen ergänzt werden durch „neue" Kennzahlen zu Beschaffungsprozessen in den Social Media. So war z.B. im Jahr 2017 bei den Top-KPIs zur Rekrutierung die Channel Effectiveness zu finden, die einem Beschaffungsprozess in verschiedenen Kanälen Rechnung trägt.[12]

Die Digitalisierung stellt das Personalcontrolling auch technisch vor neue Herausforderungen. Zum einen wird erwartet, dass die klassischen Kennzahlen, wie z.B. Full Time Equivalent (FTE), Krankheitsquote, Durchschnittsalter, möglichst in Echtzeit auf allen Geräten zur Verfügung stehen, auch mobil und individualisiert auf die Bedürfnisse des Managements abgestellt. Darüber hinaus ergeben sich durch Big-Data-Analysen und externe Quellen neue Auswertungsmöglichkeiten u.a. hinsichtlich Rekrutierung und Nachfolgeplanung. Über eine vorausschauende Analyse der Altersstruktur kann rechtzeitig mit der Nachbesetzung begonnen werden. Für das Personalcontrolling besteht jetzt

---

[11] Vgl. Wickel-Kirsch/Denm, 2015; Wickel-Kirsch, 2012, S. 31 und o.V., 2017, S. 22.
[12] Vgl. o.V., 2017, S. 22.

die Anforderung, auf der einen Seite die klassischen Schlüsselindikatoren regelmäßig mit geringem Aufwand zur Verfügung zu stellen und auf der anderen Seite das Management mit neuen Analysen zu versorgen. Hierbei müssen natürlich auch wieder die rechtlichen Rahmenbedingungen (EU-Datenschutz-Grundverordnung) berücksichtigt werden.

2 Neuere Entwicklungen im Personalcontrolling

Durch erhebliche Veränderungen im Arbeitsmarkt der letzten und der kommenden Jahre in Deutschland, muss das Personalcontrolling teilweise massiv verändert oder auch um einige Aspekte erweitert werden.

2.1 Predictive Analytics

Predictive Analytics verhilft zu besserer Personalarbeit

Predictive Analytics, als ein großes neues Thema für die Personalcontroller, erlaubt nicht nur vergangenheitsorientierte Daten auszuwerten, sondern auch Prognosen für die Zukunft zu erstellen. So können durch die Analyse von großen Datenbeständen, d.h. Big Data, in Kombination mit entsprechender Technik Aussagen darüber getroffen werden, welche Mitarbeiter kündigen werden, weil sie bestimmte Warnsignale senden, wenn sie nicht durch Retention Management gebunden werden, oder welche Mitarbeiter durch Active Sourcing an Wettbewerber verloren werden. Derartige Daten, mit Maßnahmen hinterlegt, helfen der Professionalität der Personalarbeit und der Wertschöpfung des Unternehmens, weil frühzeitig agiert werden kann und das Unternehmen nicht in die Rolle des Reagierens gedrängt wird.

Bei der Commerzbank AG wird z.B. heute schon regelmäßig ausgewertet, inwieweit Abwesenheiten (Urlaub, Seminar, Krankheit etc.) Einfluss auf die notwendigen räumlichen Arbeitsplätze haben. So muss für 1,0 FTE nicht mehr ein kompletter Arbeitsplatz vorgehalten werden, wodurch Arbeitsplatzkosten eingespart werden können.

2.2 Personal-Risikomanagement

Risiken stehen im Mittelpunkt

Aufgrund der Veränderungen am Arbeitsmarkt durch die abnehmende erwerbstätige Bevölkerung wird eines der Trendthemen (weiterhin) das Personal-Risikomanagement sein. In rund 11,5 % der Unternehmen war das Thema bereits 2015 schon erfolgreich und gut laufend umgesetzt, in anderen hingegen ist es noch nicht erkannt worden und kann damit auch nicht „controllt" werden. Dabei ist gerade in der Minimierung oder Vermeidung von Personalrisiken ein großer Wertbeitrag zu erwarten.

Das Personal-Risikomanagement bezieht sich klassisch auf 4 Schlüsselrisiken.[13] Diese 4 Schlüsselrisiken sind

- das **Engpassrisiko**, das durch eine nicht ausreichende Anzahl an Arbeitskräften entsteht,
- das **Motivations- oder Demotivationsrisiko**, das durch wenig bis gar nicht motivierte und engagierte Mitarbeiter hervortritt,
- das **Austrittsrisiko**, das aus dem Verlust wertvoller Mitarbeiter entstammt sowie
- das **Anpassungsrisiko**, das auf mangelnde Personalentwicklung und extreme Veränderungen im Unternehmen oder dem Branchenumfeld abzuleiten ist.

Als neues fünftes Risiko tritt in der Praxis in letzter Zeit das **Loyalitätsrisiko** auf, das sich ergibt, wenn Mitarbeiter dem Unternehmen bewusst Schaden zufügen. Diese vier bzw. fünf Risikokategorien müssen gemessen und gesteuert werden. Im Idealfall sollten die Risiken sogar ganz vermieden werden.

Wie die Commerzbank die Personalrisiken für sich definiert und wie die Steuerung der Risiken erfolgt, wird im Folgenden deutlich.

Wenngleich Basel III und die Mindestanforderungen an das Risikomanagement (vgl. MaRisk Artikel 7.1) die Messung der Personalrisiken bei Kreditinstituten fordern, wird die Ausgestaltung den einzelnen Unternehmen überlassen. Die Commerzbank hat sich bei der Messung für die klassischen Personalrisikobereiche nach Kobi entschieden (s. Abb. 5).[14] Die Informationen werden dem Vorstand halbjährlich je Personalrisikobereich in einer Ampelsystematik aufgezeigt. Die Ergebnisse des Personalrisiko-Reports werden an die Risikoeinheit weitergeleitet und haben Einfluss auf die Risk Weighted Assets (RWA).

Ein **Anpassungsrisiko** aus Sicht der Commerzbank entsteht, wenn sich aufbau- und ablauforganisatorische Rahmenbedingungen (z.B. Umstrukturierungen, Veränderungen der Führungskultur, Qualifizierungsbedarfe) verändern, sich diese auf die Wirkungsbereiche der Mitarbeiter auswirken und damit eine erhöhte Veränderungsbereitschaft der Belegschaft erfordern.

Motivationsrisiken bei der Commerzbank sind die Folge, wenn demotivierende Faktoren nicht abgestellt und motivierende Faktoren in nicht ausreichendem Maße bei der Belegschaft wahrgenommen werden (z.B. Führung, Vergütung). Die Auswirkungen, wie z.B. zurückgehaltene Leistung der Mitarbeiter, können sich direkt auf die Arbeitsatmosphäre und Produktivität der Organisation auswirken.

Schlüsselrisiken am Beispiel der Commerzbank AG

---
[13] Vgl. Kobi, 2012.
[14] Vgl. Kobi, 2012.

Umsetzung & Praxis

Abb. 5: Personalrisiko-Report Commerzbank: Management Summary
(Werte beispielhaft)

Austrittsrisiken berücksichtigen die Auswirkungen ungewollter Austritte von Mitarbeitern (z. B. Arbeitnehmer-Kündigungen und altersbedingte Austritte), insbesondere bei Leistungsträgern in der Commerzbank.

Im **Engpassrisiko** werden bei der Commerzbank die Folgen einer nicht ausreichenden Personalausstattung (z. B. fehlende Nachwuchsplanung) sowie daraus folgender Konsequenzen (z. B. operative Engpässe, erhöhte Arbeitslast, geringere Produktivität, Krankheit) berücksichtigt.

Eine besondere Herausforderung bei der Konzeption und Erstellung des Reports ist die Ermittlung der Kennzahlen für die internationalen Standorte. Zum einen liegen diese nicht in vergleichbarer Form vor (z. B. Krankheit), zum anderen dürfen Daten aufgrund lokaler und gesetzlicher Rahmenbedingen nicht erhoben werden (z. B. Geburtsdatum in den USA).

In der Commerzbank wird daher für die internationalen Standorte eine geringere Anzahl von Kennzahlen verwendet. Diese wenigen Schlüsselindikatoren entsprechen denen des Inlandes.

2.3 IT-Unterstützung

Bei den operativen Personalsystemen ist der Trend zu erkennen, dass Unternehmen immer öfter von den klassischen eigenen Personalanwendungen in Cloud-Systeme wechseln. Auch bei den Auswertungs- und Business Intelligence (BI) Tools wird es zukünftig immer mehr Cloud-Lösungen geben. Der gewünschten Individualität von Auswertungen trägt auch Self-Service Business Intelligence Rechnung.

Cloud-Lösungen sind die Zukunft

Der Umgang mit neuen, oft Cloud-basierten HR- und Reporting-Tools, erfordert auch neue Wege zur Einbeziehung der Arbeitnehmergremien. In Cloud-Systemen erfolgen die Anpassungen schneller als bei den herkömmlichen Systemen. Aufgrund der Standardvorgaben in den Clouds sind die Unternehmen quasi gezwungen die Anpassungen einzuführen. Hier gilt es, mit dem Betriebsrat einen Weg zur Abstimmung zu finden. Eine Möglichkeit dies umzusetzen, ist die konkrete Einbindung in Einführungsprojekte und in die Durchführung der Release-Wechsel.

3 Wertbeitrag des Personalcontrollings wird noch nicht ausgeschöpft

Im Personalcontrolling liegt für viele Unternehmen noch ein erhebliches Potenzial, um die Personalorganisation und das -management wertschöpfender und zielgerichteter zu gestalten. Einfache Statistiken reichen nicht mehr aus, um die künftigen Probleme zu bewältigen. Allerdings gibt es auch positive Beispiele von Unternehmen, wie das der Commerzbank AG, die Personalcontrolling schon umfassend einsetzt, daraus einen großen Nutzen zieht und gut für die kommenden Themen der Personalarbeit und Personalorganisation gerüstet ist.

4 Literaturhinweise

Armutat, Gegenstand und Dimensionen des Personalcontrollings, in DGFP (Hrsg.), Personalcontrolling für die Praxis, 2013, S. 19–22.

Jäger/Wickel-Kirsch, Personalcontrolling 2015 – Ergebnisse einer Online-Befragung 2015, 2016a.

Jäger/Wickel-Kirsch, Tipps: so klappt Personalcontrolling, in Personalmagazin, 2016b, Heft 6/16, S. 41.

Jäger/Wickel-Kirsch, Studie Personalplanung 2017 – Status quo der praktischen Anwendung in Unternehmen aus Deutschland und Österreich (Ergebnisse einer Online-Befragung aus 2017), Haufe Akademie, 2017, https://www.haufe-akademie.de/downloadserver/Personalmanagement/Studie_Personalentwicklung_NEU.pdf, Abrufdatum 18.6.2018.

Kobi, Personalrisikomanagement: Strategien zur Steigerung des People Value, 3. Aufl. 2012.

Metz/Betzer, Entwicklungsstand und Verbreitungsgrad von Personalcontrolling. Langversion der Ergebnisse einer empirischen Erhebung, 1993.

Metz/Winnes/Knauth, Entwicklungsstand des Personal-Controlling. Ergebnisse bei 31 deutschen Unternehmen, in Personal, 1995, Heft 3, S. 132–138.

Niedermayr-Kruse/Waniczek/Wickel-Kirsch (Hrsg.), Prozessmodell Personalcontrolling, 2014.

o.V., Recruiting-KPIs. Auf diese Kennzahlen kommt es an, in Personalwirtschaft, 2017, Heft 4, S. 20–24.

Wickel-Kirsch, Grundlagen des Human-Resource-Controllings, in Klein (Hrsg.), Controlling-Instrumente für modernes Human Ressource Management, 2012, S. 23–42.

Wickel-Kirsch/Dehm, HR-Kennzahlen in KMU, https://www.controlling-wiki.com/de/index.php/HR-Controlling, Abrufdatum 18.6.2018.

Weller/Ebert/Müller, Ergebnisbericht Personal-Risiko-Index. Die Risiken erkennen, 2013.

Balanced Scorecard als ganzheitliches Kennzahlensystem in der Forschung und Entwicklung

- Forschung und Entwicklung (F&E) ist eine schöpferische Tätigkeit mit dem Ziel, Wissen zu nutzen und somit einen Beitrag zur Wettbewerbsfähigkeit zu liefern.
- Ein F&E-Kennzahlensystem bietet eine datenbasierte, analytische Grundlage zur Steuerung von F&E. Eine zentrale Anforderung ist dabei die Fokussierung auf beeinflussbare, strategie-/entscheidungsrelevanten Kennzahlen, sog. KPIs.
- Eine F&E-Balanced-Scorecard (F&E-BSC) berücksichtigt die kritischen Wertschöpfungsaktivitäten in vier Perspektiven: Finanzen, Kunden, Prozesse, Potenzial. Eine F&E-BSC unterstützt die Strategieumsetzung durch einen ganzheitlichen und ausgewogenen Ansatz. In dem Beitrag werden zu jeder Perspektive geeignete Kennzahlen mit Formeln und Bedeutung für die F&E-Steuerung vorgestellt.

Inhalt		Seite
1	F&E-Balanced-Scorecard als Steuerungsinstrument	147
1.1	Bedeutung von F&E im Unternehmen	147
1.2	Kernfragen an ein F&E-Kennzahlensystem	147
1.3	Key Performance Indicators und F&E-Entscheidungsebenen	148
1.4	F&E-Balanced-Scorecard als ganzheitliches Kennzahlensystem	150
1.5	Konzeptioneller Überblick über die Perspektiven einer F&E-BSC	150
2	Finanzperspektive	151
2.1	Messgröße: F&E-Quote	151
2.2	Messgröße Kostenabweichung	153
2.3	Messgröße: Discounted Cash Flow eines Business Case	153
3	Kundenperspektive	155
3.1	Messgröße: Kundennutzen im Vergleich	155
3.2	Messgröße: Anzahl umgesetzter Kundenanforderungen	156
4	Prozessperspektive	156
4.1	Messgröße: Termintreue	156
4.2	Messgröße: Fertigstellungsgrad	158

5	Potenzial- und Technologieperspektive	159
5.1	Messgröße: Erfindungs- /Patentquote (Plan-Ist-Vergleich)	159
5.2	Messgröße: Technologisch-ökonomische Fähigkeit	160
5.3	Messgröße: Technologie-Roadmap zur Visualisierung von technologischen und zeitlichen Zusammenhängen	160
6	Fazit und Ausblick	161
7	Literaturhinweise	161

■ **Der Autor**

Oliver Hirschfelder, Vice President New Business bei der Siemens AG, Power and Gas Division, in den Bereichen Strategie, Business Development und F&E-Controlling tätig. Sein Aufgabengebiet umfasst die Identifizierung und Bewertung neuer Geschäftsfelder in Kombination mit der Bewertung und Implementierung von Geschäftsmodellen.

1 F&E-Balanced-Scorecard als Steuerungsinstrument

1.1 Bedeutung von F&E im Unternehmen

Investitionen in Forschung und Entwicklung (F&E) sind wichtige Bausteine im Unternehmen, die sich im Wesentlichen durch 2 Aspekte kennzeichnen: Erstens dient F&E der Erhaltung und dem Ausbau der Wettbewerbsfähigkeit der am Markt befindlichen Produkte. Zweitens umfassen die F&E-Aufwendungen auch Investitionen in die Zukunftsforschung neuer Produkte und ermöglichen dadurch eine Portfolioerweiterung.

F&E leistet Beitrag zur Wettbewerbsfähigkeit

F&E leistet demnach einen Beitrag für eine nachhaltige Wettbewerbsfähigkeit. Um diese zu gewährleisten, sollte eine aktive Gestaltung durch ein F&E-Portfoliomanagement untermauert durch ein Kennzahlensystem erfolgen.

1.2 Kernfragen an ein F&E-Kennzahlensystem

F&E wird als schöpferische Tätigkeit definiert, die auf systematische Weise und mit wissenschaftlichen Methoden durchgeführt wird. Ziele von F&E sind, Wissen zu mehren sowie neue Anwendungen für Wissen zu erarbeiten.[1]

Schöpferische Tätigkeit für neue Anwendungen

Aus Unternehmenssicht ist dabei die Monetarisierung der F&E durch den Verkauf von Produkten maßgeblich.[2] Hierbei ist die Zeitspanne zwischen F&E-Investition und Mittelrückfluss durch die Produkteinführung zu berücksichtigen. Diese Zeitspanne kann je nach Branche zehn Jahre überschreiten. Darin können inhärente Risiken (z.B. Produktänderungen, F&E-Kostensteigerungen, Marktpreisverfall) liegen, die in einem F&E-Portfoliomanagement berücksichtigt und in einem Kennzahlensystem eingebunden werden sollten.

Um F&E zielführend im Unternehmen einzusetzen, werden im Folgenden drei Kernfragen betrachtet:

- Welche Entscheidungsebenen beeinflussen ein Kennzahlensystem?
- Wie wird ein Bezug zwischen Strategie und Kennzahlen hergestellt?
- Wie kann eine F&E-Balanced Scorecard (F&E-BSC) entwickelt werden?

---

[1] Vgl. OECD Frascati Manual, 2015.
[2] Produkte umfasst in diesem Sinne auch Lösungen, Dienstleistungen und Services.

Umsetzung & Praxis

1.3 Key Performance Indicators und F&E-Entscheidungsebenen

Datenbasiert, beeinflussbar und entscheidungsrelevant

Ein F&E-Kennzahlensystem bietet eine datenbasierte, analytische Grundlage für die Entscheidungsfindung und Steuerung von F&E-Projekten im Rahmen eines F&E-Controllings bzw. F&E-Portfoliomanagements. Wesentliches Ziel eines F&E-Kennzahlensystems ist die Fokussierung auf die beinflussbaren, strategie- und folglich entscheidungsrelevanten Kenngrößen (s. Abb. 1).

Abb. 1: KPI-Matrix

Wesentliche Charakteristika von KPIs:

- KPIs bilden eine Verbindung zwischen Strategie und Ergebnis. Sie sind somit relevant für die F&E-Effektivität.
- KPIs sollten transparent, nachvollziehbar definiert und fortlaufend generierbar sein sowie das Kosten-Nutzen-Verhältnis zur Erhebung berücksichtigen.

- KPIs sollten messbar, die Abweichungen zwischen Plan und Ist darstellbar und darauf basierend Veränderungsmaßnahmen definierbar sein. Sie sind relevant für die F&E-Effizienz.

KPIs sollten ein Steuerungsinstrument sein, d.h. sie sollten zukünftige Entscheidungen unterstützen. Daher sollten Wirkungszusammenhänge sowie ein ausgewogenes Verhältnis zwischen Früh- und Spätwarnindikatoren entwickelt werden.

Bei dem Aufbau eines F&E-Kennzahlensystems sollte berücksichtigt werden, dass die Entscheidungsunterstützung und Steuerung im Vordergrund steht. Dies kann auf verschiedenen Ebenen erfolgen.

F&E-Steuerung auf verschiedenen Ebenen

- Portfoliomanagement
- Multiprojektmanagement
- Einzelprojektmanagement

Je nach Ebene ist die Entscheidung und Steuerung entweder eher strategisch oder operativ ausgerichtet.

Das **Portfoliomanagement** priorisiert F&E-Vorhaben entsprechend dem jeweiligen Geschäftswertbeitrag, befasst sich mit der Verteilung der Ressourcen (z.B. Geld, Mitarbeiter) auf die Projekte und stellt sicher, dass alle Ressourcen auf die F&E-Strategie ausgerichtet sind. Es hat somit eine eher strategische und langfristige Orientierung und sollte sich aus einer übergeordneten Unternehmensstrategie ableiten lassen.

KPIs sollten kaskadierbar sein

Die KPIs sind demnach so zu wählen, dass sie kaskadierbar sind, d.h. idealerweise können sie von der Portfolioebene bis auf Einzelprojektebene heruntergebrochen werden.

Das **Multiprojektmanagement** bündelt ähnliche Einzelprojekte wie z.B. für Technologievorhaben und Produktplattformen. Bezogen auf einen eher enger definierten (Verantwortungs-)Umfang sind Portfolioelemente enthalten. Es weist aber auch operative Projektmanagementelemente auf, z.B. finanzielle Plan-Ist-Abweichungen, Termintreue oder Reifegrad der Projekte.

Multiprojektmanagement bündelt Einzelprojekte

Das **Einzelprojektmanagement** erfolgt für ein F&E-Projekt, das zeitlich, inhaltlich und aus Ressourcensicht (Geld, Mitarbeiter) fest am Projektanfang definiert ist.[3] Die Steuerung ist operativ und projektspezifisch.

Einzelprojektmanagement erfolgt für ein definiertes F&E-Projekt

Folglich sind die Kennzahlen projektbezogen, dienen der Projektleitung zur Steuerung und Fortschrittskontrolle und können im Idealfall auf Multiprojektebene aggregiert werden. Die wichtigsten Projektsteuerungsgrößen sind Kosten, Zeit, Qualität und Ressourcen.

---

[3] Vgl. Burghardt, 2000, S. 14.

1.4 F&E-Balanced-Scorecard als ganzheitliches Kennzahlensystem

Finanzkennzahlen sind meist Spätindikatoren

Ausgangspunkt für die Entwicklung einer Balanced Scorecard (BSC) nach Kaplan/Norton war, dass traditionelle Steuerungssysteme vorwiegend auf Finanzkennzahlen beruhen und überwiegend retrospektiv vorgehen. In der F&E ist dies z. B. an der F&E-Quote, Kostenanalysen, Plan-Ist-Analysen, Funktionsbereichskostenanalyse oder auch an der Patenterteilungsrate ersichtlich.

Die alleinige Steuerung auf Basis von Spätindikatoren und finanziellen Kennzahlen ist unzureichend, da sie einer dynamischen Umwelt mit starkem Wettbewerbsdruck und kürzeren Amortisationszyklen nicht gerecht wird.[4]

Balanced Scorecard ist ein strategieumsetzendes Instrument

Eine F&E-BSC erfasst die kritischen Wertschöpfungsaktivitäten in vier Perspektiven: Finanzen, Kunden, Prozess und Potenzial. Dadurch dass Ziele, Maßnahmen und strategische Aktionen jeweils einer konkreten Perspektive zugeordnet werden, kann ein umfassendes Denken und Steuern erreicht werden. Durch das Verknüpfen von Perspektiven können wesentliche Kausalzusammenhänge hinsichtlich der Strategieumsetzung erkannt werden.[5] Die BSC ist kein strategieformulierendes, sondern ein strategieumsetzendes Instrument.

1.5 Konzeptioneller Überblick über die Perspektiven einer F&E-BSC

Finanzperspektive betrachtet Ergebnisverbesserung

In der **Finanzperspektive** werden Finanzkennzahlen zusammengefasst, die aufzeigen sollen, „ob die Unternehmensstrategie, ihre Umsetzung und Durchführung (...) eine grundsätzliche Ergebnisverbesserung bewirken".[6] Insbesondere bei einer F&E-BSC ist es wichtig, eine Ergebnisveränderung zu messen, um daraus Entscheidungen für weitere Investitionsmaßnahmen treffen zu können.

Kundenperspektive berücksichtigt Kundennutzen

In der **Kundenperspektive** wird die zentrale Fragestellung innerhalb der F&E-Gemeinschaft nach dem Kundennutzen gestellt. Die vom Kunden wahrgenommene Leistung entscheidet über die Nachfrage, nicht der Wert, den der Anbieter seinem Produkt beimisst.[7] Kunden i. S. einer F&E-BSC sind die externen Kunden, für die die Entwicklungsarbeiten geleistet werden. Die Kundenanforderungen werden im Lastenheft spezifiziert.

---

[4] Vgl. Müller, 2002, S. 57.
[5] Vgl. Horváth & Partners, 2007, S. 3.
[6] Kaplan/Norton, 1997, S. 24.
[7] Vgl. Hungenberg, 2001, S. 182.

Die **Prozessperspektive** ist eng mit der Finanz- und Kundenperspektive verknüpft, da sie diejenigen Prozesse identifiziert, die großen Einfluss auf die Kundenzufriedenheit und die Wirtschaftlichkeit haben. Da F&E meist stark abhängig von den vorhandenen Mitarbeitern ist, sind auch diese ein wichtiger Hebel für den Erfolg.

Prozesse wirken sich auf Kunden und Finanzen aus

Die **Potenzialperspektive** ist eher zukunftsorientiert und schafft die notwendige Infrastruktur für die anderen Perspektiven. In einer F&E-BSC kann ein Fokus auf der Technologieentwicklung liegen, da Technologien produktunabhängige Entwicklungen sind, die das Produktpotenzial heben können.

Potenzial-/Technologieperspektive schafft Infrastruktur

F&E-Investitionen in Technologien wirken sich meist langfristig auf den Produkt- und Unternehmenserfolg aus. Unterlassene Investitionen in diesem Bereich verbessern kurzfristig die Finanzkennzahlen, können jedoch langfristig den Unternehmenserfolg gefährden.

Die ganzheitliche Struktur der F&E-BSC wird durch das Zusammenführen und Visualisieren von Kausalzusammenhängen zwischen den einzelnen Kennzahlen und Perspektiven offensichtlich. Die erarbeiteten strategischen Ziele der Perspektiven stehen nicht losgelöst voneinander, sondern werden durch die Entwicklung von Ursache-Wirkungs-Beziehungen miteinander verbunden.[8]

Zusammenhänge zwischen Perspektiven aufzeigen

Im Folgenden werden exemplarisch mögliche Kennzahlen für die 4 Perspektiven im Detail vorgestellt.

2 Finanzperspektive

2.1 Messgröße: F&E-Quote

Die F&E-Quote ist das Verhältnis aller F&E-Aufwendungen zum Umsatz. Die F&E-Quote kann für ein Produkt, eine Produktgruppe, eine Business Unit oder auch für Unternehmen insgesamt angewendet werden.

F&E-Quote = (F&E-Aufwand)/Umsatz

Häufig wird die F&E-Quote als Indikator für die Innovationskraft und als Vergleichswert herangezogen. Dabei ist zu beachten, dass die F&E-Quote von folgenden Parametern abhängen kann: Unternehmensgröße, Unternehmensstruktur, Branche bzw. Industrie und Produktlebenszyklus der Produkte.

Nur im Industrievergleich sinnvoll anwendbar

---

[8] Vgl. Müller, 2002, S. 71–72.

Umsetzung & Praxis

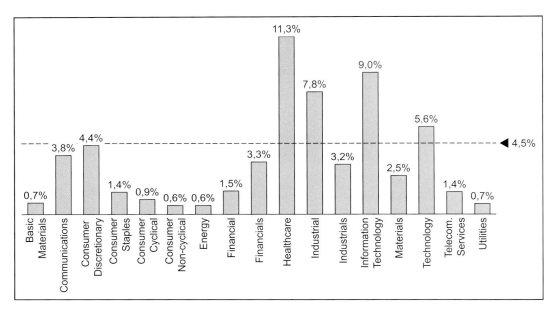

Abb. 2: F&E-Quote der 1.000 größten börsennotierten Unternehmen weltweit nach Industrie[9]

Abb. 2 zeigt eine große Bandbreite von 0,6 % bis 11,3 %. Die F&E-Quote kann daher industrieabhängig als Orientierungswert herangezogen werden. Bei einem Benchmarking sollte ein „apple-to-apple-mix", also ein Vergleich von ähnlichen Geschäften, vorgenommen werden. Dies ist je nach Detaillierungsgrad auf Basis externer Berichterstattung meist nur mit Annahmen möglich.

Bei der Kennzahl liegt die Annahme zugrunde, dass hohe Ausgaben auch zu einer größeren Innovationsfähigkeit führen. Jedoch ist zu bedenken, dass die F&E-Quote keine Aussage über die Effektivität und Effizienz der eingesetzten Mittel trifft.

Weitere Auseinandersetzungen mit dieser Kennzahl könnten wie folgt sein:

- Erstens könnte die These untersucht werden, ob das unterlegte Geschäftsmodell als Differenzierungsfaktor aussagefähiger ist als die Industriezugehörigkeit.
- Zweitens liegt die These nahe, dass die F&E-Quote nicht stetig linear verläuft. Es könnte sich eine Linearität zwischen einem Minimum und einem Maximum ergeben. Somit wäre die Vergleichbarkeit nur innerhalb der Extrema möglich und im Unternehmensvergleich eher nicht anwendbar.

---

[9] Vgl. Strategy&, 2017.

2.2 Messgröße Kostenabweichung

Die F&E-Kostenabweichung (= Verhältnis Plan- zu Ist-Kosten) kann entweder für eine Periode (K_Δ) oder für die komplette Entwicklungszeit ($K_{\Delta n}$) ermittelt werden.

$$K_\Delta = \frac{K_{vIst}}{K_{Plan}} \qquad K_{\Delta n} = \frac{\sum_{t=0}^{n} K_{vIst}}{\sum_{t=0}^{n} K_{Plan}}$$

K_{vIst} = voraussichtliche Ist-Kosten

K_{Plan} = Plan-Kosten bzw. Budget

n = Anzahl der Perioden

Die Anwendung dieser Kennzahl erfolgt meist auf F&E-Projektebene, kann aber auch aggregiert auf Produktgruppen, Business Units oder das komplette Portfolio angewendet werden.

Hilfreich zur Steuerung ist das Verständnis über die Ursachen von Plan-Ist-Abweichungen, um darauf Maßnahmen erarbeiten zu können. Hierbei können Informationen aus ähnlichen Projekten oder eine Betrachtung der Kostenverläufe über die Zeit hilfreich sein.

Ursachen analysieren

2.3 Messgröße: Discounted Cash Flow eines Business Case

Die Discounted Cash Flow (DCF) Methode ermittelt den Barwert (NPV = Net Present Value) einer Investition durch Diskontierung der Free Cash Flows.

Barwert einer Investition

$$NPV = \sum_{t=0}^{n} (E_t - A_t) \cdot (1+i)^{-t}$$

E_t = Einzahlungen in Periode t

A_t = Auszahlungen in Periode t

t = Betrachtungs-/Lebensdauer für das Produkt (in Perioden)

i = Kalkulationszins, WACC[10]

Für die Beurteilung der Wirtschaftlichkeit sollte eine dynamische Investitionsrechnung ausgewählt werden. Diese bildet alle aus- und einzahlungsrelevanten Zahlungsflüsse unabhängig der Kostenart auf Basis des Erlös-

---

[10] WACC: Weighted Average Cost of Capital.

Umsetzung & Praxis

trägers (verkaufbare Einheit) über den Zeitverlauf des Projekts ab. Dazu müssen ggf. F&E-Ausgaben für Technologieentwicklungen zugeordnet und Produktentwicklungen kumuliert betrachtet werden.

Eine Investition ist nach der DCF-Methode dann wirtschaftlich vorteilhaft, wenn die Summe der Barwerte (Kapitalwert) positiv ist. Ist der Kapitalwert genau Null, dann spricht man von dem „break even" oder der Amortisationsdauer.

Schwierigkeiten bei Prognosegenauigkeit und Vielzahl der Eingabevariablen

Die größte Schwierigkeit bei der DCF-Methode liegt in der Prognosegenauigkeit der zugrunde gelegten Werteströme und in der Vielzahl der Eingabevariablen. Die Prognosegenauigkeit nimmt über den Planungszeitraum zunehmend ab, d.h. kurzfristige Werteflüsse sind leichter abschätzbar als langfristige. In der Praxis zeigt sich dies, dass z.B. langfristige Marktpotenziale überschätzt und Produktrisiken unterschätzt werden. Die Auswirkung auf die Barwerte ist zwar gegeben, aber meist nicht maßgeblich, weil kurzfristige Wertströme bei der Abzinsung mehr gewichtet werden als langfristige.

Die Vielzahl der Eingabegrößen stellt neben dem zeitlichen Aufwand der Erhebung auch ein latentes Risiko bei dem DCF-Wert dar. Die Gesamtwahrscheinlichkeit des Business Cases sinkt, je mehr voneinander unabhängige Variablen in die Berechnung aufgenommen werden (s. Abb. 3).

Wahrscheinlichkeit \ Parameter	2	4	6	8	10
50,0%	25,0%	6,3%	1,6%	0,4%	0,1%
60,0%	36,0%	13,0%	4,7%	1,7%	0,6%
70,0%	49,0%	24,0%	11,8%	5,8%	2,8%
80,0%	64,0%	41,0%	26,2%	16,8%	10,7%
82,5%	68,1%	46,3%	31,5%	21,5%	14,6%
85,0%	72,3%	52,2%	37,7%	27,2%	19,7%
87,5%	76,6%	58,6%	44,9%	34,4%	26,3%
90,0%	81,0%	65,6%	53,1%	43,0%	34,9%
92,5%	85,6%	73,2%	62,6%	53,6%	45,9%
95,0%	90,3%	81,5%	73,5%	66,3%	59,9%
97,5%	95,1%	90,4%	85,9%	81,7%	77,6%
99,5%	99,0%	98,0%	97,0%	96,1%	95,1%

Abb. 3: Gesamtwahrscheinlichkeit in Abhängigkeit der Eingabeparameter

Um eine Entscheidung mit dem Business Case begründen zu können, ist neben dem Kapitalwert und der Amortisationsdauer insbesondere eine

Sensitivitätsanalyse hilfreich. Damit können die wesentlichen Treiber und Zusammenhänge bei der Berechnung identifiziert werden. In einem weiteren Schritt können die wichtigen von den unwichtigen Eingabevariablen unterschieden werden. Dies beschleunigt die Erstellung des Business Cases und fokussiert auf die Prognosetätigkeit.

Sensitivitätsanalyse unterstützt Entscheidungen

3 Kundenperspektive

3.1 Messgröße: Kundennutzen im Vergleich

Der Kundennutzen kann allgemein als Nutzenänderung (N_Δ) von dem zukünftigen Nutzen der Neuentwicklung (N_{Plan}) zu dem Nutzen einer heutigen, verfügbaren Alternative (N_A) definiert werden.

$$N_\Delta = \frac{N_{Plan}}{N_A}$$

Der Nutzen N kann monetär ausgedrückt werden, in dem aus Kundensicht ein Business Case berechnet wird. Somit ist N_Δ dann das Verhältnis zwischen den Barwerten der Neuentwicklung (NPV_{Plan}) und der Alternative (NPV_A).

$$N_\Delta = \frac{NPV_{Plan}}{NPV_A}$$

Ist der Quotient >1, dann ist die Entwicklung für den Kunden vorteilhaft.

Die Herausforderung bei der Verwendung des Kundennutzens ist die Bewertung aus Kundensicht. Diese kann je nach Kundengruppe oder auch regional stark abweichen.

Im Energiebereich werden häufig die Stromgestehungskosten (LCOE = Levelized Cost of Electricity) in EURct/kWh als Indikator für den Kundennutzen herangezogen.

$$LCOE = \frac{\sum_{t=1}^{n}(I_t + C_t + OM_t + +F_t + D_t) \cdot (1+i)^{-t}}{\sum_{t=1}^{n}(E_t) \cdot (1+i)^{-t}}$$

I = Investment, CAPEX

C = Abschreibung

OM = Betrieb und Service

F = Brennstoff

D = Rückbau

E = Elektrizität (in kWh)

i = Abzinsungsfaktor

3.2 Messgröße: Anzahl umgesetzter Kundenanforderungen

Indikator für Verkaufbarkeit des Produkts

Die Anzahl der umgesetzten Kundenanforderungen (A_Δ) aus dem Lastenheft kann als Maßstab für die Verkaufbarkeit und die Kundenzufriedenheit herangezogen werden. Diese Kennzahl zeigt das Verhältnis der umgesetzten Kundenanforderungen in Bezug auf die gesamten Kundenanforderungen.

$$A_\Delta = \frac{\text{umgesetzte Kundenanforderungen}}{\text{gesamte Kundenanforderungen}}$$

Diese Kennzahl kann in 2 Dimensionen modifiziert werden:

- Erstens kann ein Gewichtungsfaktor pro Kundenanforderung eingeführt werden, um so die wichtigen Kundenanforderungen höher bewerten zu können.
- Zweitens kann als Bezugsgröße nicht das Lastenheft, sondern die letzte Änderungsmeldung herangezogen werden. In diesem Fall werden geänderte Kundenanforderungen im Zeitverlauf insbesondere bei langen Entwicklungszyklen berücksichtigt.

4 Prozessperspektive

4.1 Messgröße: Termintreue

Die Termintreue des Projekts errechnet sich aus dem arithmetischen Durchschnittswert der terminlichen Plantreue-Quotienten aller Teilprojekte.

$$TT_{ges} = \frac{\sum TT_{TP}}{n_{TP}} \quad \text{mit: } TT_{TP} = \frac{T_{Plan} - T_\Delta}{T_{Plan}} \cdot 100$$

$$T_\Delta = T_{vIst} - T_{Plan}$$

TT_{ges} = Termintreue Gesamtprojekt

TT_{TP} = Termintreue Teilprojekt

T_{Plan} = geplante Dauer

T_Δ = Terminverzug

T_{vIst} = voraussichtliche Dauer

n_{TP} = Anzahl der Teilprojekte

Die Termintreue nimmt bei Terminunterschreitungen einen Wert >100 % an, d.h. wenn die voraussichtlichen (Rest-)Dauern durchschnittlich kleiner sind als die geplanten Dauern. Bei Terminüberschreitungen beträgt der Wert <100 %.

Die Termintreue kann irreführend sein, wenn sie eine rein statische Verwendung findet und wenn eine Gleichbehandlung aller Teilprojekte erfolgt. In der Entwicklung können meist erfolgskritische Teilprojekte bestimmt werden. Insbesondere für diese ist eine ergänzende Plan-Ist-Abweichung empfehlenswert.

<small>Fokus auf erfolgskritische Teilprojekte</small>

Ergänzend zur Kennzahl sind grafische Aufbereitungen, insbesondere Meilenstein-Trendanalysen, für wichtige Teilprojekte hilfreich. Analog gilt dies bei der Aggregation auf Multiprojekt- und Portfolioebene.

Die Bedeutung der Termintreue wird häufig unterschätzt. Sie ist ein wichtiges Signal für das sog. „time-to-market". Das Einführungsdatum wird basierend auf Markt- und Wettbewerbsanalysen oder durch den Kunden definiert. Jede Verzögerung kann bspw. zu folgenden Auswirkungen führen:

<small>Verzögerungskosten als Folge von Terminüberschreitungen</small>

- Das Marktpotenzial kann nicht mehr vollständig gehoben werden, da Wettbewerbsprodukte schneller am Markt platziert sind.
- Die Kundenanforderungen ändern sich, das zu entwickelnde Produkt wird diesen nicht mehr gerecht.
- Die Kosten für die Entwicklung steigen, da i.d.R. mehr Zeit benötigt wird.

Als Folge davon treten Verzögerungskosten (cost of delay) auf, die meist nicht im Unternehmen quantifiziert werden. Laut Reinertsen haben ca. 85 % der Unternehmen diesen Effekt nicht quantifiziert.[11]

---

[11] Vgl. Reinertsen, 2009, S. 31.

Umsetzung & Praxis

4.2 Messgröße: Fertigstellungsgrad

Der Fertigstellungsgrad (*FG*) ist das Verhältnis der fertigen (A_{fertig}) zu den gesamten Arbeitspaketen (A_{ges}). Die Kennzahl zeigt den Stand der Bearbeitung des Projekts.

$$FG = \frac{A_{fertig}}{A_{ges}}$$

Was ist ein fertiges Arbeitspaket? Eine Herausforderung beim Bestimmen des Fertigungsgrades liegt in der Definition eines fertigen Arbeitspakets, d.h. einer transparenten Logik, wann ein Arbeitspaket abgeschlossen ist. Dies ist v.a. bei einer agilen Produktentwicklung durch „DoD" (definition of done) ausgedrückt.

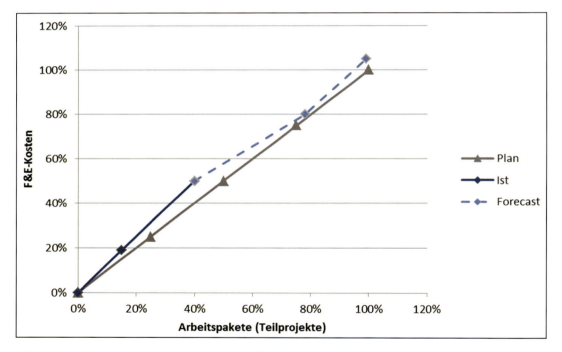

Abb. 4: Beispiel einer fertigungsgradorientierten Kostenkontrolle

In der Praxis wird der Fertigstellungsgrad meist zu hoch eingeschätzt. Mögliche Gründe dafür sind, dass

- der Aufwand für die noch zu erbringende Leistung unterschätzt bzw. für die erbrachte Leistung überschätzt wird,

- zukünftige Schwierigkeiten nicht erkannt oder verharmlost oder
- bereits eingetretene Planüberschreitungen verdrängt

werden.[12]

Ergänzend zu dieser Kennzahl kann eine fertigungsgradorientierte Kostenkontrolle grafisch dargestellt werden. Hierbei werden der Fertigungsgrad auf der x-Achse und die F&E-Kosten auf der y-Achse pro Periode (z. B. Quartal) aufgetragen.

5 Potenzial- und Technologieperspektive

5.1 Messgröße: Erfindungs- /Patentquote (Plan-Ist-Vergleich)

Die Erfindungs- (E_Δ) bzw. Patentquote (P_Δ) gibt das Verhältnis zwischen den voraussichtlich Erfindungsmeldungen (E_{vIst}) bzw. Patenten (P_{vIst}) zu dem entsprechenden Plan-Wert (E_{Plan} bzw. P_{Plan}) an.

$$E_\Delta = \frac{E_{vIst}}{E_{Plan}} \qquad P_\Delta = \frac{P_{vIst}}{P_{Plan}}$$

Der Planwert wird meist als Erfindungsmeldung bzw. Patent pro F&E-Ausgabe ausgedrückt, z. B. 2 Patente pro 10 Mio. EUR F&E-Aufwendungen.

Die Anzahl der Erfindungs- und Patentmeldungen sind Indikatoren für den Output von F&E-Prozessen und werden im Unternehmensvergleich häufig für die Beurteilung der technologischen Leistungsfähigkeit verwendet. Dabei ist zu beachten, dass die Verwendung der Kennzahl z. B. stark von der Patentstrategie des Unternehmens, von der Unternehmensgröße und von dem Bestehen des Unternehmens abhängig ist. *Patentanmeldungen zeigen Innovationskraft*

Aus den Patentanmeldungen ist nicht ersichtlich, inwieweit das Unternehmen die Patente wirtschaftlich verwertet und welchen Nutzen das Patent für das Unternehmen bietet. Um diese Information für das Unternehmen zu nutzen, werden Erfindungsmeldung und Patente innerbetrieblich durch ein strategisches Patentkomitee entsprechend eines Scoring-Systems klassifiziert. *...aber nicht die wirtschaftliche Verwertung*

---

[12] Vgl. Burghardt, 2000. S. 365.

5.2 Messgröße: Technologisch-ökonomische Fähigkeit

Die technologisch-ökonomische Fähigkeit (*TEP*, technical economic potential) stellt das technische Weiterentwicklungspotenzial (P_{tech}) in das Verhältnis zu der zukünftigen wirtschaftlichen Bedeutung bzw. dem Nutzen (P_{wirt}).

$$TEP = \frac{P_{tech}}{P_{wirt}}$$

Das technische Weiterentwicklungspotenzial kann sich aus einer Technologie-Lebenszykluskurve ableiten. Ein hohes Potenzial liegt am Anfang der S-Kurve, in der Such- und Durchbruchphase, ein niedriges in der Reifephase am Ende der S-Kurve.[13]

Die wirtschaftliche Bedeutung bzw. der wirtschaftliche Nutzen lässt sich meist nicht isoliert für eine Technologie darstellen, weil Technologien in mehrere Produkte einfließen bzw. Produkte auf verschiedenen Technologien aufgebaut sein können.

Falls eine Quantifizierung für die beiden Parameter aufwendig oder unmöglich sein sollte, kann auch ein Scoring-System auf Basis von Experteneinschätzungen verwendet werden.

5.3 Messgröße: Technologie-Roadmap zur Visualisierung von technologischen und zeitlichen Zusammenhängen

Ergänzend zu dieser Kennzahl ist eine Technologie-Roadmap, d.h. eine Visualisierung der Abhängigkeiten der Technologien sowie eine zeitliche Darstellung, wann die Technologien in welche Produkte einfließen, als Entscheidungsinstrument hilfreich.

Es kann dann von einer Schlüsseltechnologie gesprochen werden, je mehr andere Technologien auf dieser aufbauen (technologisches Weiterentwicklungspotenzial) und je mehr Produkte diese Technologie nutzen (wirtschaftliche Bedeutung). Somit kann auch eine Technologie-Roadmap unterstützend für eine Bewertung der beiden Dimensionen der Kennzahl sein.

---

[13] Vgl. Burghardt, 2000, S. 32 und 35.

6 Fazit und Ausblick

Der Kernpunkt eines F&E-Kennzahlensystems ist die Steuerung von F&E-Aktivitäten auf verschiedenen Entscheidungsebenen vom Einzelprojekt, zum Multiprojekt- bis zum Portfoliomanagement.

Folglich ergibt sich eine Fokussierung auf beeinflussbare und strategie-/entscheidungsrelevante Kennzahlen. Eine reine Betrachtung finanzieller Kennzahlen ist aus Steuerungsgesichtspunkten unzureichend, da in der F&E das „magische Dreieck" von Kosten, Zeit und Qualität die F&E-Tätigkeiten bestimmt. Es gilt die drei Faktoren gleichzeitig einzubinden.

Der ganzheitliche und ausgewogene Ansatz kann in einer F&E-BSC Berücksichtigung finden. Eine F&E-BSC ist ganzheitlich, weil sie strategieunterstützend vier Perspektiven als entscheidungsrelevante Dimensionen aufnimmt. Sie ist ausgewogen, weil die Kennzahlen im Idealfall Früh- und Spätindikatoren berücksichtigen, sich die F&E-BSC auf wenige Kennzahlen pro Perspektive fokussiert und weil alle Perspektiven gleichberechtigt behandelt werden.

Eine F&E-BSC kann von der strategieformulierenden Portfolioebene in Sub-Scorecards z. B. auf eine Multiprojektebene kaskadiert werden.

Eine F&E-BSC und ein F&E-Kennzahlensystem haben sich auch an geänderten Rahmenbedingungen in der F&E anzupassen, um weiterhin als Steuerungsinstrument relevant zu sein.

Darüber hinaus kann die Frage erörtert werden, wie sich ein F&E-Kennzahlensystem und eine F&E-BSC bei Anwendung agiler Produktentwicklungsprozesse im Vergleich zum Stage-Gate-Prozess ändert.

Ein weiteres Untersuchungsfeld liegt in der Definition von Frühwarnindikatoren und einer Risikobetrachtung. Da ein Zeiteffekt zwischen F&E-Investition und Zahlungsrückfluss über den Produktverkauf besteht ist insbesondere das Risiko von Fehlentwicklungen frühzeitig zu erkennen und zu quantifizieren.

7 Literaturhinweise

Burghardt, Projektmanagement, Leitfaden für die Planung, Überwachung und Steuerung von Entwicklungsprojekten, 5. überarb. und erw. Aufl. 2000.

Friedag/Schmidt, Balanced Scorecard – einfach konsequent, 2014.

Horváth & Partners (Hrsg.), Balanced Scorecard umsetzen, 4. Aufl. eBook, 2007.

Hungenberg, Strategisches Management im Unternehmen. 2. Aufl., 2001.

Kaplan/Norton, Balanced Scorecard: Strategien erfolgreich umsetzen, 1997.

Müller, Vom Human Resource Management zu einer Human Capital orientierten Balanced Scorecard

OECD, Frascati Manual 2015: Guidelines for Collecting and Reporting Data on Research and Experimental Development,

Reinertsen, The Principles of Product Development Flow: Second Generation Lean Product Development, 2009.

Strategy&, The 2017 Global Innovation 1000 study, https://www.strategyand.pwc.com/innovation1000, 2016.

Best Practice im Logistikcontrolling: Die wichtigsten Kennzahlen im Einsatz bei einem Versanddienstleister

- Das Logistikcontrolling soll folgende Funktionen erfüllen: Transparenzschaffung, Informationsversorgung und Unterstützung von Führungskräften.
- Die beliebtesten Kennzahlen im Logistikcontrolling sind der Lieferbereitschaftsgrad und die Gesamtumschlagshäufigkeit.
- Der Einsatz entsprechender Software kann die Ermittlung geeigneter Kennzahlen maßgeblich unterstützen. Der Controller kann damit Reports erstellen und interpretieren, um die Führungskräfte bei Entscheidungen zu Verbesserungsmaßnahmen zu unterstützen.
- Das in dem Artikel vorgestellte Beispielunternehmen konnte drei wichtige Effekte aus den Ergebnissen des Logistikcontrollings nutzen und so die Kundenzufriedenheit nachhaltig erhöhen.

Inhalt		Seite
1	Relevanz des Logistikcontrollings in der heutigen Zeit	165
1.1	Ziele und Funktionen des Logistikcontrollings	165
1.2	Beliebte Kennzahlen des Logistikcontrollngs	165
1.3	Kennzahlen der Materialwirtschaft schaffen ebenfalls einen Mehrwert	167
2	Logistikcontrolling bei der Bremer Versandwerk GmbH	168
2.1	Das Unternehmen	168
2.2	Der Dienstleister für die Logistiksoftware	169
2.3	Typischer operativer Prozessablauf der Bremer Versandwerk GmbH	169
2.4	Einsatz von Kennzahlen des Logistikcontrollings bei BVW	170
2.5	Software-unterstütztes Logistikcontrolling bei BVW	171
3	Fazit	173
4	Literaturhinweise	174

Die Autoren

Alexander Schlüter, Wissenschaftlicher Mitarbeiter und Doktorand im Forschungsbereich Controlling und Innovation am Strascheg Institute for Innovation, Transformation and Entrepreneurship (SITE) der EBS Universität für Wirtschaft und Recht in Oestrich-Winkel.

Dipl.-Ing. Rolf Schlüter, Softwareentwickler und Geschäftsführer der S2 GmbH mit Sitz in Herdecke.

Dipl.-Oec. Oliver Frank, Prokurist und Vertriebsleiter der Bremer Versandwerk GmbH mit Sitz in Bremen.

1 Relevanz des Logistikcontrollings in der heutigen Zeit

1.1 Ziele und Funktionen des Logistikcontrollings

Nicht zuletzt durch die Digitalisierung sind heutzutage auch in der Logistik Real-Time-Daten verfügbar, etwa hinsichtlich Prozesssteuerung, Abfertigungsraten, Lagerverfügbarkeit, Planungsprozessen usw. Der Controllingschwerpunkt innerhalb der Logistik bezieht sich insbesondere auf Kostenminimierung und Effizienz- bzw. Effektivitätssteigerung. Verfügbare Lagerkapazitäten sollen immer möglichst optimal genutzt werden – verschenkte Lagerfläche ist letztlich auch verschenkter Umsatz.

Kostenminimierung, Effizienz- und Effektivitätssteigerung

In der Theorie haben sich 3 übergeordnete Ansätze durchgesetzt, die die Aufgabe des Logistikcontrollings näher beschreiben wollen.

1. Die Funktion der **Transparenzschaffung** bezieht sich v.a. auf eine zielgerichtete und effiziente Kosten- und Leistungssteuerung.
2. Die **Informationsversorgungsfunktion** soll Führungskräften die Koordination von (Teil-)Systemen ermöglichen.
3. Der dritte Ansatz fasst das Logistikcontrolling als eine Form der Führung, innerhalb derer das Hauptaugenmerk auf die Einhaltung von Unternehmenszielen aus dem Blickwinkel untergeordneter logistischer Ziele gelegt wird.[1]

Aus der Sicht eines produzierenden Unternehmens ist das übergeordnete Ziel des Logistikcontrollings die möglichst effiziente Bereitstellung von Materialien, Zwischen- und Fertigprodukten. Das bedeutet, dass die geforderten Güter in der richtigen Menge und Qualität zum richtigen Zeitpunkt am richtigen Ort bereitstehen müssen.[2]

1.2 Beliebte Kennzahlen des Logistikcontrollings

Im Folgenden werden nun die gängigsten Kennzahlen des Logistikcontrollings vorgestellt.

Eine der wohl am häufigsten eingesetzten Kennzahlen ist der sog. **Lieferbereitschaftsgrad**. Er beschreibt das Verhältnis der termingerecht ausgelieferten Bedarfsanforderungen zur Gesamtzahl der Bedarfsanforderungen (s. Abb. 1). Bei der Bestimmung des Lieferbereitschaftsgrads werden auch Lagerkosten und entsprechende Sicherheitsbestände miteinbezogen. Dafür muss jedoch zunächst der optimale Lieferbereitschaftsgrad des Unternehmens ermitteln werden, der sich aus der kleinsten

Lieferbereitschaftsgrad

---

[1] Vgl. Kaminski, 2002, S. 72 ff.
[2] Vgl. Männel, 2013, S. 94.

Summe der potenziellen Fehlmengen- und Lagerkosten der Sicherheitsbestände quantifizieren lässt. Dabei muss das Logistikcontrolling indes beachten, dass es auch gegenläufige Kennzahlen gibt, wie bspw. die Zielanforderung „Möglichst hoher Lieferbereitschaftsgrad" im Gegensatz zu „Möglichst geringer Bestand an Zwischenprodukten". Es gilt also, aus den Zielvorgaben des Top-Managements geeignete Kennzahlen zur Steuerung und Kontrolle dieser Ziele abzuleiten, wobei die Wirtschaftlichkeit dabei stets im Vordergrund stehen muss.[3] Ein optimaler Lieferbereitschaftsgrad sollte bei 99 % liegen.

Lieferbereitschaftsgrad
$\dfrac{\text{Anzahl termingerecht ausgelieferter Bedarfsanforderungen}}{\text{Gesamtanzahl der Bedarfsanforderungen}} \times 100$

Abb. 1: Lieferbereitschaftsgrad

> **Achtung: Beschränkung auf wenige, aussagekräftige Kennzahlen vermeidet Konflikte**
> Kennzahlenkonflikte lassen sich nicht immer vermeiden, sollten jedoch möglichst durch spezifische Maßnahmen im Sinne des Logistik-Erfolgsziels entschärft werden. Besonders deutlich wird dies bei den Kennzahlen Fehlteilrate, Durchlaufzeit, Kapazitätsauslastung, Bestände und Logistikkosten.

Abb. 2 zeigt die gängigsten Kennzahlen aus dem Bereich des Logistikcontrollings und ihre Berechnung. Die **Gesamtumschlagshäufigkeit** der Bestände gibt an, wie oft Ware abverkauft wird. Je höher die Umschlagshäufigkeit, umso effektiver ist der Kapitaleinsatz zur Finanzierung der Vorräte. Aus der Bilanz und GuV lässt sich die Umschlagshäufigkeit auf Produktgruppen bzw. einzelne Produkte herunterbrechen. Die Kennzahlen **Wiederbeschaffungszeit** und **Termintreue** haben hier zwar nur eine sekundäre Bedeutung, sollten aber bei Routine-Checks und außerordentlichen Prüfungen dringend abgefragt werden. Bspw. kann das Nichteinhalten von Terminen einen starken Image-Schaden wegen Unzuverlässigkeit nach sich ziehen (mehr dazu in Kap. 2.4).

---

[3] Vgl. Männel, 2013, S. 99.

Kennzahlen für das Logistikcontrolling

Gesamtumschlagshäufigkeit der Bestände
$\dfrac{\text{Umsatz}}{\text{Lagerbestand}} \times 100$

Wiederbeschaffungszeit
Ø Dauer der Bestellung bis Wareneingang

Termintreue
$\dfrac{\text{Ist-Termin}}{\text{Soll-Termin}}$

Abb. 2: Nützliche Kennzahlen für das Logistikcontrolling

1.3 Kennzahlen der Materialwirtschaft schaffen ebenfalls einen Mehrwert

Kennzahlen aus dem Bereich der Materialwirtschaft sind für das Logistikcontrolling von Interesse, da sie eine ausführlichere Analyse und Kontrolle sowie die Realisierung von Effizienzpotenzialen ermöglichen, auch an Stellen untergeordneter Bedeutung. Beispiel: Muss ein Spediteur lange auf die Warenannahme warten, weil diverse Lieferungen noch vor ihm abgewickelt werden, so deutet dies auf ein ineffizientes Terminmanagement hin.

Dabei erlaubt der Lagerkapazitätsauslastungsgrad eine effektive und langfristige Planung des Lagers im Vorfeld, sodass eine Überbelegung vermeidbar ist. Dieser Grad lässt sich noch weiter unterteilen, um etwa Kapazitäten für Waren oder Rohstoffe abzuschätzen, sodass diese dann intern mit möglichst kurzen Wegen im Handling bewegt werden können. Wegeoptimierung in der Lagerplanung bedeutet nicht zuletzt auch eine Zeit- und damit Kostenersparnis. Weitere Kennzahlen aus der Materialwirtschaft und ihre Berechnung sind in Abb. 3 dargestellt.[4]

---

[4] Vgl. Männel, 2013, S. 101.

Warenannahmezeit

$$\frac{\text{Warenannahmezeit insgesamt}}{\text{Anzahl eingehender Sendungen pro Monat}}$$

Kosten pro eingehender Sendung

$$\frac{\text{Warenannahmekosten insgesamt}}{\text{Anzahl eingehender Sendungen pro Monat}}$$

Verweildauer in Wareneingangskontrolle

$$\text{Verweildauer pro Prüfposition} \times \text{zu prüfende Positionen pro Lieferschein}$$

Lagerkapazitätsauslastungsgrad

$$\frac{\text{Effektive Lagerkapazitätsauslastung}}{\text{max. mögliche Lagerkapazitätsauslastung}} \times 100$$

Kosten pro Lagerbewegung

$$\frac{\text{Lagerpersonal- und Lagernebenkosten}}{\text{Lagerzu- und abgänge}}$$

Abb. 3: Kennzahlen der Materialwirtschaft

2 Logistikcontrolling bei der Bremer Versandwerk GmbH

2.1 Das Unternehmen

Die Bremer Versandwerk GmbH (BVW) ist ein etablierter Logistikdienstleister im Großhandel, der sich maßgeblich auf E-Commerce spezialisiert hat und mit allen Medien der Unterhaltungsbranche handelt. Dank eines Netzwerks von über 250 Zulieferern können Kunden auf ein Sortiment von über 400.000 Artikeln zugreifen. Der Fokus der Geschäftstätigkeit der BVW liegt im B2C-Fulfillment und in der B2B-Belieferung von Zentrallagern. Die BVW beschäftigt derzeit 45 Mitarbeiter.

2.2 Der Dienstleister für die Logistiksoftware

Das Software-Ingenieurbüro S2 GmbH mit Sitz in Herdecke entwickelt seit 1992 Software für Warenwirtschafts- und Logistiksysteme. Die S2 GmbH kooperiert seit 10 Jahren mit der BVW und erarbeitet Softwarelösungen für deren Lagerlogistik mit Warenein- und -ausgang, Retoure und Versand. Die folgenden Software-Features sind jeweils kundenspezifisch anpassbar und wurden konkret auf den BVW-Bedarf zugeschnitten. Des Weiteren entwickelt S2 Software für Sortier- und Etikettierungsanlagen. Dem Kunden wird sowohl ein agiles Schnittstellenmanagement und die Anbindung im E-Commerce geboten, als auch die mobile Datenerfassung zur weiteren Planung und Steuerung der Geschäftsprozesse.

2.3 Typischer operativer Prozessablauf der Bremer Versandwerk GmbH

Um die in Kap. 1.2 dargelegten Kennzahlen direkt im Praxiseinsatz zu zeigen, wird zunächst die operative Prozesskette der BVW skizziert (s. Abb. 4).

Abb. 4: Der typische operative Prozessablauf bei BVW

- Bei Auftragseingang und anschließender **Auftragsannahme** werden zunächst die relevanten Kundenstammdaten über die standardisierten Schnittstellen (XML/EDI) importiert. Gleichzeitig erfolgt eine Prüfung der Lagerverfügbarkeit und der Kunde erhält eine Rückmeldung mit Preisen und einem Liefertermin.

- In einem 2. Schritt erfolgt die sog. **Mindestbestandsuntersuchung**. Dabei werden für nicht auf Lager befindliche offene Kundenbestellungen automatisch Lieferantenaufträge erstellt. Gleichzeitig wird der **Wareneingang** inkl. Einlagerung erfasst; ggf. auch mit direkter Weiterleitung zum Warenausgang.
- Danach erfolgt die sog. **Batch-Erstellung Warenausgang**, bei der die verfügbaren Lagerbestände für offene Kundenbestellungen ermittelt, Kommissionier-Batches entsprechend Verarbeitungsart (z.B. B2B/B2C) erstellt und zuletzt Liefer- und Versandunterlagen als Kommissionier-Dokument gedruckt werden.
- Im **Warenausgang** wird die kommissionierte Ware erfasst, ggf. nach Aufträgen sortiert, und die Lieferscheine werden erstellt.
- In einem 5. Schritt werden die Waren in Kartons **verpackt**, die Lieferpapiere beigelegt das Versandetikett angebracht.
- Nach Übergabe der Paketsendungen an den Versanddienstleister (**Einlieferung**) wird eine automatische Meldung (**Lieferavis**) an den Kunden gesendet.

2.4 Einsatz von Kennzahlen des Logistikcontrollings bei BVW

Im Folgenden wird erläutert, aus welchem Grund und wie einige der in Kap. 1.2 erläuterten Kennzahlen bei der BVW angewendet werden.

Kennzahlen bedürfen immer der Interpretation

Der Grad der **Lagerkapazitätsauslastung** ist ein entscheidender Faktor in der (kurzfristigen) Auftragsplanung. In der Datenbank wird täglich der Lagerbestand pro Artikel festgehalten, wodurch Bestandsentwicklungen „Gesamt", pro Warengruppe, Lieferant oder sogar Artikel über einen gewissen Zeitraum dargestellt werden können. Diese Daten ermöglichen dann eine dezidierte Auswertung der Lagerkapazitäten. Der Logistikcontroller kann diese Auswertungen (z.B. Peaks) im Zusammenhang mit bestimmten Aktionen (z.B. Sonderposten) analysieren und daraus Schlüsse für die Zukunft ziehen und ggf. Maßnahmen ableiten.

Auch bei der **Gesamtumschlagshäufigkeit** kann für Analysen und Kontrollprozesse auf die Bestandshistorie zurückgegriffen werden. So lässt sich bspw. das besonders essenzielle Verkaufsgeschäft im November und Dezember grafisch aufbereiten und im Zeitablauf mit vorhergegangenen Perioden abbilden. Auch bei dieser Kennzahl ist es die Aufgabe des Controllers, durch Interpretation Prognosen und potenzielle Maßnahmen zu erarbeiten.

Der **Lieferbereitschaftsgrad** ist für die BVW eine der wichtigsten Kennzahlen, weil im E-Commerce-Geschäft die Online-Händler Lieferversprechen (inkl. Datum) geben. Die BVW hat herausgefunden, dass sich viele Kundenbewertungen meist weniger auf die gelieferte Produktqualität, sondern vielmehr auf die Einhaltung des angegebenen Lieferdatums beziehen. Im Bereich der Unterhaltungsmedien unterscheidet sich das Artikelangebot verschiedener Anbieter nämlich nur hinsichtlich Preis, Verfügbarkeit und Lieferdatum. Die Einhaltung des Lieferdatums schlägt sich entsprechend auch in positiven Kundenbewertungen nieder, was den Lieferbereitschaftsgrad zu einer unverzichtbaren Kennzahl für den Erhalt des wettbewerbsträchtigen Kerngeschäfts macht. Die eingesetzte Software bietet mit der Auswertung zum Lieferbereitschaftsgrad ein wichtiges Instrument zur Überprüfung des Lieferversprechens. Die sich daraus ergebenden Optimierungsmaßnahmen sind bspw. Gespräche mit den Vorlieferanten sowie Anpassungen der Parameter zur Lieferzeitkalkulation. Durch die Verbindung dieser Kennzahl mit der **Wiederbeschaffungszeit** können sogar Lieferversprechen für Artikel gegeben werden, die nicht auf Lager sind, da so der Zeitraum bis zum Warenausgang errechnet werden kann. Zusätzlich erlaubt der Lieferbereitschaftsgrad Aussagen über die Auslastung der Abteilung „Warenausgang", was einen erheblichen Mehrwert für der Personalplanung bietet.

Lieferbereitschaftsgrad – die wichtigste Kennzahl für die BVW

2.5 Software-unterstütztes Logistikcontrolling bei BVW

Der Einsatz des Lagerverwaltungssystems der S2 GmbH spielt bei der Planung und Kontrolle der Kennzahlen (inkl. Auswertungen) eine große Rolle. Das System liefert eine Übersicht über die Anzahl der auszuliefernden Aufträge und Stückzahlen, aufgeschlüsselt nach verschiedenen Verarbeitungsmethoden (B2B/B2C, Sorter/manuell, Single-/Multi-Order).

Mithilfe der genauen Planung und Umsetzung des IT-gestützten operativen Prozessablaufs realisiert die BVW hohe Effizienzpotenziale innerhalb dieser Prozesskette. Bspw. werden für jeden Prozessschritt (s. Kap. 2.3) Zeitstempel erfasst und fortgeschrieben. Damit kann ausgewertet werden, in welchem Status sich ein Auftrag gerade befindet und wie lange der jeweilige Prozessschritt gedauert hat. Diese Zeiterfassung ermöglicht ein Real-Time-Tracking, das einen entscheidenden Faktor in der Prozessoptimierung der BVW darstellt. Nach Einführung des Systems liefen Prozesse nicht nur deutlicher fehlerärmer ab (hier wurden Fehlerquoten Vorher/Nachher gegenübergestellt), sondern auch schneller (durchschnittliche Bearbeitungszeit pro Schritt). Besonders die Produktivität im Warenausgang konnte dadurch nachhaltig gesteigert werden.

Erleichterung der Personalplanung

Schnittstellen senken Fehlerhäufigkeit

Zudem enthält das Lagerverwaltungssystem ein integriertes Versandmodul, das die gängigen nationalen Versanddienstleister, wie DHL, Deutsche Post, DPD, GLS, TOF, Hermes und UPS, aber auch einige ausländische Anbieter, wie Post-AT und Post-CH, unterstützt. Bereits bei der Lieferscheinerstellung wird pro Auftrag aufgrund der in den Artikelstammdaten hinterlegten Maße und Gewichte die optimale Versandart ermittelt und das Versandetikett zusammen mit den Lieferpapieren mitgedruckt. Das Etikett kann beim Packen sofort am Karton angebracht werden, ein zusätzlicher Arbeitsschritt für das Wiegen entfällt. Durch diese Schnittstellenoptimierung mit den verschiedenen Versanddienstleistern ermöglicht die Versandmodulsoftware einen deutlich effizienteren Ablauf der Lieferscheinerstellung. Mitarbeiter gaben an, dass die wahrgenommene Fehlerhäufigkeit deutlich gesenkt wurde, was nicht zuletzt den Aufwand an Fehlerkorrekturen mindert. Weiterhin stieg die Anzahl der insgesamt abgefertigten Sendungen.

Die Bremer Versandwerk GmbH

Software S2 GmbH
- Warenwirtschaft
- Lagerverwaltungssystem
- Ermöglicht die Ermittlung von Kennzahlen
- Software-gestütztes Controlling

Operative Tätigkeit BVW
- Steigerung Effizienz
- Steigerung Produktivität (durch effektive Personalplanung)
- Senkung Fehlerhäufigkeit & Korrekturen

Software im Controlling
- Real-Time-Tracking
- Personalplanung
- Schnittstellenmanagement mit versch. Dienstleistern
- Wegeoptimierung
- Batch-Kommissionierung

Weitere Auswirkungen
Adäquates Logistik-Controlling ermöglicht die effizientere und fehlerärmere Durchführung von Logistikprozessen. BVW konnte seine Kundenzufriedenheit erhöhen und die Wettbewerbsposition stärken.

Abb. 5: Software-Unterstützung im Logistikcontrolling bei der Bremer Versandwerk GmbH

Des Weiteren konnte die BVW durch den Software-Einsatz die Lagertopologie ausreichend berücksichtigen: Durch die Öffnung des Kerngeschäfts im B2C-Bereich werden Waren für die diversen Aufträge nicht mehr einzeln kommissioniert, sondern in einem Durchgang eingesammelt. Dadurch muss der zuständige Mitarbeiter nicht mehrmals am Tag denselben Lagerplatz anlaufen. Allerdings müssen die Artikel nach Sammlung wieder auf die Einzelaufträge aufgesplittert werden. Diese Methode wird immer dann angewandt, wenn häufig die gleiche Ware bestellt wird (Batch-Kommissionierung).

Wegeoptimierung und Batch-Kommissionierung

Neben dieser ersten Optimierung der zurückgelegten Strecke im Lager wurde das Warenangebot (sofern überschaubar) für einige Lieferanten analysiert und in räumlich getrennten Bereichen eingelagert. Das macht besonders dann Sinn, wenn die bestellten Artikel eines Auftrags alle bzw. überwiegend zu einem Lieferanten gehören. Ein entscheidender Vorteil bei dieser Arbeitsweise ist, dass trotz Kommissionierung mehrerer Aufträge keine Nachsortierung erforderlich ist und die Mitarbeiter auf die entsprechende Ware schnell Zugriff haben.

Abb. 5 stellt das Zusammenspiel der Lagerverwaltungssoftware mit der operativen Tätigkeit sowie der Controlling-Software der BVW dar und skizziert die wichtigsten Fakten und Vorteile.

3 Fazit

Dieses Praxisbeispiel soll verdeutlichen, dass im Logistikcontrolling zunächst diverse Entscheidungen bezüglich der Auswahl, Berechnung und Interpretation der Kennzahlen getroffen werden müssen. Eine rein qualitativ angelegte Analyse hat meist nur wenig Aussagekraft für zukünftige Management-Entscheidungen. Die hier aufgegriffene Verbindung zwischen Software- und KPI-Analyse stellt ein Best-Practice-Modell dar, ist aber selbstverständlich nicht die einzige Form, wie Unternehmen Logistikcontrolling auffassen. Es wurde gezeigt, dass eine sorgfältige Auswahl sowie tiefergehende Analysen und Ableitungen von (Gegen-)Maßnahmen durchaus lohnenswert sind. In dem vorliegenden Beispiel wurde nicht nur die Fehlerhäufigkeit der Mitarbeiter in den Prozessen der logistischen Abwicklung gesenkt sondern auch Effizienz und Produktivität konnten stark erhöht werden. Das eingesetzte Lagerverwaltungssystem gibt dem Logistikcontroller die nötigen Werkzeuge an die Hand.

4 Literaturhinweise

Kaminski, Logistik-Controlling: Entwicklungsstand und Weiterentwicklung für marktorientierte Logistikbereiche, 2. Aufl. 2002.

Männel, Logistik-Controlling: Konzepte – Instrumente – Wirtschaftlichkeit, 2013.

Kennzahlen des Produktionscontrollings zur Sicherung der Produktivität

- Noch immer hat die Produktion in Deutschland einen hohen Stellenwert und deutsche Auslandsstandorte eine hohe Reputation, weil deutschstämmige Produktionswerke eine hohe Produktivität besitzen.
- Zur Sicherung der Produktivität ist ein differenziertes Konzept fertigungswirtschaftlicher Kennzahlen erforderlich, das von Mitarbeitern unterschiedlicher Hierarchieebenen eigenverantwortlich genutzt werden sollte.
- Zur Messung der Effizienz und zur Definition geeigneter Kennzahlen werden 3 Ansatzpunkte empfohlen: die Messung des Inputs, des Outputs und des Produktionsprozesses.
- Die konkrete Ausprägung des Kennzahlenkonzepts ist dabei in Abhängigkeit der Unternehmenskomplexität und des Informationsbedürfnisses des Managements individuell auszugestalten.

Inhalt		Seite
1	Controlling mit Kennzahlen in der Produktion	177
2	Fertigungswirtschaftliche Controllingkennzahlen im Einzelnen	179
2.1	Inputorientierte Kennzahlen der Fertigung	179
2.1.1	Mitarbeiterbezogene Kennzahlen	179
2.1.2	Anlagenbezogene Kennzahlen	181
2.1.3	Materialbezogene Kennzahlen	183
2.2	Outputorientierte Kennzahlen der Fertigung	183
2.2.1	In Auftrag gegebene Produktionsmenge	184
2.2.2	Produktionsqualität	184
2.2.3	Liefererfüllung bzw. Termintreue	185
2.2.4	Produktionskosten	186
2.2.5	Produktivitätsmessung in der Fertigung	188
2.3	Fertigungsprozessorientierte Kennzahlen	190
3	Kommunikation der Ergebnisse und Umsetzung in Optimierungsmaßnahmen	192
4	Literaturhinweise	197

■ **Der Autor**

Prof. Harald Schnell, Professor für Betriebswirtschaftslehre, insbesondere Controlling, Kostenrechnung und Kostenmanagement, an der Hochschule Pforzheim. Daneben ist er als freiberuflicher Trainer und Berater in der Industrie tätig. Vor seiner Berufung an die Hochschule war er mehrere Jahre in führender Position bei der Robert Bosch GmbH im Controlling tätig.

1 Controlling mit Kennzahlen in der Produktion

Anerkanntermaßen gilt Deutschland – trotz der seit Jahren anhaltenden Diskussionen um Standortverlagerungen in Niedriglohnländer – als eine der wichtigsten Industrienationen der Welt. Dies liegt einerseits an der sehr guten Infrastruktur Deutschlands, den stabilen wirtschaftspolitischen und rechtlichen Rahmenbedingungen, andererseits aber auch an der hohen Produktivität deutscher Fabriken. Um letztere zu erreichen oder zu erhalten ist es unerlässlich, Fertigungstechnik und Fertigungsprozesse effektiv zu konzipieren und diese in hohem Maße auch effizient zu nutzen. Denn schließlich gilt es aus deutscher Sicht, die Lohnkostenvorteile von Niedriglohnkosten-Standorten zu kompensieren. Aber auch bei Verlagerung von Fertigungsstätten ins Ausland ist eine effektive und effiziente Auslandsproduktion deutscher Unternehmen im internationalen Wettbewerb unerlässlich.

Hohe Produktivität deutscher Fabriken im Wettbewerb unerlässlich.

Voraussetzung hierfür wiederum ist, dass die Produktionsbereiche über ein wirksames, aussagekräftiges Steuerungskonzept verfügen, das sofort erkennen lässt, wie es um die Produktion steht und wo Optimierungspotenziale oder Gestaltungsspielräume im Rahmen der Fertigungsplanung genutzt werden können. Wesentlicher Bestandteil eines jeden Steuerungskonzepts sind dabei Informationen, die oftmals in Form von *„Zahlen aufbereitet werden, die erkennen lassen, wie es um die Fertigung steht"*, eben fertigungswirtschaftliche Kennzahlen.

Produktivität mit differenziertem Kennzahlenkonzept sichern

Erfreulicherweise ist es gerade im Produktionsbereich relativ leicht, derartige Messgrößen zur Beurteilung der Produktion zu finden. Fertigungsprozesse sind stark repetitiv, meist standardisiert und weitgehend transparent – trotz oftmals hoher Komplexität –, da sie physisch meist nachvollziehbar sind. Wesentliche Faktoren, wie Produktionsmengen und -zeiten, lassen sich exakt quantifizieren und bieten eine gute Basis für die Definition vielfältiger Kennzahlen.

Ansatzpunkte der Effizienzmessung

Es stellt sich damit für das Produktionscontrolling als Hauptverantwortlicher für die Effektivitäts- und Effizienzmessung in der Fertigung weniger die Frage, ob man überhaupt Messungen durchführen kann, sondern eher die, welcher Art die Messung inhaltlich sein sollte und welche Personen welche Kennzahlen im Blick haben sollten.

Wer hat welche Kennzahlen im Blick?

Entsprechend ist das Produktionscontrolling gefordert, aus dem Katalog möglicher fertigungswirtschaftlicher Kenngröße die für das Unternehmen wichtigsten herauszufiltern. Des Weiteren sind die Einzelkennzahlen zu einem Kennzahlensystem so zusammenzufügen, dass bedeutsame Ursache-Wirkungs-Zusammenhänge fertigungswirtschaftlicher Prozesse

Bestimmung der wichtigsten Kennzahlen

für die entscheidungsverantwortlichen Produktionsmanager und -planer deutlich werden, um darauf aufbauend Effektivität und Effizienz der Fertigung sicherzustellen.

Den gesamten Produktionsprozess messen

Die Diskussion über fertigungswirtschaftliche Kennzahlen und deren mögliche Systematik gibt es bereits seit Längerem. Gemein ist dabei vielen, dass sie oftmals eine 3-Teilung möglicher Einzelkennzahlen in die Kategorien

- inputorientierte Kennzahlen,
- outputorientierte Kennzahlen und
- fertigungsprozessorientierte Kennzahlen

vorschlagen.[1] Denn die Messung der Fertigungsabläufe sollte den gesamten Produktionsvorgang umfassen. So sollte zunächst der optimale Einsatz der für die Fertigung erforderlichen Produktionsfaktoren, wie Mitarbeiter, Fertigungsanlagen und Fertigungsmaterialien, detailliert gemessen werden. Die Nutzung dieser Ressourcen muss durch einen effizienten Fertigungsprozess gewährleistet werden. Und schließlich sollte am Ende das Produktionsergebnis in Form der gewünschten Leistung hinsichtlich Menge, Termine, Qualität, Kosten und Produktivität stimmen, was ebenfalls die Beurteilung durch geeignete Kennzahlen voraussetzt.

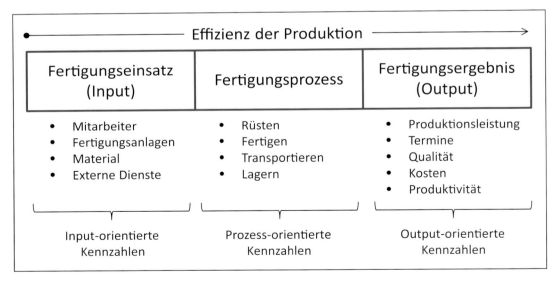

Abb. 1: Effizienzmessung in der Produktion

---

[1] Vgl. bspw. Männel, 1982, S. 580; Franz, 1999, S. 302–304; Spieker, 1998, S. 229; Schnell, 2012, S. 41 ff.

2 Fertigungswirtschaftliche Controllingkennzahlen im Einzelnen

In Anbetracht der unterschiedlichen Komplexität von Fertigungsunternehmen und des unterschiedlichen Informationsbedürfnisses des Managements sollte ein fertigungswirtschaftliches Kennzahlenkonzept, mit dessen Hilfe die Effizienz der Fertigung gemessen werden kann, stets unternehmensindividuell definiert und praktiziert werden. Der nachfolgende Katalog stellt insofern nur einen Überblick über mögliche fertigungswirtschaftliche Kennzahlen, deren Systematisierung und deren Bedeutung für das einzelne Unternehmen dar.

Unternehmensindividuelles Kennzahlenkonzept

2.1 Inputorientierte Kennzahlen der Fertigung

Der Input einer Produktion ist durch

- den Einsatz von Mitarbeitern,
- die Nutzung von Fertigungsanlagen und
- die Verarbeitung von Rohmaterialien und Zulieferteilen

geprägt. Gelingt es, diese Produktionsfaktoren in Relation zur gewünschten Produktionsmenge optimal einzusetzen, so ist bereits eine wichtige Grundlage für eine hohe Produktivität der Fertigung gegeben.

2.1.1 Mitarbeiterbezogene Kennzahlen

2 absolute Kennzahlen haben mit Blick auf den Mitarbeitereinsatz den höchsten Stellenwert:

Kennzahlen Mitarbeiterbedarf und Mitarbeiterkapazität

- Der Mitarbeiterbedarf und
- die vorhandene Mitarbeiterkapazität.

Durch Differenzbildung ergibt sich dann die dritte wichtige Kennzahl, die Personalüber- oder -unterdeckung, die durch geeignete Personalanpassungsmaßnahmen (z.B. Überzeit/Kurzarbeit, Einstellungen/Entlassungen, Ent-/Ausleihungen) ausgeglichen werden können.

Während sich die Personalkapazität aus der Personalstatistik ergibt, ist die Bestimmung des Personalbedarfs nach Mitarbeiterkategorie differenziert zu betrachten.

Direkte Mitarbeiter

Fertigungsmitarbeiter, die direkt am Produkt Arbeitsschritte durchführen – sie werden entsprechend oftmals auch als „direkte Mitarbeiter" bezeichnet –, lassen sich mathematisch auf Basis von monatlicher Produktionsmenge,

Fertigungszeiten und durchschnittlichen Anwesenheitszeiten pro Mitarbeiter berechnen. In Anbetracht der oftmals hohen Dynamik, die der Auftragsplanung zugrunde liegt, bietet gerade hier die Berechnung hilfreiche Hinweise über den monatlichen Bedarf an direkten Mitarbeitern.

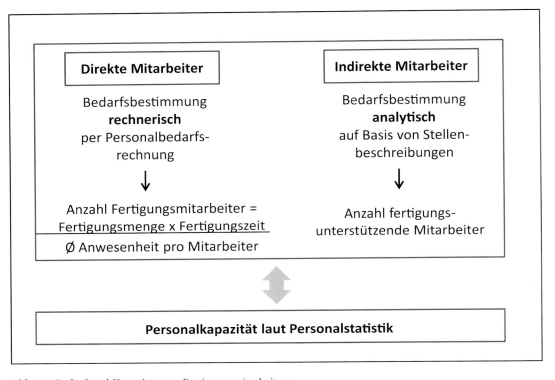

Abb. 2: Bedarf und Kapazität von Fertigungsmitarbeitern

Indirekte Mitarbeiter

Weniger dynamisch verändert sich der Bedarf an „indirekten Mitarbeitern", die in Form von Maschineneinstellern, Transporteuren, Fertigungsplanern oder Qualitätsmanager, die Fertigung unterstützen und deren Bedarf kaum mit der Produktionsmenge schwankt. Vielmehr hängt die Anzahl der erforderlichen Mitarbeiter hier von Art und Anzahl der vorhandenen und zu betreuenden Fertigungseinrichtungen ab. Mehrbedarf an Personal ergibt sich hier im Grunde erst, wenn Investitionen realisiert werden und die Fertigungskapazität verändert wird. Entsprechend wird der Personalbedarf hier „nur" analytisch über

Stellen- und Aufgabenbeschreibungen und damit nicht produktionsmengenabhängig bestimmt.[2]

Natürlich hängen Personalbedarf und -kapazität von einer Vielzahl weiterer detaillierter Einflussgrößen ab, die ebenfalls als fertigungswirtschaftliche Kennzahlen genutzt werden können. Beispielhaft seien hier einige **weitere personalbezogene Kenngrößen** erwähnt, die weitgehend selbsterklärend sind:

Weitere Personalkennzahlen

- Krankenquote
- Ausbildungsgrad der Belegschaft (z.B. Anzahl angelernte Mitarbeiter und Fachkräfte)
- Durchschnittsalter der Belegschaft
- Ausländeranteil
- Betriebszugehörigkeit
- Jährliche Weiterbildungszeit der Mitarbeiter
- Geleistete Überstunden im Verhältnis zur gesamten Arbeitszeit eines Zeitraums
- Leistungsgrad der Mitarbeiter
- Fluktuationsrate
- Motivation (z.B. gemessen anhand der Verbesserungsvorschlagsrate)

2.1.2 Anlagenbezogene Kennzahlen

Gerade im Produktionsbereich eines Unternehmens sind regelmäßig umfangreiche Investitionen in Sachmittel, insbesondere in Fertigungsanlagen, erforderlich, die eine hohe Kapitalbindung verursachen. Die maximale Nutzung der Anlagen ist deshalb eine Selbstverständlichkeit und sollte regelmäßig anhand nachfolgender Gradzahlen überprüft werden:

Verfügbarkeitsgrad

- Verfügbarkeitsgrad
- Auslastungs- bzw. Nutzungsgrad

Planbelegungszeit und theoretische Maximalkapazität ermitteln

Die jährliche Planbelegungszeit einer Anlage ergibt sich aus dem Anteil der theoretischen Maximalkapazität (= 365 Tage pro Jahr * 24 Stunden/Tag), der tatsächlich mit Aufträgen belegt werden soll. Dies hängt u.a. vom Schichtmodell und der Schichtdauer ab, die in den jeweiligen Unternehmen gelten. Bei einem 3-Schichtbetrieb à 7 Stunden pro Schicht ergäbe sich eine Planbelegungszeit von 21 Stunden pro Tag gegenüber der theoretischen Maximalkapazität von 24 Stunden pro Tag. Zieht man von der Planbelegungszeit technisch (z.B. Wartung, Instandhaltung), betrieb-

---

[2] Vgl. hierzu Schnell, 2012, S. 54.

Umsetzung & Praxis

Auslastungs- bzw. Nutzungsgrad

lich (z. B. Betriebsversammlung, Streik) oder außerbetrieblich (z. B. Feiertage) bedingte Stillstands- bzw. Ausfallzeiten der Maschinen ab, so gelangt man zur verfügbaren Kapazität. Der Quotient aus verfügbarer Kapazität und Planbelegungszeit ergibt dann den **Verfügbarkeitsgrad**, der – typisch kaufmännisch – oftmals in % angegeben wird.

Der **Auslastungsgrad** wird hingegen auf Basis der tatsächlichen Inanspruchnahme der Anlagen, die von der Auftragslage und der tatsächlich gefertigten Produktionsmenge abhängt, ermittelt. Hierzu werden Auslastung (= tatsächliche Produktionsmenge) und technisch verfügbare Kapazität ins Verhältnis gesetzt.

- **Maximal-Kapazität** — Theoretisch denkbare Laufzeit (365 Tage à 24 Std/Tag)
- **Planbelegungszeit** — Geplante Kapazität, die mit Aufträgen belegt werden soll:

    Schichtlänge in Stunden x Anzahl der Schichten x Anzahl der Arbeitstage pro Periode

- **Verfügbare Kapazität** — Planbelegungszeit *abzüglich* technisch, betrieblich und außerbetrieblich bedingter Stillstandszeiten
- **Auslastung bzw. Nutzung** — Zeit, in der die Maschine auftragsabhängig tatsächlich produziert (auch Maschinenlaufzeit)

- **Verfügbarkeitsgrad** — Verfügbare Kapazität : Planbelegungszeit
- **Nutzungsgrad** — Tatsächliche Auslastung : Verfügbare Kapazität

---

Abb. 3: Messung der Anlageneffizienz anhand von Zeiten und Graden[3]

Maschinenstundensatz

Daneben wird der **Maschinenstundensatz** aus Sicht des Controllings gerne als Analyse- und Steuerungsgröße herangezogen und zur Planung und Kontrolle der Anlageneffizienz verwendet. Er berechnet sich aus dem Quotient von Maschinenkosten einerseits und der produktiven Laufzeit (Nutzungszeit) der Maschine andererseits. Per Zeitvergleich lässt sich so feststellen, ob sich eine Verschlechterung oder Verbesserung der Anlagensituation ergeben hat. So können die rückläufige Laufzeit der Anlage einerseits oder steigende Betriebskosten andererseits zu einem Anstieg des Maschinenstundensatzes führen. Beide Ursachen sind negativ zu bewerten und durch entsprechende Maßnahmen (z. B. Reparatur der Maschine zur Vermeidung von Stillständen, Austausch von Teilen zur Einsparung von Energie- oder Instandsetzungskosten) zu beheben.

---

[3] Schnell, 2012, S. 56.

Kennzahlen im Produktionscontrolling

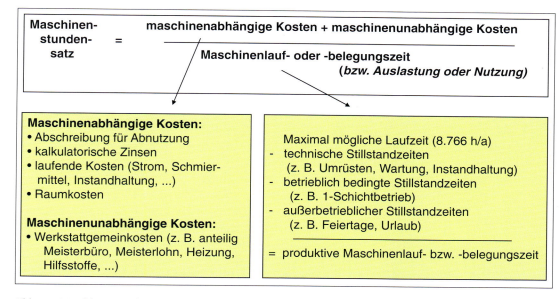

Abb. 4: Maschinenstundensatz als Kenngröße der Anlageneffizienzmessung

2.1.3 Materialbezogene Kennzahlen

Der Messung der Effizienz des Materialeinsatzes durch das Produktionscontrolling kommt nur eine geringe Bedeutung zu. Zwar liegt der Materialanteil in vielen Produktionen bei bis zu 85 % der gesamten Produktionsleistung, allerdings ist der Materialeinsatz von den Fertigungsverantwortlichen kaum oder überhaupt beeinflussbar. Denn die Materialart und Materialeinsatzmenge pro Produkt wird von der Entwicklung vorgegeben und ist über die Stückliste fest definiert. Die Sicherung der Materialqualität und -kosten wiederum liegt in der Verantwortung von Einkauf und Qualitätsmanagement. Allenfalls kann die Fertigung über Verweis auf Kennzahlen zur **Teilevielfalt** und **Teileverwendungshäufigkeit** Anstöße geben, die Komplexität des Materialeinsatzes zu senken, indem verstärkt Gleichteile in den Produkten eingesetzt werden.

Kennzahlen zum Materialeinsatz wenig bedeutsam

2.2 Outputorientierte Kennzahlen der Fertigung

Am wichtigsten erscheint auf den ersten Blick die Messung des Produktionsergebnisses („Output"). Denn ein Verfehlen der Produktionsziele wird von Unternehmensleitung und Kunden unmittelbar wahrgenommen und deshalb besonders negativ bewertet. Dies gilt dabei für die

1. Erbringung der in Auftrag gegebenen Produktionsmenge,
2. Einhaltung der geforderten Produktionsqualität,
3. Einhaltung der vereinbarten Liefertermine,
4. Einhaltung der geplanten Produktionskosten,
5. Erreichung der angestrebten Produktivität.

2.2.1 In Auftrag gegebene Produktionsmenge

Produktionsleistung in Stück und in Euro

Inwieweit die in Auftrag gegebene **absolute Produktionsmenge** gefertigt wurde, lässt sich relativ einfach aus den Betriebsdatenerfassungssystemen einer Fertigung meist tagesgenau ablesen. Relevant sind dabei selbstverständlich nur die Gut-Stückzahlen, also alle fehlerfrei gefertigten Erzeugnisse. Dabei sollte die geplante oder erbrachte **Produktionsleistung** mit Blick auf das oftmals heterogene Produktspektrum **in Euro** bewertet werden. Erzeugnisse sind hier zu Fertigungsstückzahlen mit den Stückherstellkosten zu multiplizieren und müssen anschließend über das gesamte Produktionsspektrum kumuliert werden.

Produktionsleistung (in Stück)	=	Anzahl der fehlerfrei produzierten Menge
Produktionsleistung (in EUR)		Σ (Anzahl der fehlerfrei produzierten Menge * Herstellkosten pro Stück)$_j$
		mit: j = Produkt oder Erzeugnis

Abb. 5: Kennzahl „Produktionsleistung"

2.2.2 Produktionsqualität

Ausschuss

Das 2. wichtige Produktionsziel gilt der Einhaltung der geforderten Produkt- und Prozessqualität. Zur Messung können hier Absolutgrößen wie Ausschussstückzahlen und Ausschusskosten herangezogen werden. Diese entstehen durch fehlerhaft gefertigte Teile oder Endprodukte, die nicht mehr repariert oder nachgebessert werden können, sondern verschrottet werden müssen. Setzt man diese Fehlermengen oder -kosten ins Verhältnis zur Produktionsleistung, erhält man die relative Größe „Ausschussquote in %", die dann den direkten Vergleich zwischen verschiedenen Fertigungsbereichen ermöglicht.

Weitere Qualitätskennzahlen

Weitere wichtige Messgrößen der Produktionsqualität (jeweils in EUR; in % der Produktionsleitung; jeweils einer Periode) können sein:
- Umfang der Nacharbeitskosten,
- Kosten des Fertigungsmaterialschwunds (sog. „Nachbezug").

- Zusatzkosten wegen fertigungsorganisatorischer Probleme (oft auch als Mehrlohnkosten bezeichnet, z.B. aufgrund ungeplanter Fertigungsunterbrechungen oder -stillstände wegen technischer Störungen, unzureichende Materialdisposition),
- Umfang der **Prüfkosten**,
- Höhe der **Fehlerverhütungskosten** (z.B. Kosten der Qualitätssteuerung, Prüfplanung, Qualitätsschulung, Lieferantenbeurteilung).

Prüfkosten	Fehlerkosten		Fehlerverhütungskosten
	Intern	Extern	
Wareneingangsprüfung	Ausschuss	Ausschuss	Qualitätslenkung
Fertigungsprüfung	Nacharbeit	Nacharbeit	Prüfplanung
Fertigungsendprüfung	Nachbezug	Gewährleistung	Qualitätsaudit
Abnahmeprüfung	Wert-Minderung	Produkthaftung	Qualitätsschulung
Prüfmittel	Mengenabweichung	Sonstige außerbetrieblich festgestellte Fehler	Qualitätsförderprogramme
Prüfdokumentation			Lieferantenbeurteilung und -beratung
Laboruntersuchungen	Sortierprüfung		Qualitätsvergleiche mit dem Wettbewerb
Sonstige Maßnahmen und Anschaffungen zur Qualitätsprüfung	Wiederholungsprüfung	Kulanz	Sonstige Maßnahmen

Abb. 6: Kostenbasierte „Qualitäts"-Kennzahlen

2.2.3 Liefererfüllung bzw. Termintreue

Des Weiteren wird der Einhaltung der zugesagten Fertigungs- und Liefertermine ein hoher Stellenwert beigemessen. Aus diesem Grund werden in manchen Unternehmen die oftmals sehr hohen **Kosten für Sondertransporte** in Kauf genommen. Diese entstehen, um lieferkritische Teile abweichend vom regulären Transportmittel per Taxi, Hubschrauber oder Flugzeug zum Kunden zu bringen und um so die Liefertermine zu wahren. Es liegt deshalb auf der Hand, diese Kosten als eigenständige Kennzahl zu nutzen.

Sondertransporte

Standardmäßig wird die Termintreue eher über den **Liefererfüllungsgrad** gemessen, bei dem die Anzahl termingerechter Aufträge ins Verhältnis

Liefererfüllungsgrad

Umsetzung & Praxis

zur Gesamtzahl der Aufträge gesetzt wird. Zu früh fertiggestellte Aufträge sind hierbei im Übrigen ebenfalls negativ zu bewerten, da diese zum Aufbau von Fertigwarenbeständen führen, was wiederum die Kapitalbindungskosten ansteigen lässt. Alternativ kann man auch die zugesagten und die realisierten Liefertermine vergleichen. Die daraus resultierende Zeitdifferenz kann in Tagen (z. B. 8 Tage Terminüberschreitung) oder als Index in % (z. B. 102 %; 2 % Zeitverzug) wiedergegeben werden. Dabei haben %-Werte stets den Vorteil, übergreifend als Vergleichsgröße herangezogen werden zu können. Und sie lassen sich als gewichteter Durchschnittswert zu einer Kennzahl verdichten, die die Termintreue des Gesamtwerks beurteilen hilft (vgl. Abb. 7).

	Menge in Stück	Durchlaufzeit in Tagen	Terminabweichung in Tagen	in %
Produkt A	500	12,0	0,4	**3,33%**
Produkt B	1.000	15,0	-0,2	**-1,33%**

$$\textit{Gewichtete Terminabweichung} = \frac{(3{,}33\,\% * 500) + (-1{,}33\,\% \times 1000)}{500 + 1000} \times 100\,\% = 0{,}2\%$$

Abb. 7: Gewichtete durchschnittliche Terminabweichung[4]

2.2.4 Produktionskosten

Kostenkennzahlen „Preisabweichung" und „Mengenabweichung"

Mit der Analyse von Produktionskosten bewegt sich der Controller schließlich in seinem angestammten Aufgabengebiet. Hierzu gehört der regelmäßig kostenartenweise Vergleich sämtlicher Einzelkosten, also der Materialeinzel- und der Fertigungseinzelkosten. Die Analyse von Preisabweichungen (= Differenz zwischen geplanten und tatsächlichen Einstandspreisen bzw. Tarifen) sowie die Analyse von Mehrkosten aufgrund veränderter Einsatzmengen (= Mengenabweichung; Mehr-/Minderkosten durch erhöhte/reduzierte Fertigungszeiten, Veränderungen der Stücklisten) gehören hier zum Standardrepertoire des Produktionscontrollings. Letztere wird in der Praxis oftmals auch einfach als „Ratio" bezeichnet. Kostenarten- und kostenträgerspezifische Preis- und Mengenabweichungen sind entsprechend klassische Kennzahlen des kostenorientierten Produktionscontrollings. Bei Vorhandensein

---

[4] Entnommen aus Schnell, 2012, S. 48.

eines Kostenrechnungssystems ist die hierfür erforderliche Datenerhebung und -analyse automatisiert durchführbar.

Zur Analyse der Fertigungs**gemein**kosten benötigt man im Unternehmen das Instrument der flexiblen Plankostenrechnung.[5] Sie ermöglicht die Ermittlung insbesondere zweier wichtiger Größen, die Hinweise auf die Effizienz in der Fertigung geben und entsprechend als monetäre Kennzahl Verwendung finden sollten:

Kostenkennzahlen „Verbrauchsabweichung" und „Beschäftigungsabweichung"

1. der Verbrauchsabweichungen und
2. der Beschäftigungsabweichungen.

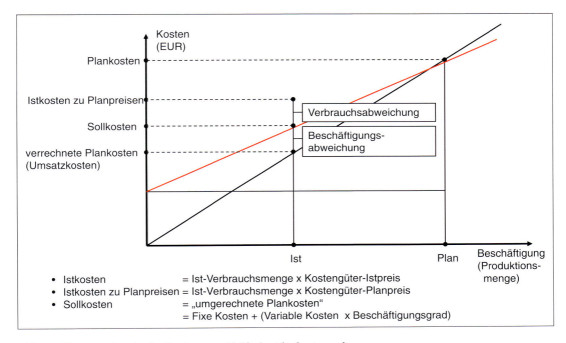

Abb. 8: Kostenanalyse in der Fertigung mithilfe der Plankostenrechnung

Verbrauchsabweichungen sind dabei Mehr- oder Minderkosten aufgrund von **mengen**mäßigem Mehr- oder Minderverbrauch an Ressourcen, insbesondere Material, Zeit, aber auch Infrastruktur, externe Dienste usw., gegenüber dem geplanten Mengeneinsatz. Sie werden oftmals auch als „Verschwendung" oder „Rationalisierung" bezeichnet und zeigen, wie sorgsam die Ressourcen in der Fertigung genutzt wurden.

Beschäftigungsverluste oder -gewinne sind ebenfalls Mehr- oder Minderkosten, die dadurch entstehen, dass die vorhandenen Fertigungskapazitäten

---

[5] Vgl. bspw. Joos, 2012, S. 63 ff.

gegenüber Plan unter- bzw. überausgelastet sind. Sie spiegeln die Nutzung vorhandener Fertigungskapazitäten wider. Gelingt es beispielsweise mithilfe der Fertigungskapazitäten durch geänderte Schichtmodelle oder Überzeiten, die Fertigung besser auszulasten, so können die Kosten auf eine größere Fertigungsmenge verteilt werden, was zu einer entsprechenden Stückkostenreduktion führen kann oder eben zu Beschäftigungsgewinnen, Gewinne aufgrund einer besseren Auslastung der Fertigung.

Die Berechnung derselben setzt dabei fundierte kostenrechnerische Kenntnisse voraus[6] und ist deshalb Controllern vorbehalten, die dann die Abweichungen den Fertigungsverantwortlichen erklären müssen, um anschließend gemeinsam nach möglichen Maßnahmen zur Optimierung der Fertigungseffizienz zu suchen.

2.2.5 Produktivitätsmessung in der Fertigung

Eine zentrale Größe fertigungswirtschaftlicher Kennzahlen ist sicherlich die Produktivität. Sie wird als Verhältnis zwischen Output- und Inputgrößen definiert.

Ratio-Messung mit dem T:P-Index

Dabei kann als Outputgröße die bereits erwähnte Produktionsleistung (meist in Euro) herangezogen werden. Zur Ermittlung derselben wird die gefertigte Menge mit den geplanten Herstellkosten multipliziert und man erhält die **Produktionsleistung zu Plankosten**. Stellt man dieser die Produktionsleistung zu tatsächlichen Herstellkosten (**Produktionsleistung zu Istkosten**) gegenüber, erhält man einen Quotienten, der in der Praxis oft als T:P-Index bezeichnet wird. Er gibt das durch technische Maßnahmen oder durch Vermeidung von Verschwendung realisierte Kosteneinsparvolumen an und hilft den Rationalisierungsfortschritt in der Fertigung zu beurteilen. Er ist insofern ein Parameter für die Effizienzsteigerung und damit für die Messung von Produktivitätsfortschritten in der Fertigung.

Erfreulicherweise lassen sich solche T:P-Indizes nicht nur für das gesamte Fertigungswerk ermitteln, sondern – was sogar noch leichter ist – auf Basis von Stückkosten auch für einzelne Produkte. Bei Plan-Stückkosten von 50 EUR gegenüber Plan-Istkosten von 49 EUR ergibt sich beispielsweise ein T:P-Index von 98 %, was einer Kostenreduktion von 2 % oder 1 EUR/Stück entspricht. Produktivitätsfortschrittsmessungen können auf diese Weise sehr differenziert durchgeführt werden.

▪ Weitere Produktivitätskennzahlen

Weitere Kennzahlen zur Produktivitätsfortschrittsmessung setzen an den Produktionsfaktoren Personal- und Anlageneinsatz an.

---

[6] Vgl. zur Berechnung beispielsweise Joos, 2014, S. 271 ff.; Schmitt, 2008, S. 209 ff.

Zur Bestimmung der Mitarbeiterproduktivität kann im einfachsten Fall die Produktionsleistung (in Euro) ins Verhältnis zur Anzahl der Fertigungsmitarbeiter gesetzt werden. Man erhält eine Art **„Umsatz pro Mitarbeiter"**, der die Leistungsfähigkeit des Personals nur sehr grob beurteilt und im Zeitvergleich stark interpretationsbedürftig ist. Denn schließlich sind Veränderungen dieser Kennzahl nicht nur auf Änderungen der Leistung der Mitarbeiter zurückzuführen, sondern können auch durch Änderungen der Fertigungstiefe (Fremdbezug statt Eigenfertigung!) oder durch eine Änderung des Automatisierungsgrads (Anlagen statt Personal!) ausgelöst werden.

Umsatz pro Mitarbeiter

Empfehlenswerter ist es daher, diese Kennzahl dadurch zu verbessern, dass anstelle der Produktionsleistung die Wertschöpfung des Fertigungsbetriebs ins Verhältnis zu der Anzahl der Fertigungsmitarbeiter gesetzt wird. Denn die Wertschöpfung als Differenz zwischen Produktionsleistung und Materialeinzelkosten eliminiert Einflüsse zugekaufter Leistungen (= Materialeinzelkosten) und eliminiert damit Änderungen der Fertigungstiefe. Man erhält als Kennzahl die **„Wertschöpfung (in EUR) pro Mitarbeiter"**.

Wertschöpfung pro Mitarbeiter

Möchte man auch noch Einflüsse geänderter Automatisierung eliminieren, so sollte man die Mitarbeiterproduktivität anhand der Kennzahl **„Produktivzeit im Verhältnis zur Anwesenheitszeit"** ermitteln, die auf ausschließlich mitarbeiterbezogenen Daten beruht. Automatisierung und Fertigungstiefe spielen hier keine Rolle. Die Produktivzeit ergibt sich dabei als Produkt aus der gefertigten Gutstückzahl und der auf Basis von Zeitstudien (REFA, MTM) ermittelten Plan-Bearbeitungszeit pro Stück. Gelingt es den Mitarbeitern, innerhalb ihrer Anwesenheitszeit eine höhere Menge zu fertigen, so steigt das Produktivzeitvolumen bei konstanter Anwesenheitszeit und ebenso der Kennzahlenwert der Mitarbeiterproduktivität.

Produktivzeit im Verhältnis zur Anwesenheitszeit

Mitarbeiter-Produktivität: $\text{Produktivität} = \dfrac{\text{Output}}{\text{Input}}$

- „Umsatz" pro Mitarbeiter
    = Produktionsleistung (in EUR) : Anzahl Fertigungsmitarbeiter
- Wertschöpfung pro Mitarbeiter
    = Wertschöpfung (in EUR) : Anzahl Fertigungsmitarbeiter
- Produktive Zeit (in Stunden) / Anwesenheitszeit (in Stunden) x 100 %

Abb. 9: Kennzahlen zur Messung der Mitarbeiterproduktivität

Umsetzung & Praxis

Gesamtanlagen-Effizienz

Für die Messung der Anlagenproduktivität kann man den bereits erwähnten Anlagen-Verfügbarkeitsgrad und den Anlagen-Nutzungsgrad heranziehen. Umfassender, gleichzeitig komplexer ist die Verwendung der „Overall Equipment Effectiveness (OEE)" (korrekter wäre „Efficiency"!) zur Messung der „Gesamtanlagen-Effizienz". Diese relativ junge Kennzahl verknüpft dabei mathematisch die prozentuale „Verfügbarkeit einer Anlage" mit deren prozentualer „Leistungsfähigkeit" und einem ebenfalls in % ausgedrückten „Qualitätsfaktor".

		Ursachen für Effizienzeinbußen:	Berechnung:
Overall Equipment Efficiency	83 %	Verfügbarkeitsverluste: Werkzeugbruch, Werkzeugwechsel/Rüsten, Teilemangel, Stromausfall	Verfügbare Kapazität : Maximalkapazität
=	=		
Verfügbarkeitsgrad bzw. -faktor (VF)	89 %		
x	x	Leistungsverluste: Taktzeitreduzierung	Tatsächl. Auslastung : Verfügbare Kapazität
Leistungsfaktor (LF)	95 %		
x	x		
Qualitätsfaktor (QF)	98 %	Qualitätsverluste: Ausschuss, Nacharbeit, Anfahrtverluste	Gutteile : Tatsächl. Auslastung

Abb. 10: Kennzahl „Gesamtanlagen-Effizienz" (engl. Overall Equipment Efficiency)

Diese vom Japaner Seiichi Nakajima in den 60er-Jahren entwickelte Kennzahl hat in den letzten Jahren große Verbreitung gefunden. Sie hilft, dass Effizienzverluste der Fertigungsanlagen deutlich strukturiert und hinsichtlich ihrer Ursachen transparent gemacht werden und damit zielgerichtet optimiert werden können.[7]

2.3 Fertigungsprozessorientierte Kennzahlen

Prozesskennzahlen „Durchlaufzeit" und „Bestandshöhe"

Bei der Beurteilung der optimalen Umsetzung des Fertigungsprozesses stehen insbesondere 2 korrespondierende Größen im Fokus:
- die Durchlaufzeiten sowie
- die Höhe des Fertigungsumlaufbestands (Bestand an Halbfabrikaten).

---
[7] Vgl. Koch, OEE für das Produktionsteam, 2008.

Es bedarf keiner großen Erklärungen, um zu verstehen, dass kurze Durchlaufzeiten anzustreben sind, wenn man sich die Zusammensetzung derselben bewusst macht. So kann die Durchlaufzeit in die Teilgrößen Fertigungszeit, Rüstzeit, Transportzeit und Liegezeit zerlegt werden. Nach dem Motto „Zeit ist Geld" ist es unstrittig, dass bei kurzen Fertigungszeiten eine höhere Ausbringung pro Fertigungsanlage erzielt werden kann. Entsprechend benötigt man geringe kapitalbindende Anlagen oder weniger lohnkostenverursachende Mitarbeiter. Gleiches gilt für die Rüstvorgänge, deren Zeitaufwand ebenfalls aus Kostensicht minimiert werden sollte. Kurze Liege- und Transportzeiten tragen ebenfalls dazu bei, Lohn-, Abschreibungs- und Kapitalbindungskosten zu minimieren.

■ **Zeit zwischen Produktionsstart und Produktionsende**

Die Messung dieser Kennzahl, nämlich die Zeit zwischen Produktionsstart und Produktionsende, ist in Anbetracht der zur Verfügung stehenden komfortablen Betriebsdaten-Erfassungs- und -Analysesystemen einfach. Schwieriger ist es, in Anbetracht der Komplexität des Produktionsprogramms sinnvolle für das gesamte Werk verdichtete Kenngröße zu erhalten. Hier wird empfohlen, die Messung „nur" für ausgewählte Leiterzeugnisse vorzunehmen, die im Wesentlichen die Durchlaufzeit anderer Produkte repräsentieren. Wünscht man dennoch eine „Gesamtdurchlaufzeit", so kann man gewichtete Durchschnittswerte heranziehen.[8]

Durchlaufzeit			
Rüsten	Fertigen	Transportieren	Lagern
v. a. • Lohnkosten	v. a. • Lohnkosten • Abschreibung der Anlagen • Zinskosten der Anlagen • Raumkosten • …	v. a. • Lohnkosten • Abschreibung der Transporteinrichtung • Zinskosten • …	v. a. • Raumkosten • Kapitalbindungskosten der Bestände
Senkung der Produktionskosten durch Senkung der Durchlaufzeit			

Abb. 11: Durchlaufzeiten und Produktionskosten

Die Minimierung der Durchlaufzeit hat gleichzeitig zur Folge, dass der Bestand an Halbfabrikaten und die damit verbundenen Kapitalbindungskosten auf ein Minimum reduziert werden. Auch können mögli-

---

[8] Zur Ermittlung gewichteter Produktionszeiten vgl. Schnell, 2012, S. 48f.

Umsetzung & Praxis

cherweise der Flächenbedarf und die dadurch verursachten Raumkosten reduziert werden, was zu einer Renditeverbesserung beiträgt. Gerade mit Blick auf die Minimierung der Kapitalbindungskosten sollten deshalb die Bestandshöhe in der Fertigung kontinuierlich anhand von Kennzahlen gemessen werden. 2 Größen haben sich dabei etabliert:

- absoluter Bestand (meist in EUR),
- Reichweite bzw. Eindeckung des Fertigungsumlaufbestands.

Während der absolute Bestand analog zur Durchlaufzeit ebenfalls aus den Betriebsdatenerfassungssystemen entnommen werden kann, ergibt sich die Reichweite bzw. Eindeckung nach folgender Formel:

Bestandskennzahl „Reichweite"

Reichweite (in Tagen) = Bestand$^{*)}_{\text{Stichtag i}}$: Bestandsabgang$^{*)}_{\text{Folgezeitraum j}}$

$^{*)}$ (in Stück oder EUR)

▪ Ermittlung der Eindeckungsziffer

Die Reichweite beschreibt, wie weit der Bestand an Halbfabrikaten in zeitlicher Hinsicht reicht, um den Bedarf der nächsten Fertigungsstufe oder für die Ausführung der Fertigungsaufträge abzudecken. Aus diesem Grund wird die Kennzahl oftmals auch als Eindeckung oder Eindeckungsziffer bezeichnet. Zur Ermittlung derselben wird der Bestand zu einem bestimmten Stichtag (z.B. Ende eines Monats) monetär bewertet und ins Verhältnis zum Bestandsabgang des Folgezeitraums (z.B. Folgemonat) gesetzt. Hierbei wird ein kausaler Zusammenhang zwischen vorrätigen Halbfabrikaten und dem Verbrauch an Halbfabrikaten in der Folgeperiode unterstellt.

Beträgt der Bestand an Halbfabrikaten Ende März beispielsweise 20.000 EUR und ist im April mit einem Verbrauch an Halbfabrikaten von 40.000 EUR zu rechnen, so ergibt sich eine Reichweite von 0,5 Monaten (= 20.000 EUR : 40.000 EUR pro Monat). Über diese Kennzahl lässt sich nun die Höhe der Halbfabrikate in der Fertigung steuern. Denn ist im Mai ein Verbrauch von 60.000 EUR/Monat zu erwarten, so könnte dies einen Anstieg der Bestände an Halbfabrikaten auf 30.000 EUR (= 60.000 EUR/Monat * 0,5 Monate) zulassen, sofern man die Eindeckungsziffer von 0,5 Monaten für dieses Unternehmen als Idealwert akzeptiert.

3 Kommunikation der Ergebnisse und Umsetzung in Optimierungsmaßnahmen

Zielgruppen beachten!

Wie eingangs erwähnt, sollten fertigungswirtschaftliche Kennzahlensysteme in inhaltlicher Hinsicht stets unternehmensindividuell konzipiert und auf die Bedürfnisse der einzelnen Unternehmen angepasst praktiziert werden. Dies gilt natürlich auch für die Frage, in welcher Art und Weise sowie in welchem Umfang mit welchen Personengruppen des Unternehmens diese Kennzahlen kommuniziert werden sollen: Es ist zu regeln, wer welche Kennzahlen wann erhalten und in fertigungswirtschaftliche Absicherungs- oder Verbesserungsmaßnahmen überführen soll.

Festlegen der Kennzahlen

Dabei sollten zunächst Kennzahlen festgelegt werden, die auf operativer Ebene den Fertigungsmitarbeitern direkt zur Verfügung gestellt werden sollten. Daten, wie Produktionsmenge pro Tag oder Anzahl Ausschussteile sind erforderlich, damit die Fertigungsausführenden ihr eigenes Handeln selbstverantwortlich kontrollieren und unmittelbar steuern können.

Davon zu unterscheiden sind Kennzahlen, die eher taktisch-operativer Natur sind und die zur mittelfristigen Planung und Optimierung der Fertigung erforderlich sind. Diese werden vorwiegend von Fertigungsplanung und Qualitätsmanagement zur Konzeption und Optimierung der Fertigungsprozesse und Qualitätsstandards genutzt. Beispiele könnten

- Durchlaufzeiten,
- Anzahl der durchgeführten Qualitätsaudits,
- Fehlerkosten,
- Investitionsvolumen und Ähnliches sein.

An 3. Stelle sind dann noch Kennzahlen zu definieren, die dem hauptverantwortlichen Fertigungsmanagement (z. B. Werkleitung) einen Überblick über die taktisch-operative Zielerreichung hinsichtlich Produktionsleistung, Qualität und Kosten einerseits und die strategische Entwicklung eines Fertigungswerks andererseits geben.

Dabei ist auch wichtig, **in welcher Form** und **in welchen Berichtszeiträumen** die Kennzahlendaten erfasst, aufbereitet und den genannten Personengruppen technisch zugänglich gemacht werden. Neben klassischen Controllerberichten in Tabellenform sollte hier in einem so technischen Umfeld, wie es eine Fertigung ist, verstärkt mit visuellen Instrumenten, wie Cockpit-Charts oder Andon-Bords, gearbeitet werden.[9] Die Berichtsfrequenz wiederum sollte sich an den Adressaten orientieren. So wird die monatliche Besprechung der Werkskennzahlen mit der Werkleitung ausreichen; an der Fertigungslinie selbst sind die Daten vermutlich schichtweise zu erheben und zu kontrollieren.

Kennzahlenberichte gestalten und Berichtsfrequenz festlegen

---

[9] Vgl. hierzu bspw. Schmitt, 2012, S. 131–137.

Umsetzung & Praxis

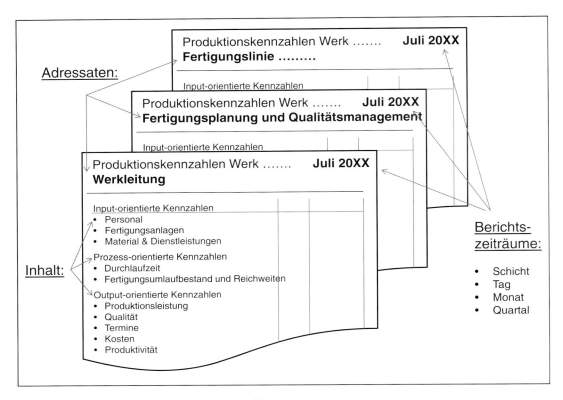

Abb. 12: Steuerung der Produktion mit Kennzahlen

Gemeinsames Kennzahlen- controlling durch alle Mitarbeiter

In jedem Fall ist es jedoch wichtig, alle an der Produktion beteiligten Personengruppen in die Kennzahlenanalyse mit einzubeziehen. Denn für ein erfolgreiches Controlling in einem so komplexen System wie der Fertigung ist es nicht ausreichend, die Unternehmenssteuerung dem Produktionsmanagement bzw. Produktionscontrolling alleine zu übertragen. Vielmehr müssen alle Mitarbeiter in die Verantwortung genommen werden und im Rahmen ihrer Möglichkeiten an der Sicherung der fertigungswirtschaftlichen Effizienz beteiligt werden. Und dabei gilt für alle Mitarbeiter im gleichen Maß: „What you cannot measure, you cannot manage."

1	Input-orientierte Kennzahlen	
1.1	**Personaleffizienz**	Anzahl zur Produktion erforderlicher direkter Mitarbeiter
1.1.1	Personalbedarf	Anzahl zur Produktion erforderlicher direkter Mitarbeiter
1.1.2	Personalkapazität	Anzahl vorhandener Mitarbeiter
1.1.2.1	davon direkte Mitarbeiter	Anzahl direkte Mitarbeiter

1.1.2.2	davon indirekte Mitarbeiter	Anzahl indirekte Mitarbeiter
1.1.2.3	Krankenstand/-quote	Anzahl kranker Mitarbeiter : Anzahl Gesamtmitarbeiter × 100 %
1.1.3	Ausbildungsgrad der Belegschaft	Anzahl angelernter Mitarbeiter im Verhältnis zur Gesamtbelegschaft × 100 %
1.1.4	Fluktuationsrate	Kündigungen im Verhältnis zur Anzahl der Mitarbeiter × 100 %
1.1.5	Verbesserungs- vorschlagsrate	Anzahl Verbesserungsvorschläge im Verhältnis zur Anzahl der Mitarbeiter × 100 %
1.2	**Anlageneffizienz**	
1.2.1	Verfügbarkeitsgrad	Verfügbare Kapazität : Planbelegungszeit × 100 %
1.2.2	Auslastungs- bzw. Nutzungsgrad	Genutzte Kapazität : Verfügbare Kapazität × 100 %
1.2.3	Maschinenstundensatz	Kosten der Maschine : Produktive Maschinenlaufzeit (in EUR/Std.)
1.3	**Material**	
1.3.1	Teileverwendungs- häufigkeit	Anzahl Produkte pro Materialartikel
2	**Output-orientierte Kennzahlen**	
2.1	**Produktionsleistung**	Anzahl der fehlerfrei produzierten Menge oder bewertet mit den Herstellkosten/Stück (in EUR)
2.2	**Produktionsqualität**	
2.2.1	Ausschuss	Ausschuss in Euro bzw. in Prozent von Produktions- leistung
2.2.2	Nacharbeit	Nacharbeitskosten in Euro bzw. in Prozent von Pro- duktionsleistung
2.2.3	Zusatzarbeit	Zusatzkosten in Euro bzw. in Prozent von Produkti- onsleistung
2.2.4	Prüfarbeit	Prüfkosten in Euro bzw. in Prozent von Produktions- leistung und Fehlerverhütungskosten in Euro bzw. in Prozent von Produktionsleistung
2.3	**Termintreue**	
2.3.1	Liefererfüllungsgrad	Anzahl termingerechter Aufträge im Verhältnis zur Gesamtzahl Aufträge × 100 %
2.3.2	Sondertransporte	Kosten für Sondertransporte (in EUR)

2.4	Produktionskosten	
2.4.1	Einzelkosten-Preisabweichung	Kostenabweichung zw. Plan und Ist auf Grund von Preisabweichungen (in Euro), z.B. Lohn, Einkaufspreise (in EUR)
2.4.2	Einzelkosten-Mengenabweichung	Kostenabweichung zw. Plan und Ist auf Grund von Mengenabweichungen (in Euro), z.B. Fertigungszeiten, Materialeinsatz (in EUR)
2.4.3	Gemeinkosten	
2.4.3.1	Beschäftigungs-abweichung	Verrechnete Plankosten – Sollkosten (in EUR)
2.4.3.2	Verbrauchs-abweichung	Sollkosten – Istkosten (zu Planpreisen) (in EUR)
2.5	Produktivitäts-fortschritt	
2.5.1	T:P-Kostenindex	Tatsächliche Stückkosten zu Geplante Stückkosten (ggf. auch als gewichteter Durchschnitt) × 100 %
2.5.2	T:T-Kostenindex	Tatsächliche Stückkosten des aktuellen Jahres zu tatsächlichen Stückkosten des Vorjahres (ggf. auch als gewichteter Durchschnitt) × 100 %
2.5.3	Mitarbeiter-produktivität	
2.5.3.1	Umsatz pro Mitarbeiter	Produktionsleistung im Verhältnis zur Gesamtzahl der Mitarbeiter (in EUR/MA)
2.5.3.2	Wertschöpfung pro Mitarbeiter	Wertschöpfung im Verhältnis zur Gesamtzahl der Mitarbeiter (in EUR/MA)
2.5.3.3	Produktivzeit pro Mitarbeiter	Produktivzeit im Verhältnis zur Anwesenheitszeit × 100 %
2.5.3.4	Anlagenproduktivität	Gesamtanlageneffizienz (engl.: Overall Equipment Efficiency) = Verfügbarkeitsfaktor × Leistungsfaktor × Qualitätsfaktor × 100 %
3.	**Prozess-orientierte Kennzahlen**	
3.1	Durchlaufzeit	
3.1.1	Durchlaufzeit je Erzeugnis	Zeit je Erzeugnis zwischen Produktionsstart und Produktionsende (in Std.)
3.1.2	Durchschnittliche Durchlaufzeit	Gewichtetes Mittel der Durchlaufzeit aller Erzeugnisse (in Std.)

3.2	Bestände	
3.2.1	Erzeugnisrohstoffbestand	Höhe der Erzeugnisrohstoffe in der Fertigung (in EUR)
3.2.2	Halbfabrikatebestand	Höhe der Erzeugnisumlaufbestände (Halbfabrikate) in der Fertigung (in EUR)
3.2.3	Reichweite bzw. Eindeckung	Verhältnis zwischen Bestand und Verbrauch je Fertigungsbereich (in Tagen)

Abb. 12: Effizienzmessung in der Produktion mit Kennzahlen

4 Literaturhinweise

Franz, Kennzahlen für das Produktionsmanagement, in Corsten/Friedl (Hrsg.), Einführung in das Produktionscontrolling, 1999.

Joos, Controlling, Kostenrechnung und Kostenmanagement, 2014.

Joos, Plankostenrechnung als Instrument des Produktionscontrollings, in Klein/Schnell (Hrsg.), Controlling-Instrumente in der Produktion, 2012, S. 63–86.

Koch, OEE für das Produktionsteam, 2008.

Männel/Jürgen, Formeln und Kennzahlen im Fertigungsbereich, WiSt 12/1982, S. 579–588.

Schmitt, Kostenrechnung, 2008.

Schmitt, Zwischen Strategie und Produktionsreporting: Produktivitätskennzahlen als Bindeglied, in Klein/Schnell (Hrsg.), Controlling-Instrumente in der Produktion, 2012, S. 121–138.

Schnell, Effizienzmessung in der Produktion mithilfe von Kennzahlen, in Klein/Schnell (Hrsg.), Controlling-Instrumente in der Produktion, 2012, S. 41–62.

Spieker, Operatives Produktions-Controlling, 1998.

Umsetzung & Praxis

Kapitel 4: Organisation

Steuerung agiler Teams und Organisationen: Kontinuierliche Leistungssteigerung und Anpassungsfähigkeit sicherstellen

- Durch ein hohes Maß an Agilität in Entwicklungsteams und der gesamten Organisation können Unternehmen ihre Flexibilität und Anpassungsfähigkeit erhöhen, um so in geeigneter Form auf die Herausforderungen der fortschreitenden Digitalisierung reagieren zu können.
- Führungs-, Entscheidungs- und Kontrollverhältnisse müssen sich an die neue agile Umgebung anpassen. Wesentliche Herausforderung und gleichzeitig Grundvoraussetzung für die Steuerung agiler Teams ist der Abschied von traditionellen Command-and-Control-Mechanismen und eine Ermutigung zur Selbstkontrolle.
- Die Hauptaufgabe der Kontrollmechanismen liegt insbesondere darin, die Teammitglieder zu befähigen, innerhalb des Entwicklungsprozesses sinnvolle Entscheidungen zu treffen und gleichzeitig eine kontinuierliche Leistungssteigerung des gesamten Teams zu ermöglichen.
- Neben Instrumenten, wie dem Burndown Chart und dem Cycle Time Chart, sollten Unternehmen ein geeignetes Kennzahlensystem implementieren, das die Leistung der Entwicklungsteams auf individueller, Team- sowie auf gesamter Abteilungsebene misst und miteinander vergleicht.

Inhalt		Seite
1	Der Weg zu mehr Agilität: Management-Hype oder nächste Evolutionsstufe der Digitalisierung?	203
1.1	Gründe für Agilität: Warum sollte Agilität auch auf Ihrer Aktivitätenliste stehen?	203
1.2	Grundzüge des agilen Projektmanagements	203
1.3	Agile Projektmanagementmethoden	205
1.3.1	Scrum	205
1.3.2	Kanban	206
2	Balance zwischen Agilität und Kontrolle	207
2.1	Unterschiede in der Steuerung traditioneller und agiler Projektteams	207
2.2	Empirische Prozesskontrolle	208

3	Performance Measurement zur Steuerung agiler Projektteams	209
3.1	Ansätze zur Performance-Messung	210
3.2	Die wichtigsten Kennzahlen und Steuerungsgrößen	211
3.2.1	Geschwindigkeit	211
3.2.2	Backlog-Posten	211
3.2.3	Cycle Time	212
3.2.4	Weitere Kennzahlen	213
3.3	Methodikbeispiel zur Messung: Burndown Charts	214
4	Fazit: Agilität steigert Kundenzufriedenheit und Umsatz	215
5	Literaturhinweise	216

■ **Die Autoren**

Isabell Schastok, Unternehmensberaterin im Bereich Executive Leadership und Change mit Fokus auf Begleitung Agiler Transformationsprojekte bei Capgemini Consulting am Standort Hamburg.

Dr. Jan Christoph Munck, Forschungsdirektor Controlling & Innovation am Strascheg Institute for Innovation, Transformation and Entrepreneurship (SITE) der EBS Universität für Wirtschaft und Recht in Oestrich-Winkel.

Philipp Lill, Strategic Project Manager im Bereich „Advanced Technologies" der KUKA AG in Augsburg sowie wissenschaftlicher Mitarbeiter und Doktorand im Forschungsbereich Controlling und Innovation am Strascheg Institute for Innovation, Transformation and Entrepreneurship (SITE) der EBS Universität für Wirtschaft und Recht in Oestrich-Winkel.

1 Der Weg zu mehr Agilität: Management-Hype oder nächste Evolutionsstufe der Digitalisierung?

Berühmte Beispiele wie Airbnb, Apple und Netflix zeigen, dass Innovations- und Anpassungsfähigkeit ein immer bedeutenderer Schlüssel zur Wettbewerbsfähigkeit sind und die Macht haben, Marktstrukturen und -verhältnisse radikal und nachhaltig zu verändern. Verschiedene Studien belegen, dass sich Innovationen in Unternehmen am besten agil umsetzen lassen und dass ein positiver Zusammenhang zwischen Agilität und wirtschaftlichem Unternehmenserfolg besteht. Demnach gelten agile Unternehmen als die erfolgreichste Organisationsform für die Herausforderungen der Digitalisierung.[1]

Agilität zur Meisterung der Digitalisierung

1.1 Gründe für Agilität: Warum sollte Agilität auch auf Ihrer Aktivitätenliste stehen?

Die heutige Lebenswelt ist geprägt durch **Volatilität** (unerwartete und instabile Herausforderungen), **Unsicherheit** (schlechte Vorhersehbarkeit und Prognostizierbarkeit), **Komplexität** (Vielzahl an wenig standardisierbaren Herausforderungen) und **Ambiguität** (Mehrdeutigkeit von Ursache und Wirkung). Diese VUKA-Welt erfordert eine neue Art der Unternehmensführung, die adäquat auf die sich ständig ändernden Anforderungen durch neue Technologien oder Kundenerwartungen sowie den Innovationsdruck reagieren kann.[2] Abgeleitet aus diesen Anforderungen an Organisationen, wird das Zielbild für Agilität beschrieben durch:

- Erhöhung der Flexibilität und Anpassungsfähigkeit,
- Schnelligkeit bei Markteinführungen,
- effektivere Kooperation zwischen Entwicklung und Management,
- Schaffung innovativerer, qualitativ hochwertigerer, am Kunden ausgerichteter Produkte,
- verbesserte Kundenzufriedenheit sowie
- Kostenreduktion in Entwicklung und Management.

1.2 Grundzüge des agilen Projektmanagements

Der Ursprung des agilen Projektmanagements liegt in den agilen Methoden, die zunächst in der Softwareentwicklung angewandt wurden und deren Werte und Prinzipien erstmals 2001 im sog. Agilen Manifest niedergeschrieben wurden.[3]

---

[1] Vgl. Capgemini Consulting, 2017, S. 23.
[2] Vgl. Mack/Khare/Krämer, 2016, S. 3 ff.
[3] Vgl. Fowler/Highsmith, 2001, S. 28 ff.

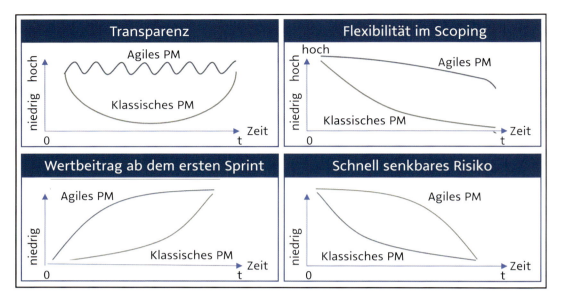

Abb. 1: Vorteile des agilen Projektmanagements

Aus den darin festgelegten Prinzipien lassen sich elementare Bestandteile des agilen Projektmanagements ableiten:

- Frühzeitige Einbindung des Kunden, um Minimalanforderungen zu identifizieren und langfristige Zufriedenheit sicherzustellen.
- Lieferung funktionierender Produkte bzw. Dienstleistungen bzw. Projektzwischenstände in bevorzugt kurzen Zeitspannen (sog. Sprints, meist wenige Wochen oder Monate lang) an Kunden oder interne Stakeholder.
- Einfache Lösungsansätze anstelle von komplexen Ansätzen („Keep it short and simple", KISS-Prinzip).
- Intensive, enge und tägliche Zusammenarbeit von cross-funktionalen Teams.
- Selbstorganisation von Teams in Planung und Umsetzung (regelmäßige Selbstreflexion zur Identifikation der Effizienzsteigerung).

Die Umsetzung agiler Projekte erfolgt typischerweise über ein iteratives, inkrementelles Vorgehen, das Projekte in zeitliche Etappen (Iterationen) unterteilt. Grundlage für die Sprint-Planung ist dabei eine Produktvision, die die Arbeit im Projekt leitet, aber dennoch Abweichungen und Anpassungen zulässt. Zur Realisierung wird die Produktvision zunächst auf Aktivitäten heruntergebrochen und im „Product Backlog" zusammengefasst. Der „Product Backlog" besteht aus einer Liste mit Aktivitäten zur Umsetzung der Vision mit entsprechend priorisierten Anforderungen des Projekts. Am

Ende jeder Iteration/Projektphase wird dadurch ein voll funktionsfähiges Zwischenprodukt als Teil der Vision fertiggestellt, das in einer Reviewphase durch wichtige Stakeholder und/oder Kunden auf Zielerreichung und Nutzung geprüft wird. Das entsprechende Feedback fließt dann in das „Product Backlog", und somit in die Arbeit der nächsten Phase, ein, sodass Kundenzentrierung und Qualität jederzeit sichergestellt sind. Als wichtigstes Fortschrittsmaß gilt im agilen Projektmanagement die Funktionsfähigkeit der Produkte/Dienstleistungen als Ergebnis der agilen Arbeit.

1.3 Agile Projektmanagementmethoden

Zu den bekanntesten agilen Methoden gehören **Scrum** und **Kanban**, beides Methoden, die heute noch überwiegend in der Softwareentwicklung eingesetzt werden und das Ziel verfolgen, die Produktivität zu steigern. Außerdem arbeiten beide Methoden Leerlauf und Paralleltätigkeiten entgegen.

Unterschiedliche Methoden für unterschiedliche Projektanforderungen

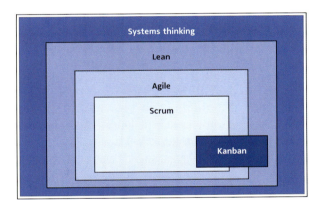

Abb. 2: Einordnung agiler Projektmanagementmethoden

1.3.1 Scrum

Die organisatorische Struktur der Scrum-Teams, bestehend aus Scrum Master, Product Owner und Entwicklungsteam, bildet das Fundament der Scrum-Methodik.

- Der **Scrum Master** unterstützt das Scrum-Team und die gesamte Organisation bei unterschiedlichen Fragestellungen, insbesondere bei der Umsetzung agiler Prinzipien und Methoden. Er hat eine moderierende Funktion zwischen dem Entwicklungsteam, dem Product Owner und der restlichen Organisation und bietet bei Bedarf seine Unterstützung an.

- Der **Product Owner** übernimmt die funktionale Führung des Teams, um das Ergebnis der Produktentwicklung zu maximieren. Dabei kümmert er sich vor allem um die Priorisierung des Product Backlogs und somit um die Ausgestaltung der Anforderungen an ein Produkt am Ende jedes Sprints.
- Das **Entwicklungsteam** ist interdisziplinär aufgestellt und arbeitet im Rahmen von Sprints an kleineren Teilen des Produkts, um am Ende jeden Sprints ein funktionsfähiges Produkt mit begrenzten Funktionalitäten sicherzustellen. Grundsätzlich hat das Entwicklungsteam die Befugnis, sich selbst zu organisieren.

Erfolgsfaktoren der Scrum-Methode sind klare Teamverantwortlichkeiten und Prozesse (Sprints) sowie prozessuale Teamrituale, wie kurze „Daily Scrum Meetings" zur Abstimmung und Bewertung des Fortschritts.

1.3.2 Kanban

Die Kanban-Methodik lässt sich gut anhand der japanischen Wortherkunft erklären – „Kan" leitet sich von „visualisieren" und „Ban" von „Karte" ab. Bei dieser Methodik werden die Tätigkeiten und Zuständigkeiten auf einem Kanban-Board visualisiert, um die Vergabe von Aufgaben möglichst klar zu gestalten. Dadurch werden schnelle Durchlaufzeiten von Prozessschritten sichergestellt. Im Zentrum dieser Methode steht daher das Kanban-Board, mit dem die Mitarbeiter die verschiedenen Prozessschritte visualisieren, von „Backlog", „Test" bis hin zu „Abgeschlossen". Das Kanban-Board bietet außerdem eine klare Übersicht über Unterstützungsbedarfe und freie Kapazitäten im Projektteam.

	Scrum	Kanban
Größter Vorteil	Förderung von Routinen durch klare Rollenverteilung und Prozessabläufe, die eine exakte Planung ermöglichen.	Hohe Transparenz über Kapazitäten der Teammitglieder ermöglicht proaktives Reagieren und damit Effizienzsteigerung und Vermeidung von Überlastung und Leerlauf.
Größter Nachteil	Regelmäßige Meetings können zu „Zeitfressern" werden und bei enger Teamzusammenarbeit in kleineren Teams irrelevant werden.	Bei großen Projekten oder vielen kleinen Aufgaben geht die Übersichtlichkeit auf dem Kanban-Board schnell verloren.

Tab. 1: Scrum und Kanban im Vergleich

Basierend auf diesem Vergleich empfiehlt sich der Einsatz von Scrum vor allem bei großen, komplexen Projekten, während Kanban eher bei kleineren, übersichtlicheren Aufgaben Vorteile hat (s. Tab. 1).

2 Balance zwischen Agilität und Kontrolle[4]

An den vorgestellten Argumenten für Agilität und den Auszügen aus der agilen Methodik lässt sich ablesen, dass sich das Führungs-, Entscheidungs- und Kontrollverhältnis im agilen Kontext verändern müssen. Wesentliche Herausforderung und gleichzeitig Grundvoraussetzung für die Steuerung agiler Teams ist damit das „Abschiednehmen von traditionellen Command-and-Control Mechanismen".[5] Während Agilität klar definierte und kontrollierte Strukturen und Prozesse, wie bspw. iterative Projektabläufe mit festgelegten Sprintergebnissen, erfordert, braucht es gleichzeitig das Loslassen von Entscheidungszentralisation, Weisung und Kontrolle. Das Verständnis und die Rolle von Führungskräften muss sich verändern. Im agilen Umfeld agieren Führungskräfte stärker als Coach, Überzeuger und Emergenz-Enabler, die ihre agilen Teams zur Entscheidungsdezentralisation und Eigenständigkeit befähigen.

Agile Freiheit trotz Kontrolle

Dabei kann der Scrum Master die Führungskraft dabei unterstützen, die richtige Balance zwischen „agiler Freiheit" und Kontrolle zu finden. Der Scrum Master behält dabei Risiken im Blick und unterstützt Team und Führung beim Ausbalancieren von agilen Prinzipien und Kontrolle und agiert somit als Moderator zur Umsetzung agiler Prozesse und Prinzipien.

Diese Art der Kontrolle basiert auf der Grundannahme, dass das Entwicklungsteam jederzeit die richtigen Schlüsse aus den vorgefundenen Gegebenheiten zieht. Da dies dem existierenden Sicherheitsverständnis vieler Unternehmen und ihrer Manager nicht vollständig entspricht, werden häufig weitere Systeme installiert, die es einerseits dem Team erleichtern sollen, die richtigen Entscheidungen zu treffen, und andererseits auch die Verantwortlichen des Unternehmens befähigen, einzelne Entwicklungsteams in die gewünschte Richtung zu steuern.

2.1 Unterschiede in der Steuerung traditioneller und agiler Projektteams

Um im Folgenden die Unterschiede zwischen klassischer und agiler Projektsteuerung hervorzuheben, werden einige wichtige Steuerungsaufgaben vorgestellt und verglichen (s. Tab. 2).[6]

Kontrollprinzipien agiler und traditioneller Projekte

---

[4] Vgl. Cho, 2008, S. 191.
[5] Vgl. Cobb, 2011, S. 107.
[6] Vgl. Cobb, 2001, S. 104 ff.

	Traditionelles Projekt	Agiles Projekt
Ausrichtung und Kontrolle von Prozessen	Durch das PMO werden Prozesse ausgerichtet, standardisiert und kontrolliert.	Das Projektteam, geleitet durch den Scrum Master, definiert, implementiert und verbessert Prozesse kontinuierlich eigenständig.
Kontrolle von Ergebnissen und Projekterfolgen	Der Projektleiter/-manager ist für das regelmäßige Tracking und Reporting der Projekterfolge und -fortschritte zuständig und behält dabei Kosten und Meilensteinerreichung im Blick.	Das Projektteam überwacht den eigenen Fortschritt selbst und integriert zum eigenen Team-Reporting sog. „Burndown Charts".
Management von Risiken	Der Projektleiter/-manager ist stellvertretend für alle Stakeholder dafür verantwortlich, das Risikomanagement zu steuern.	Das Projektteam übernimmt die Risikosteuerung eigenständig, wobei der Product Owner eine entscheidende Rolle spielt und in seinen Entscheidungen immer die Bedarfe der Stakeholder im Blick behält.
Ressourcenverantwortung	Die funktionale Führungskraft entscheidet projektübergreifend über die Ressourcenverteilung. Innerhalb eines Projekts definiert und verteilt der Projektmanager die Aufgaben, deren Qualität er auch am Ende sicherstellen muss.	Das Projektteam stellt sich funktional auf und definiert, verteilt und bearbeitet Aufgaben eigenständig. Auch die Qualitätssicherung der Aufgaben liegt dabei in der Verantwortung des Teams.

Tab. 2: Vergleich agiler und traditioneller Projekt-Kontrollprinzipien

Durch die Einführung agiler Projektmanagementmethoden übernimmt das Projektteam mehr Verantwortung für die Durchführung und den Erfolg von Projekten. Kontrollmechanismen müssen für diese Entwicklung angepasst werden, um auch in Zukunft einen reibungsfreien Projektablauf und eine Minimierung der möglichen Risiken zu gewährleisten.

2.2 Empirische Prozesskontrolle

Aus Erfahrung lernen

Die „empirische Prozesskontrolle" bildet die Basis der Kontrolle in agilen Projekten, insbesondere bei Scrum-Projekten.[7] Sie basiert auf der Annahme, dass Wissen auf Erfahrung beruht. Aufgrund der iterativen und inkrementellen Vorgehensweise agiler Projektmanagementmetho-

---

[7] Vgl. Schwaber, 2004, S. 2.

den können die funktionsübergreifenden Teams bei der Entscheidungsfindung auf die in vergangenen Iterationen gewonnenen Erfahrungen zurückgreifen. Dadurch wird von Iteration zu Iteration die Vorhersagegenauigkeit bzgl. des zu erwartenden Ergebnisses verbessert und die Risikoabschätzung präzisiert.

Die empirische Prozesskontrolle stützt sich dabei auf 3 Grundpfeiler: Transparenz, Überprüfung und Adaption.

- **Transparenz:** Die Schaffung von Transparenz über alle Facetten des Entwicklungsprozesses ist essenziell, um einen einfachen und unbürokratischen Informationsaustausch unter den Beteiligten zu ermöglichen und damit die notwendige offene und innovative Kultur in der gesamten Organisation zu fördern.
- **Überprüfung:** Die regelmäßige Überprüfung der (Teil-)Ergebnisse dient als Basis potenzieller Lernprozesse innerhalb eines Entwicklungsprojekts. Diese Überprüfung kann durch diverse Instrumente erfolgen, wie bspw. durch die Nutzung eines gemeinsamen Teamboards oder durch regelmäßige Abfragen von Feedback des Kunden oder anderer relevanter Stakeholder.
- **Adaption:** Aufgrund der geschaffenen Transparenz und der Implementierung der beschriebenen Mittel zur Überprüfung von (Teil-)Ergebnissen kann das Entwicklungsteam Lernprozesse anstoßen, die zur Anpassung verschiedener Bestandteile des Projekts führen können. Diese Anpassungen können innerhalb der täglich durchgeführten Meetings oder im Rahmen der sog. Retrospectives im Anschluss an einzelne Iterationen oder Projekte erarbeitet werden und dienen einer durchgehenden Risikoidentifizierung.

Die weitestgehend informell gestaltete empirische Prozesskontrolle basiert auf der Grundannahme, dass ein Entwicklungsteam die Gegebenheiten richtig einschätzt und geeignete Schlüsse daraus zieht. Darüber hinaus kann es sinnvoll sein, formelle Performance-Measurement-Systeme zu implementieren, die den Beteiligten die Entscheidungsfindung erleichtern und dem oberen Management Steuerungsmöglichkeiten eröffnen.[8]

3 Performance Measurement zur Steuerung agiler Projektteams

Agile Arbeitsweisen und Projekte lassen sich schwer mit bekannten Messgrößen aus dem nicht-agilen Umfeld kontrollieren und beurteilen. Da das klassische Projektmanagement darauf ausgelegt ist, langfristige

Strategische Planung und konstanten Prozessoptimierung

---

[8] Vgl. Cho, 2008, S. 191.

Produkt- und Budgetplanungen einzuhalten und somit vor allem auf langfristige Aufgabenerledigung fokussiert ist, widersprechen entsprechend ausgerichtete Kennzahlen der Grundidee von Agilität. Im agilen Umfeld steht die fortlaufende Integration neuer Erkenntnisse durch Mitarbeiter und Kundenfeedback im Vordergrund, sodass entsprechend neue Kennzahlen vonnöten sind. Im agilen Kontext sind Kennzahlen besonders wichtig, um strategische Planung und konstante Prozessoptimierungen vorzunehmen, während gleichzeitig Freiheiten in der Anpassung von Projektrahmenbedingungen akzeptiert werden.

Agile Projektteams sollten so gesteuert werden, dass sie in ihrer cross-funktionalen Zusammensetzung zu einem High-Performance-Team mit einem hohen Maß an Eigenständigkeit werden. Unter diesem Aspekt ist es besonders wichtig, den Lerneffekt der Teams messbar zu machen und den Teams Zugang zu den Kennzahlen zu verschaffen, damit sie sich für zukünftige Verbesserungen oder Veränderungen entsprechend aufstellen können.

3.1 Ansätze zur Performance-Messung

Steuerung auf verschiedenen Ebenen

Es ist sinnvoll, agile Kennzahlen nach den Dimensionen Individuum, Projektteam und Abteilung zu unterteilen.

- **Persönliche Performance-Messung:** Die persönliche Performance misst den individuellen Beitrag zum Projekterfolg. Das Heranziehen von persönlichen Kennzahlen im agilen Projektkontext sollte immer mit Bedacht erfolgen und zu Team- und Unternehmenszielen in Beziehung gesetzt werden, da die agile Philosophie stark auf dem Austausch zwischen Teams und Systemen beruht. Ein besonders gutes Beispiel hierfür ist der OKR (Objectives and Key Results)-Ansatz von Google, der die Unternehmenszielsetzung auf einzelne Mitarbeiter herunterbricht und so zu mehr Engagement für ein gemeinsames Ziel führt und einen gemeinsamen Arbeitsfokus sicherstellt.

- **Projektteam-Performance-Messung:** Die Projektperformance bezieht sich auf den Fortschritt und den Erfolg des Projekts im Speziellen. Hier werden Kennzahlen genutzt, um die schrittweisen Erfolge des Projekts darzustellen und über den gesamten Verlauf des Projekts hinweg immer wieder Teilergebnisse zu bewerten.

- **Abteilungsweite Performance-Messung:** Die Messung der Abteilungsperformance hilft vor allem Unternehmen, die Agilität noch nicht flächendeckend eingeführt haben. Das Messen von abteilungsweiten Erfolgen bietet zum einen Anreize zur ganzheitlichen Agilisierung der Organisation und hilft zum anderen bei der Messung des Grades an Organisationsagilität (Rollout Status agiler Grundsätze in der gesamten Organisation).

3.2 Die wichtigsten Kennzahlen und Steuerungsgrößen

Nachfolgend werden verschiedene Kennzahlen vorgestellt, mit deren Hilfe die agile Performance über die verschiedenen Dimensionen hinweg gemessen werden kann.

3.2.1 Geschwindigkeit

Geschwindigkeit stellt eine gute Messgröße dar, um das schnellere Reaktions- und Handlungsvermögen des agilen gegenüber dem traditionellen Projektmanagement aufzuzeigen. Dabei beschreibt die Geschwindigkeit im Grunde das Verhältnis zwischen der erledigten Arbeit des Teams und der genutzten Zeit. Da im agilen Umfeld in Sprints gearbeitet wird, lässt sich die Formel für die Geschwindigkeit folgendermaßen darstellen:

Schnelles Reaktions- und Handlungsvermögen gefragt

Geschwindigkeit = Geleistete Arbeit/Sprint

Diese Kennzahl lässt sich unabhängig von der Größe des agilen Teams nutzen. Um die geleistete Arbeit eines Teams messbar zu machen, können bspw. die geleisteten Arbeitsstunden herangezogen werden. Wird die Geschwindigkeit über mehrere Sprints mit vergleichbaren Aufgabenpaketen gemessen, lässt sich eine gute Prognose über zukünftige Abläufe treffen. Die regelmäßige Messung nach jedem Sprint ermöglicht es, potenzielle Hindernisse und Erfolgsfaktoren frühzeitig zu erkennen. Auf diese Weise kann rechtzeitig reagiert und in nachfolgenden Sprints nachjustiert und so der Arbeitsablauf optimiert werden.

Für die Nutzung der Messgröße „Geschwindigkeit" sollten folgende Hinweise berücksichtigt werden: Wird über mehrere Sprints hinweg eine Inkonsistenz der Geschwindigkeit erkannt, sollte zeitnah nachgesteuert werden, indem interne und externe Einflussfaktoren analysiert und bewertet werden. Wichtig ist auch, dass bei der Messung der Geschwindigkeit Ereignisse wie das Wechseln eines Teammitglieds berücksichtigt werden. Bei jeder wesentlichen Veränderung der Rahmenbedingungen sollte die Kennzahl neu bewertet oder die Berechnung sogar neu gestartet werden.

3.2.2 Backlog-Posten

Aufgrund der Arbeit in iterativen Zyklen eignen sich jene Kennzahlen besonders, die die Erfolge eines Sprints und entsprechende Effizienzen aufzeigen. Daher sind die Backlog-Posten als Messgröße besonders interessant.

Störgrößen aufdecken

Der Backlog-Posten setzt die innerhalb eines Sprints zu erledigenden Arbeitspakete mit den kurz vor Sprintende verbliebenen Aufgaben in Beziehung.

Das errechnete Verhältnis erlaubt bspw. eine Aussage darüber, inwieweit Störgrößen die Bearbeitung der geplanten Arbeitspakete behindert haben. Über eine längere Beobachtung mehrerer Sprints kann sich ein

Organisation

Muster abzeichnen, welche Aufgabenmenge innerhalb des Beobachtungszeitraums erledigt werden kann. Auf dieser Grundlage lassen sich die notwendigen Ressourcen abschätzen und es können Aussagen über die Struktur von Arbeitspaketen getroffen werden, was wiederum den erfolgreichen Ablauf zukünftiger Sprints unterstützt.

3.2.3 Cycle Time

Abweichungen vom Plan ermitteln

Die „Cycle Time" misst die Performance innerhalb eines Sprints, indem jeder Aufgabe innerhalb eines Sprints eine geschätzte Dauer zugeordnet wird. Im Anschluss wird gemessen, wieviel Zeit ein Mitarbeiter für eine bestimmte Aufgabe benötigt hat. Ein Vorteil dieser Messung liegt darin, dass sie sehr konkrete Aussagen über die Team-Performance erlaubt, die dann wiederum die Schätzung zukünftiger Sprints optimieren.

Gemessen wird die Cycle Time in sog. Cycle Time Charts (s. Abb. 3), in denen alle Aufgaben (Issues) oder Arbeitspakete (Cluster of Issues) mit ihrer tatsächlichen Dauer (Elapsed Time) eingetragen werden. In einer Übersicht lässt sich dann ableiten, dass einige Arbeitspakete im Verlauf des Betrachtungszeitraums länger, einige kürzer gedauert haben. Ein Median oder eine Kontrolllinie (Average) zeigt an, welche durchschnittliche Bearbeitungszeit als akzeptabel angestrebt wird und vergleicht diese mit der tatsächlich aufgewendeten durchschnittlichen Bearbeitungszeit (Rolling Average). Alle Arbeitspakete, die über dieser Linie liegen, können dann näher auf Gemeinsamkeiten und Muster analysiert werden, um Gründe für Fehleinschätzungen abzuleiten.

Die Messung der Cycle Time über einen längeren Zeitraum ermöglicht es, häufige Fehlerquellen oder Blocker frühzeitig zu erkennen. Auf dieser Grundlage können die agilen Teams ihre Arbeitsweise optimieren und so die Bearbeitungsdauer der Arbeitspakete reduzieren.

Vorsicht ist bei einer eindimensionalen Betrachtung dieser Kennzahl geboten, i.S.v. „je kürzer, desto besser". Zwar stimmt es, dass eine kürzere Cycle Time eine bessere Performance bedeutet, da Aufgabenpakete in kürzerer Zeit erledigt wurden; dies lässt jedoch keine Rückschlüsse auf den Optimierungsgrad der Auslastung zu.

Die Praxis zeigt, dass das Management solche Teams als stärker einschätzt, die eine konstante Cycle Time liefern, da dies Rückschlüsse auf die schnelle Bearbeitung einer entsprechenden Anzahl an Arbeitspaketen zulässt. Diese Einschätzung beruht auf der Annahme, dass eine zu geringe Cycle Time darauf hindeutet, dass die Anzahl und/oder die Größe der Pakete nicht ausreichend waren. Im Cycle Time Chart ist dies durch eine möglichst geringe Distanz zwischen „Rolling average" und „Average" sowie eine geringe Standardabweichung der einzelnen Bearbeitungszeiten dargestellt.

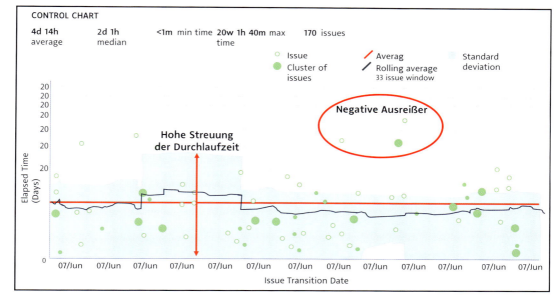

Abb. 3: Cycle Time Chart

3.2.4 Weitere Kennzahlen

Es gibt eine ganze Reihe weiterer Kennzahlen, die für die Messung agiler Performance genutzt werden können.[9] Dazu zählen:

- Anzahl der herunterpriorisierten Themen – ähnlich wie Backlog-Posten;
- Durchlaufzeiten von der Entstehung der Idee bis zur Nutzung oder Umsetzung des entwickelten Produktes;
- Frequenz von Lieferungen, Lieferzeiten unter Einhaltung von Service Levels;
- Gesamtanzahl an Stunden, die in das Projekt investiert wurden im Vergleich zum Outcome (Must-Haves, Should-Haves und Could-Haves, die in dem Betrachtungszeitraum absolviert wurden);
- Agiler Reifegrad und die damit einhergehende Kultur in der Organisation;
- Kundenzufriedenheit;
- Mitarbeiterzufriedenheit.

---

[9] Vgl. u.a. Erande/Verma, 2008, S. 31 ff; Gregory/Taylor/Sharp/Barroca/Salah, 2015; Ruhnow, 2007, S. 130 ff.

Organisation

3.3 Methodikbeispiel zur Messung: Burndown Charts

Burndown Chart zur Fortschrittskontrolle

Ein sog. Burndown Chart ist eine grafische Darstellung, die aufzeigt, ob Ziele am Ende eines Sprints erreicht werden können oder nicht (s. Abb. 4). Auf einen Blick ist ersichtlich, wie viel Arbeit innerhalb der verbleibenden Zeit – meist eines Sprints – noch zu erledigen ist. Dies ermöglicht eine realistische Einschätzung, ob die offenen Arbeitspakete im geplanten Zeitrahmen umgesetzt werden können oder ob eine Repriorisierung notwendig ist.

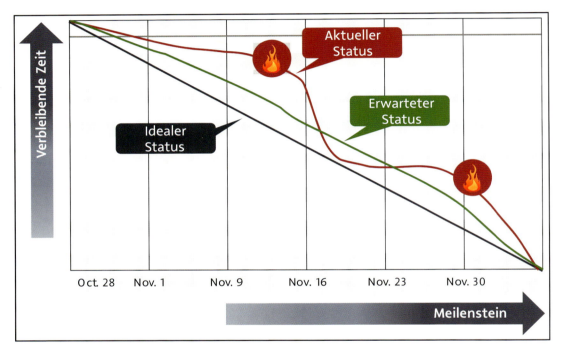

Abb. 4: Burndown Chart

Essenziell für die Aussagekraft des Burndown Charts ist die regelmäßige Aktualisierung der integrierten Aufgabenpakete, sodass auch ungeplante Tätigkeiten – egal welcher Größe – Berücksichtigung finden. Nur wenn dies frühzeitig geschieht kann in der Sprintplanung bzw. einer Repriorisierung darauf eingegangen werden. Neben diesem Aspekt bietet der Burndown Chart auch einen Kommunikationsvorteil, da das Projektteam einfach und transparent kommunizieren kann, wo es in der Planung steht und aus welchen Gründen es zu welchem Zeitpunkt von der Planung abweicht. Die iterative Arbeitsweise in agilen Projekten lässt sich daher durch Burndown Charts gut beobachten und steuern.

Außerdem fördert diese Methode die Selbstständigkeit des Projektteams: Mitarbeiter lernen ihre Aufgabenpakete realistisch einzuschätzen und übernehmen dadurch ein höheres Maß an Eigenverantwortung. Dabei zeigt sich, dass die Angaben umso genauer werden je länger die Mitarbeiter diese Methode nutzen – eine Win-Win-Situation für Mitarbeiter und Management.

4 Fazit: Agilität steigert Kundenzufriedenheit und Umsatz

Agilität ist nicht nur ein Management-Hype, sondern eine effektive Organisationsform, mit deren Hilfe Unternehmen sich für die Herausforderungen der Digitalisierung wappnen können.

Das agile Projektmanagement steigert vor allem Transparenz und Flexibilität und liefert frühzeitig Ergebnisse, die mit Kunden und Endnutzern verprobt werden können. Damit wird im Endeffekt nicht nur die Kundenzufriedenheit und der Umsatz gesteigert, sondern auch das Investitions- und Entwicklungsrisiko gesenkt, da Produkte zeitnah mit Kundenwünschen und -bedürfnissen abgeglichen werden können.

Die Umsetzung dabei erfordert agile Projektmanagement-Methoden, die prozessuale und strukturelle Veränderungen zur Folge haben. Da den Teams deutlich mehr Handlungs- und Entscheidungsfreiraum gewährt wird, ändern sich auch die Steuerungsmodelle hinter agilen Projekten. Besonders im Vergleich mit traditionellen Steuerungsmodellen wird deutlich, dass Teams und Führungskräfte bei einer Umstellung auf Agilität in eine neue Rolle wachsen müssen und entsprechend eine fachliche und inhaltliche Vorbereitung brauchen.

Während neue Führungsrollen wie der Scrum Master oder der Product Owner im agilen Projekt eingeführt werden, bewegt sich die klassische Manager-Führungsrolle sehr stark in eine Team-Coaching-Rolle. Die Führungskräfte von morgen müssen daher die alten Muster einer hierarchischen, profitorientierten Führungskultur ablegen und sich auf einen neuen Rollenmix einlassen. Die Führungskraft hat künftig die Aufgabe, ein Arbeitsumfeld mit offenen und flexiblen Strukturen zu schaffen und für seine Organisation als Experte, Visionär, Gestalter, Change Manager und Coach zu agieren.

Die ideale Führungskraft etabliert und befähigt somit selbstorganisierte, cross-funktionale High-Performance-Teams. Wie trotz dieser neuen Freiheiten für Teams gleichzeitig deren Leistung sichergestellt werden kann, wurde in diesem Beitrag beschrieben.

Der Unterschied zur klassischen Erfolgsmessung ist vor allem, dass das Projektteam im Vordergrund der Empfängergruppe steht – und nicht ein übergeordnetes Gremium. Ziel der Leistungstransparenz ist es, kontinuierlich Verbesserungspotenziale in Prozessabläufen und Arbeitsweisen zu identifizieren und diese entsprechend zu optimieren.

Wenn Projektteams so viel Eigenverantwortung tragen sollen, so ist neben einer gezielten Teambefähigung auch ein gesamtheitliches Umdenken und Anpassen der Unternehmenskultur vonnöten – Vertrauen, Offenheit, Respekt, Mut und eine positive Fehlerkultur sind dabei essenziell.

5 Literaturhinweise

Capgemini Consulting, Agile Organizations – An Approach for a successful journey towards more agility in daily business, 2017, S. 23.

Cho, Issues and Challenges of agile software development with SCRUM, Issues in Information Systems, 2008, 9(2), S. 188–195.

Cobb, Making Sense of Agile Project Management: Balancing Control and Agility, 2011.

Erande/Verma, Measuring agility of organizations – a comprehensive agility measurement tool (CAMT), International Journal of Applied Management and Technology, 2008, 6 (3), S. 31–44.

Fowler/Highsmith, The agile manifesto, Software Development, 2001, 9(8), S. 28–35.

Gregory/Taylor/Sharp/Barroca/Salah, From Performance to Value: Measuring in Agile, 2015, http://agileresearchnetwork.org/wp-content/uploads/2015/07/Measuring_value_in_agile_projects_WP.pdf, Abrufdatum 5.6.2018.

Mack/Khare/Krämer, Managing in a VUCA world, 2016, S. 3 ff.

Ruhnow, Consciously evolving an agile team, in Agile Conference (AGILE), 2007, S. 130–135.

Schwaber, Agile Project Management with Scrum, 2004.

Kennzahlen: Gemeinsame Entwicklung sorgt für Akzeptanz und hohe Nutzungsgrade

- Kennzahlen sind ein wichtiges Instrument, um eine Organisation zu führen und zu überprüfen, ob Ziele erreicht werden. In vielen Organisationen fehlt jedoch die Akzeptanz für die eingesetzten Kennzahlen und Kennzahlensysteme.

- Der von Stacey Barr entwickelte Performance-Measurement-Prozess ermöglicht die Entwicklung von Kennzahlen, die auf das eigene Unternehmen ausgerichtet sind und von Mitarbeitern und Führungskräften gemeinsam und strukturiert erarbeitet werden.

- In 8-10 Wochen werden in 8 Stufen zunächst die wichtigsten operativen und strategischen Ergebnisse herausgearbeitet. Auf Basis dieser Ergebnisse werden Kennzahlen entwickelt, von Stakeholdern überprüft und schrittweise im Detail definiert.

- Basierend auf mehrjähriger Erfahrung der Firma cubus mit diesem Prozess beschreibt der Autor, wie der Prozess in der Praxis funktioniert und welche zentrale Rolle der Prozess beim Wechsel von hierarchischer zu agiler Führung spielt.

Inhalt		Seite
1	Performance mit einem Kennzahlensystem messen	219
1.1	Symptome eines gescheiterten Kennzahlensystems	219
1.2	Kriterien einer guten Kennzahl	220
1.3	Fokus auf Finanzkennzahlen nicht zielführend	221
1.4	Entstehung eines Kennzahlensystems	221
2	Strukturierter Prozess zur Entwicklung eines Kennzahlensystems	221
2.1	Das „Measure-Team"	222
2.2	Überblick und Ablauf	222
2.3	Stufe 1: PuMP-Diagnose	223
2.4	Stufe 2: Ergebniskarte	223
2.5	Stufe 3: Kennzahlen designen	226
2.6	Stufe 4: Kennzahlen-Galerie	228
2.7	Stufe 5: Kennzahlen definieren	229
2.8	Stufe 6: Performance-Bericht definieren	229
2.9	Stufe 7: Kennzahlen interpretieren	229
2.10	Stufe 8: Kennzahlen nutzen	230
2.11	Empfehlung bei der Durchführung	231

3	Praxiserfahrung bei cubus	232
3.1	Kurzvorstellung cubus	232
3.2	Performance-Messung in einer agilen Struktur	233
3.3	Praxiserfahrung mit PuMP	233
4	Fazit: Gezielte Entwicklung von Kennzahlen zahlt sich aus	234
5	Literaturhinweise	234

■ **Der Autor**

Harald Matzke, Bei der cubus AG als Vorstand für die Bereiche Finanzen, Vertrieb, Marketing und konzeptionelle Beratung zuständig. Nach einem Studium war er insgesamt 10 Jahre in verschiedenen Positionen bei der Hewlett-Packard GmbH tätig. Seit 1990 konzipiert und implementiert er mit seinen Kunden entscheidungsunterstützende IT-Systeme. Seit 2014 ist er zertifizierter Berater für den Performance-Measurement-Prozess nach Stacey Barr.

1 Performance mit einem Kennzahlensystem messen

Unabhängig davon, ob es ein Kleinunternehmen, mittelständisches Familienunternehmen, ein global agierender Konzern, eine Non-Profit-Organisation oder ein Unternehmen der öffentlichen Hand ist – jede dieser Organisationen existiert primär, um ein bestimmtes Ergebnis zu erzeugen.

Viele Organisationen benutzen Kennzahlensysteme, um zu messen, wie gut die gesetzten strategischen und operativen Ziele erreicht wurden. In der Praxis stellt man jedoch fest, dass die Zufriedenheit mit den eingesetzten Kennzahlensystemen eher niedrig ist.

1.1 Symptome eines gescheiterten Kennzahlensystems

Es gibt viele Gründe, warum Kennzahlensysteme scheitern. Daraus haben sich einige Symptome herauskristallisiert, die klare Indizien dafür sind, dass ein Kennzahlensystem keine oder sogar eine kontraproduktive Wirkung hat.

Keine oder kontraproduktive Wirkung

- Die Mitarbeiter beklagen sich darüber, dass die Erhebung und Auswertung von Kennzahlen sie von ihrer eigentlichen, „echten" Arbeit abhält.
- Es gibt viel zu viele Kennzahlen, die alle gleich wichtig zu sein scheinen.
- Es wird so viel Zeit mit der Erhebung der Daten benötigt, dass es keine Zeit mehr gibt die Daten zu analysieren.
- Wenn Ist-Werte von Zielwerten oder historischen Werten signifikant abweichen, löst dies keine Aktivitäten auf der Handlungsebene aus.
- Berichte sind so umfangreich, unübersichtlich und mit tabellarischen Details überfrachtet, dass der Bericht keine klaren Informationen bereitstellt.
- Werte werden so lange „bearbeitet" bis der Wert herauskommt, der problemlos „nach oben" kommuniziert werden kann.
- In einem Entscheidungsmeeting gibt es mehr Diskussionen darüber, wer die richtigen Werte für die Kennzahlen mitgebracht hat, als Diskussionen, welche Maßnahmen und Entscheidungen aufgrund der Abweichung sinnvoll sind.

Nicht nur die Auswahl der richtigen Kennzahl und die Auswertung im richtigen Kontext, sondern auch der Aufwand für die Datenerhebung, die Art der Informationsaufbereitung und die Definition von Signalen in den Ergebnissen, die zum Handeln auffordern, sind Teil eines guten Kennzahlensystems.

Organisation

1.2 Kriterien einer guten Kennzahl

Eine gute Kennzahl muss eine Reihe von Kriterien erfüllen (s. Abb. 1)

Abb. 1: Kriterien einer guten Kennzahl

Schon im deutschen Begriff der Kenn**zahl** ist die Quantifizierung enthalten. Schwierig wird es häufig, wenn eine objektive Beweiskraft gesucht wird. Es kommt dabei nicht darauf an, dass eine Kennzahl das Performance-Ergebnis perfekt nachweist. Es kommt darauf an, dass die Kennzahl ein überzeugender Indikator für das Performance-Ergebnis ist und dabei so genau ermittelt werden kann, dass Entscheidungen daran ausgerichtet werden können.

Das richtige Maß zu finden ist auch bei Kennzahlen die Königsdisziplin. Die Granularität darf nicht so hoch sein, da sonst die vielen Details kein klares Bild ergeben. Ist die Granularität zu niedrig, besteht die Gefahr mangelnder Aussagekraft.

Besonders wichtig ist die Entwicklung über die Zeit. Die Kennzahl soll aufzeigen, wie sich die Performance entwickelt und helfen Verbesserungen oder Verschlechterungen schnellstmöglich zu erkennen, damit geeignete Maßnahmen ergriffen werden können. Der weitere Verlauf zeigt dann, ob die Maßnahmen erfolgreich waren.

Gute Kennzahlen lösen Handlungen dann aus, wenn es nötig ist.

1.3 Fokus auf Finanzkennzahlen nicht zielführend

Schon in den 1990er Jahren haben Kaplan/Norton mit der Balanced Scorecard eindrucksvoll aufgezeigt, dass eine Steuerung nur nach Finanzkennzahlen nicht zielführend für ein Unternehmen ist.

Ein Unternehmen mit sehr guten operativen und strategischen Ergebnissen, basierend auf einem soliden und profitablen Geschäftsmodell, wird in der Konsequenz auch sehr gute Finanzzahlen haben. Im Kennzahlensystem sollte es daher ein Gleichgewicht zwischen Kennzahlen zu operativen und strategischen Ergebnissen und Finanzkennzahlen geben.

Operative Daten müssen stimmen

1.4 Entstehung eines Kennzahlensystems

Viele Kennzahlensysteme sind in den Unternehmen organisch entstanden. Kaum jemand kann sagen, warum welche Kennzahl dabei ist und wer sie eingeführt hat. Kaum jemand traut sich, Kennzahlen in Frage zu stellen oder abzuschaffen. Veränderungen im Business oder in der Strategie erfordern neue zusätzliche Kennzahlen. In der Konsequenz werden es mehr und mehr Kennzahlen, die erhoben, ausgewertet und berichtet werden.

Organische statt strukturierte Entwicklung

Wenn ein Unternehmen dann einen Schnitt macht und ein neues Kennzahlensystem entwickeln will, fehlt es an einer strukturierten Vorgehensweise.

Als Ersatz und um Aufwand zu sparen bedient man sich Best Practices, nutzt branchenübliche Benchmarks, führt ein Brainstorming durch oder beauftragt einen Berater. In jedem dieser Fälle erhält man ein neues, meist schlankeres Kennzahlensystem. Allerdings ist es nicht sichergestellt, dass dieses Kennzahlensystem die Ergebnisse misst, die für das Unternehmen spezifisch sind und die Einzigartigkeit auch in der Zukunft sicherstellt.

2 Strukturierter Prozess zur Entwicklung eines Kennzahlensystems

Die Australierin Stacey Barr gilt weltweit als DIE Performance-Measurement-Spezialistin. Sie beschäftigt sich seit über 20 Jahren mit diesem Thema und hat eine strukturierte Vorgehensweise entwickelt, die sie unter dem Namen „Performance-Measurement-Prozess" (PuMP) vermarktet.

Organisation

In 8-10 Wochen zum eigenen Kennzahlensystem

Diese Vorgehensweise erlaubt es, Unternehmen schrittweise in 8 Stufen innerhalb von 8-10 Wochen eine erste belastbare Version eines eigenen Kennzahlensystems zu entwickeln. Die Vorgehensweise stellt sicher, dass die spezifischen Besonderheiten des Unternehmens berücksichtigt werden. Weiterhin wird auf das „Buy-In" aller Stakeholder geachtet, das entstehende Momentum genutzt und zügig ein Ergebnis generiert. Jede Stufe ist mit Dokumenten und praxiserprobten Vorgehensweisen unterlegt.

2.1 Das „Measure-Team"

4-6 Personen bilden das „Measure-Team"

Um das Kennzahlensystem zu entwickeln wird ein „Measure-Team" gebildet. Die optimale Teamgröße liegt bei 4-6 Personen. Eine größere Anzahl von Teilnehmern bremst das Team in der Geschwindigkeit enorm aus, ohne signifikanten Mehrwert zu gewinnen. Die anderen Stakeholder werden zu einem späteren Zeitpunkt (Stufe 4: Kennzahlen-Galerie) ins Boot geholt.

In einer hierarchischen Organisation ist es unabdingbar den Leiter der Organisation, für die das Kennzahlensystem entwickelt wird, als Teilnehmer im Measure-Team zu haben. Durch seine Teilnahme zeigt er seine aktive Unterstützung des Prozesses und legt eine wichtige Grundlage für den späteren Erfolg. Allerdings sollte er darauf achten, die Workshop-Arbeit nicht zu dominieren und alle anderen Teilnehmer motivieren, ihre Ideen und ihre Kompetenz in das Teamergebnis einzubringen.

Die Teilnehmer sollen in das Measure-Team eingeladen und nicht „befohlen" werden. Freiwillige Mitarbeit ist eine wichtige Grundlage, um sich aktiv und konstruktiv in die Teamarbeit einzubringen.

Das Measure-Team sollte von einem Moderator geführt werden, der den PuMP-Prozess gut kennt, sich inhaltlich zurückhält und insbesondere auf die in Kapitel 2.11 genannten Empfehlungen achtet.

2.2 Überblick und Ablauf

Der Ablauf ist in 8 Stufen strukturiert. Typischerweise werden pro Stufe ein Workshop des „Measure-Teams" von ca. 2-3 Stunden zuzüglich entsprechender Vor- und Nacharbeit benötigt. In meinen Workshops haben wir für Stufe 3 häufig mehr als einen Workshop benötigt und teilweise noch kleinere Korrekturen am Ergebnis von Stufe 2 vorgenommen.

Kennzahlen selbst entwickeln

Abb. 2: Ablauf des PuMP-Prozesses

2.3 Stufe 1: PuMP-Diagnose

In der ersten Stufe analysiert man, welche Kennzahlen es bisher im Unternehmen bzw. der Teilorganisation gibt, für die der Prozess durchgeführt wird. Man nimmt die positiven wie negativen Erfahrungen auf, die das Measure-Team bisher mit diesen Kennzahlen oder anderen Kennzahlensystemen gemacht hat. Der Moderator erläutert die 8 schlechten Angewohnheiten, die man typischerweise im Zusammenhang mit Kennzahlensystemen findet und stellt sicher, dass sich im weiteren Verlauf keine dieser Angewohnheiten in den aktuellen Entwicklungsprozess einschleichen kann. In dieser Stufe wird die Grundlage gelegt, Performance-Messung als einen kontinuierlichen Prozess zu betrachten, ausgerichtet auf die strategischen und operativen Ergebnisse des Unternehmens.

Fokus auf kontinuierliche Verbesserung

2.4 Stufe 2: Ergebniskarte

In Stufe 2 werden die operativen und strategischen Ziele genauer betrachtet und als Ergebnisse formuliert. Die Darstellung dieser Ergebnisse erfolgt in einer „Ergebniskarte", die aus 4 Ebenen besteht (s. Abb. 3).

Strategie klar, fokussiert und messbar formulieren

Organisation

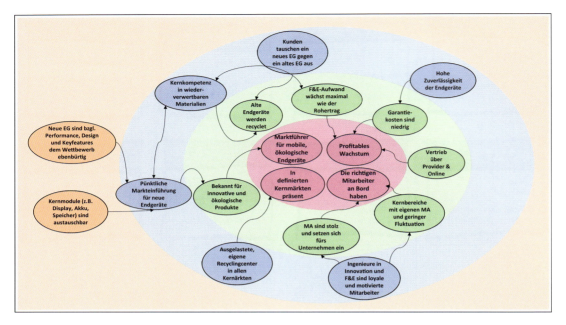

Abb. 3: Ergebniskarte zum Innovationsmanagement der (fiktiven) Firma SmartEco

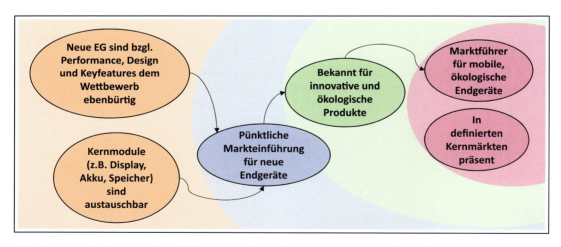

Abb. 3a: Ausschnitt aus der Ergebniskarte zum Innovationsmanagement von SmartEco

- Der innerste Kreis (pink) kennzeichnet die langfristigen Ziele des Unternehmens. Hier finden wir die Vision und Mission des Unternehmens, formuliert als Ergebnisse. Diese ändern sich typischerweise nur langsam über die Zeit. Selbst in unserer heutigen, sehr dynamischen Umwelt sollten diese 5-10 Jahre Bestand haben.

- Im zweiten Kreis von innen (grün) finden wir die aktuellen Ziele des Unternehmens. Diese zeigen auf, welche Ergebnisse erreicht werden müssen, damit die langfristigen Ziele des innersten Kreises erreicht werden können.
- Der dritte Kreis von innen (blau) zeigt die Ergebnisse, die in den Kernprozessen des Unternehmens erzeugt werden müssen, damit die strategischen (des zweiten Kreises) oder die langfristigen Ergebnisse (des ersten Kreises) erzielt werden können. Einfach ausgedrückt sind dies die Ergebnisse, die Teilbereiche wie bspw. Vertrieb, Personal, Logistik oder Produktion liefern müssen.
- Der äußere Kreis (orange) stellt besonders wichtige Ergebnisse strategischer Initiativen oder operativer Prozesse dar, die unbedingt erreicht werden müssen, um die Ergebnisse der Teilbereiche des dritten Kreises oder die Ergebnisse des zweiten Kreises erreichen zu können.

Die Ergebnisse werden in möglichst kurzen einfachen Sätzen formuliert. Die Pfeile zeigen die Ursache-Wirkungskette zwischen den Ergebnissen, aber auch Ergebnisse die potenziell in Konflikt miteinander stehen oder nur gemeinsam erzeugt werden können.

Die Ergebniskarte des Gesamtunternehmens umfasst daher nur die inneren beiden Kreise. Sinnvollerweise wird diese zuerst erstellt. Die einzelnen Teilbereiche des Unternehmens erarbeiten dann die beiden äußeren Kreise und stellen dabei sicher, dass die langfristigen Ergebnisse durch die Ergebnisse der Teilbereiche unterstützt werden.

Bei der Formulierung dieser Ergebnisse kommt es sehr häufig dazu, dass hohle Phrasen verwendet werden. Meist mit der Intention, eine möglichst breite Abdeckung zu erreichen und sich vor konkreten Aussagen zu drücken. Im angelsächsischen Raum wird dies als „Weasel Words" bezeichnet. Der Begriff kommt von der Eigenart des Wiesels in die Eier eines Nestes kleine Löcher zu machen und diese auszusaugen. Danach sind die Eier innen hohl, sehen von außen aber nahezu vollständig intakt aus. *Hohle Phrasen vermeiden*

Die Ergebniskarte ist der Schlüssel für das Verständnis jeden einzelnen Mitarbeiters. Das gleiche Verständnis und ein klarer Fokus sind die Grundlagen, um die richtigen Ergebnisse zu erzeugen und die gesetzten Ziele zu erreichen. Jede Ergebnisbeschreibung sollte daher auf Wörter wie „effektiv", „effizient", „nachhaltig", „strategisch" oder „erfolgreich" verzichten. Ideale Ergebnisbeschreibungen sind so formuliert, dass ein 12-jähriges Kind versteht, was gemeint ist. *Formulierungen wählen, die ein Zwölfjähriger versteht*

Am Ende der zweiten Stufe werden die formulierten Ergebnisse dem „Messbarkeitstest" unterworfen. Dieser Test besteht aus 5 Teilen:

Organisation

- Ist dies ein Ergebnis oder eine Aktion?
- Gibt es irgendwelche „Weasel Words"?
- Sind mehrere Ergebnisse in einem Ergebnis zusammengefasst?
- „Sollen wir", „wollen wir" und „können wir" das Ergebnis erreichen?
- Zu welchen anderen Ergebnissen steht dieses Ergebnis in einer Beziehung?

Sind alle Fragen für jedes einzelne Ergebnis zur Zufriedenheit des Measure-Teams beantwortet, kann Stufe 2 abgeschlossen werden.

2.5 Stufe 3: Kennzahlen designen

Kennzahlen müssen Performance-Ergebnisse nachweisen

Aus der Ergebniskarte werden im nächsten Schritt die Kennzahlen entwickelt, die diese Ergebnisse möglichst zutreffend messen. Dies erfolgt in einem mehrstufigen Prozess, der für alle in der Ergebniskarte festgehaltenen Ergebnisse nacheinander durchgeführt wird.

Zunächst wird ein Ergebnis aus der Ergebniskarte herausgegriffen und visualisiert. Im nächsten Schritt erarbeitet das Measure-Team die „sensorischen" Ausprägungen, die zu beobachten sind, wenn das Ergebnis eingetreten ist. Die Ermittlung der sensorischen Ausprägungen erfolgt auf der Basis der folgenden Fragen:

- Was werden die Personen sehen, wenn das Ergebnis erreicht wurde?
- Was werden die Personen fühlen oder was werden sie anfassen können, wenn das Ergebnis erreicht wurde?
- Was werden sie hören, wenn das Ergebnis erreicht wurde? Was werden andere Beteiligte sagen?
- Was werden sie riechen oder schmecken, wenn das Ergebnis erreicht wurde? (Diese Ausprägung ist in Unternehmen eher selten.)
- Welche Erfahrung werden sie machen, wenn das Ergebnis erreicht wurde?

Stellt man sich „die Personen" vor, dann sollte man an Kunden, Lieferanten, Mitarbeiter, Anteilseigner oder andere Stakeholder denken.

Wenn man sich mental in die Situation versetzt hat, die entsteht, wenn das Ergebnis erreicht wurde, dann kann man daraus eine Liste von möglichen Messkriterien für dieses Ergebnis erstellen. 3-7 Vorschläge entwickeln sich dabei meist von alleine.

Im nächsten Schritt werden diese Vorschläge unter dem Aspekt der „Aussagekraft" und der „Umsetzbarkeit" bewertet. In meinen Workshops haben die Teams sich meist auf eine einfache Skala von Hoch/Mittel/Niedrig oder 1-7 geeinigt. Basierend auf den Bewertungen selektiert das Team ein oder zwei der am besten bewerteten Kennzahlen (hohe Aussagekraft und geringer Umsetzungsaufwand) für die weitere Bearbeitung. Vor der finalen

Formulierung der Kennzahl wird geprüft, ob es unbeabsichtigte Konsequenzen aus der Verfolgung der Kennzahl ergibt.

Kennzahlen Design

Starte mit dem Ergebnis aus der Karte	• Alte Endgeräte werden recycelt und die recycelten Materialien werden wieder in neue Endgeräte verbaut		
Achte auf die sensorischen Ausprägungen	• Kunden fühlen sich gut, weil sie wissen, dass sie keinen Elektroschrott produzieren, wenn sie ihr Handy austauschen. • Wir können uns vom Markt differenzieren und haben vertrieblich sehr gute Argumente, um neue Kunden zu gewinnen. • Die Kunden bleiben uns treu und kaufen das nächste Gerät wieder bei uns.		
Suche potentielle Kennzahlen für die identifizierte Sensorik	*Potential Kennzahlen*	Aussagekraft	Umsetzbarkeit
	1. Prozentanteil an Material in einem Endgerät, das wieder recycelt und in ein neues Endgerät eingebaut werden kann.	H	H
	2. Anzahl austauschbarer Komponenten, damit ein Handy repariert statt ausgetauscht werden kann	L	M
	3. Prozentanteil an Material, das recycelt und in andere Wertschöpfungsketten eingebracht werden kann	M	H
	4. Anteil an neu verkauften Handys, für die die Kunden ein altes Handy zurück gegeben haben	M	H
	5. Anzahl von Kunden, die unsere Handys wegen ihrer Ökobilanz kaufen	H	L
Unbeabsichtigte Konsequenzen prüfen	• Wir können neue Technologien und Materialien nicht nutzen, weil wir die alten wieder verbauen müssen.		
Benenne die Kennzahl(en)	1) Anteil recycelfähiges Material Der prozentuale Anteil des Materials, das aus diesem Gerät zu einem späteren Zeitpunkt wiedergewonnen und in ein neues Gerät verbaut werden kann. 2) Tauschanteil Endgeräte Anteil an neu verkauften Handys, für die die Kunden ein altes Handy zurückgegeben haben		

Abb. 4: Beispiel für ein Measure Design der (fiktiven) Firma SmartEco

Zuletzt werden die selektierten, auf unbeabsichtigte Konsequenzen geprüften Kennzahlen final formuliert (s. Abb. 4). Dann wird das nächste Ergebnis aus der Ergebniskarte durch den Design-Prozess geführt.

Organisation

> **Beispiel: Fehlerfreiheit vs. Testaufwand**
> Man kann fordern, dass ein Softwareprogramm soweit getestet wird, dass es im Ergebnis fehlerfrei ist. Dies hat allerdings Konsequenzen für den Testaufwand und die damit verbundenen Kosten. In einem sicherheitsrelevanten Bereich (z.B. Steuerungssoftware in einem Flugzeug) ist es sinnvoll, dass Fehlerfreiheit gefordert wird. Bei Businesssoftware sind Kunden meist nicht bereit, diesen Preis zu bezahlen.

2.6 Stufe 4: Kennzahlen-Galerie

Zustimmung über das Team hinaus erzeugen

Basierend auf der Ergebniskarte und den dazugehörigen Kennzahlen wird eine Kennzahlen-Galerie durchgeführt. Die Kennzahlen-Galerie ist der Moment, in dem die Meinung anderer Beteiligter eingeholt wird.

Das Measure-Team lädt Mitarbeiter, je nach Situation auch Kunden oder Lieferanten, zu einer Präsentation der bisherigen Workshop-Ergebnisse ein. Die Präsentation wird „Open Space" durchgeführt, d.h. ohne Tische und Stühle. Die Ergebnisse werden an der Wand oder auf Metaplanwänden präsentiert. Vertreter des Measure-Teams stehen für Fragen und Diskussionen zur Verfügung. Zur Auflockerung der Atmosphäre eignen sich Getränke und kleine Häppchen.

Die Besucher werden gebeten, ihr Feedback auf bereitgelegte gelbe Klebezettel zu schreiben und direkt an das Kennzahlen-Design oder die Ergebniskarte aufzukleben.

Besucher werden in die Kennzahlen-Galerie eingeladen. Wichtig ist, dass immer die richtigen Personen kommen! Wer nicht kommt, den interessiert das Thema nicht und dessen Feedback ist auch nicht so wichtig für den weiteren Workshop-Verlauf.

Kennzahlen-Galerie sorgt für hohe Zustimmung

Die Kennzahlen-Galerie nimmt andere Beteiligte mit ins Boot und sorgt dafür, dass frühzeitig Feedback von außen in den Prozess kommt. Da die Beteiligten sehen, dass es ein Zwischenergebnis ist, ist die Bereitschaft einen konstruktiven Beitrag zu leisten höher, als wenn es schon die Endpräsentation eines Ergebnisses wäre. Die Kennzahlen-Galerie legt die Basis für eine möglichst hohe Zustimmung zu dem späteren Workshop-Ergebnis.

Möglichst zeitnah nach der Kennzahlen-Galerie trifft sich das Measure-Team, um das Feedback auszuwerten und sinnvolle Korrekturen an der Ergebniskarte und den Kennzahlen-Designs vorzunehmen.

2.7 Stufe 5: Kennzahlen definieren

Nachdem das Feedback eingearbeitet wurde, geht es in die Detailarbeit. Für jede Kennzahl werden die folgenden Definitionen getroffen:

- Kurze Beschreibung der Kennzahl;
- Beschreibung, wozu die Kennzahl benötigt wird;
- Beziehung zu anderen Kennzahlen;
- Berechnungslogik sowie
  - Formel zur Berechnung
  - Häufigkeit der Berechnung
  - Umfang, ggfs. Abgrenzung
- Daten (Datenelement, Datenquelle, Verfügbarkeit).

Auch für diese Stufe gibt es eine Word-Vorlage als Basis. Diese enthält auch weiterführende Definitionen, die in den Stufen 6 und 7 vorgenommen werden. Die Datei wird also sukzessive in den folgenden Stufen ergänzt.

2.8 Stufe 6: Performance-Bericht definieren

Jedes Kennzahlensystem kann nur so gut sein, wie die Präsentation der Daten an die Informationsempfänger. In den letzten Jahren hat mit Visual Information Design eine wichtige, neue Disziplin die Schreibtische derjenigen erreicht, die Informationen für Entscheidungsträger aufbereiten.

Berichte sollen zum Handeln anregen

In Stufe 6 definiert das Measure-Team, an wen die Informationen wann und in welcher Form geliefert oder bereitgestellt werden. Für jede Kennzahl sollte dabei geprüft werden, welche graphische und/oder tabellarische Darstellung das Performance-Ergebnis am schnellsten transparent macht.

2.9 Stufe 7: Kennzahlen interpretieren

Kaum ein Performance-Ergebnis ist, dargestellt in einem Liniendiagramm, eine gerade Linie. Daraus kann man schließen, dass es eine natürliche Varianz gibt, deren Bandbreite aber stark abhängig von den Charakteristika des Performance-Ergebnisses ist.

Auf echte Signale in den Kennzahlen reagieren

In Stufe 7 müssen wir daher prüfen, welche Abweichung eines Ergebnisses von einem Zielwert oder von einer historischen Entwicklung tatsächlich eine Handlung der Entscheidungsträger auslösen sollte und

Organisation

welche nicht. Wir wollen zwischen echten Signalen und Nebengeräuschen unterscheiden.

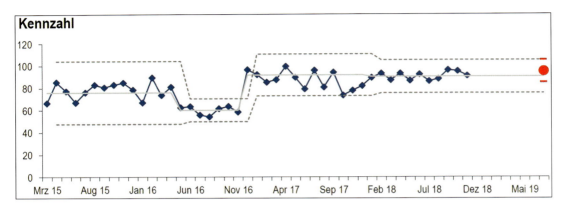

Abb. 5: XMR-Chart

Ein gutes Beispiel zeigt das XMR-Chart in Abb. 5. Es zeigt die Messwerte der Kennzahl und ermittelt auf der Basis von statistischen Berechnungen den Mittelwert (graue durchgehende Linie) sowie die natürlichen Varianzen (grau-gestrichelte Linien). Am rechten Rand sind der Zielwert als roter Punkt und die gewünschte natürliche Varianz als kleine rote Striche abgebildet.

Man sieht in der Grafik, dass im Mai 2015 ein Einbruch in den Messwerten erkennbar ist. Im Dezember 2016 sind die Ergebnisse wieder deutlich besser (in der Annahme, dass ein höherer Wert positiv ist, bspw. Anzahl der Vertragsabschlüsse mit Neukunden). Allerdings ist die natürliche Varianz sehr hoch. Ab Februar 2017 nimmt die natürliche Varianz deutlich ab, aber der Mittelwert liegt noch unter dem Zielwert.

Der in vielen Berichten genutzte Vergleich des aktuellen Monats zum gleichen Monat des Vorjahres oder der Vergleich eines Monatswertes zu einem Zielwert für diesen Monat führt bei Abweichungen häufig zu Kurzschlusshandlungen, die bei einer längerfristigen Betrachtung des Performance-Ergebnisses unter Berücksichtigung von natürlichen Varianzen nicht passiert wären. Diese Kurzschlusshandlungen generieren oft Aufwand ohne wirkliche langfristig positive Effekte zu generieren und führen zu Frustration bei den Beteiligten.

2.10 Stufe 8: Kennzahlen nutzen

Zielwerte setzen

Mit Stufe 8 schließen wir den Prozess ab. Für jede Kennzahl definieren wir jetzt einen Zielwert und ggf. eine Bandbreite, die wir in Zukunft für diese Kennzahl anstreben. Die meisten Measure-Teams, die ich begleiten durfte, haben an dieser Stelle zunächst gestreikt, wenn es um eine Kennzahl ging, die bisher nicht Teil des Kennzahlensystems war und Ist-Daten der Vergangenheit auch nicht einfach zu beschaffen waren.

Woher sollen wir wissen, was ein realistischer Zielwert ist? Diese Frage erscheint berechtigt, aber wenn das Ergebnis wichtig ist, um strategische oder operative Ziele zu erreichen, dann müssen wir uns auch ein klares Ziel dafür setzen und numerisch quantifizieren können.

Stufe 8 endet nicht mit dem Workshop, sondern ist der Übergang in die Nutzung der Kennzahlen. Ein Kennzahlensystem sollte so ausgelegt sein, dass es eine kontinuierliche Verbesserung der Unternehmensergebnisse fordert und fördert. Dazu sollten die zugrundeliegenden Prozesse regelmäßig auf den Prüfstand gestellt werden.

Business-Prozesse optimieren

2.11 Empfehlung bei der Durchführung

In allen Stufen gibt es einige begleitende Durchführungsempfehlungen, die dazu führen, dass der Entwicklungsprozess fokussiert bleibt und ein erfolgversprechendes Ergebnis erzielt wird.

In vielen Organisationen ist es üblich, Kennzahlen zu entwickeln, die nicht nur die ganze Organisation, Business-Segmente und Teams misst, sondern auch bis auf einzelne Mitarbeiter heruntergebrochen werden können. Zunächst erscheint dies sinnvoll, da die Performance von Mitarbeitern objektiv verglichen werden kann. Die Angst, schlecht dazustehen, führt aber zu einer Reihe von Verhaltensweisen, die kontraproduktiv sind:

Miss den Prozess, nicht die Mitarbeiter

- Der Fokus liegt darauf, Ausflüchte und Erklärungen für mangelnde Performance zu finden.
- Die Kennzahl an sich wird bei jeder Gelegenheit in Frage gestellt.
- Performance-Probleme werden unter den Teppich gekehrt.
- Die Ergebnisse der Kennzahlen werden „geschönt" (= manipuliert).

Besonders gravierend werden diese negativen Verhaltensweisen, wenn Mitarbeiter nach diesen Kennzahlen belohnt, bestraft oder bezahlt (z. B. mit einem variablen Gehaltsanteil) werden. Ein gutes Kennzahlensystem misst den Prozess und nicht die Menschen. Damit können Probleme im Prozess transparent gemacht und eine Lösung schnell implementiert werden.

Insbesondere in Measure-Teams, die sich aus Mitarbeitern zusammensetzen, die typischerweise in sehr exakten, wissenschaftlichen oder technischen Funktionen arbeiten, findet man eine hohe Affinität zu perfekten Ergebnissen. Die Praxis zeigt aber, dass diese Perfektion in der

Sei pragmatisch, nicht perfekt

Organisation

Entwicklung einer ersten Version des Kennzahlensystems nicht nötig ist, aber enorm viel Zeit benötigt. Der Moderator sollte das Measure-Team zu jedem Zeitpunkt anleiten, den pragmatischen Ansatz dem perfekten Ansatz vorzuziehen. Performance-Messung ist kein einmaliges Projekt, sondern ein permanenter Prozess. Verbesserungen können und sollten in regelmäßigen Abständen eingebaut werden.

Sei ein brutaler Minimalist

Jedes Team hat eine große Bandbreite an Aufgaben im täglichen Geschäft. Versucht man alle Aufgabe und deren Ergebnisse zu berücksichtigen ist bereits die Ergebniskarte unübersichtlich und führt zu vielen Kennzahlen und noch mehr Basisdaten, die erhoben werden müssen, um alle Kennzahlen regelmäßig zu erheben und auszuwerten.

Es ist unabdingbar sich auf wenige, strategisch relevante Ergebnisse zu fokussieren. Idealerweise gibt die Unternehmens- oder Bereichsstrategie diesen Fokus bereits vor. Falls nicht, muss das Measure-Team harte Entscheidungen treffen, die vom Vertreter des Management Teams im Measure-Team auf jeden Fall mitgetragen werden muss.

3 Praxiserfahrung bei cubus

3.1 Kurzvorstellung cubus

Die konzeptionelle Beratung und die Umsetzung von IT-Systemen zur Unterstützung faktenbasierter Entscheidung ist die Kernaufgabe von cubus. Wir entwickeln Standardsoftware für die Erstellung von Analysen und Berichten sowie Planung und Simulation mit einem Schwerpunkt im Performance Management im klassischen Finanzbereich, aber auch im Projektbereich. Zurzeit liegen im Projektbereich die Schwerpunkte bei Innovations- und F&E-Projekten sowie in der Umsetzung der Digitalisierungs-Strategien durch Projekte.

Die Standardsoftware „cubus outperform" wird von einem eigenen Entwicklungsteam in agilen Entwicklungsprozessen entwickelt. Das Beratungsteam kümmert sich darum, gemeinsam mit den Kunden, die Anforderungen der Kunden in der Standardsoftware abzubilden und das System in einen produktiven Einsatz zu bringen. Eine Support-Organisation ist die Hauptschnittstelle zu den Kunden bei dem cubus outperform schon produktiv im Einsatz ist. Das Business Development-Team vereinbart die klassischen Vertriebs- und Marketingstrukturen, betreut Bestandskunden und akquiriert Neukunden. Ein Verwaltungs- und Personalteam kümmert sich darum, die nötigen Rahmenbedingungen zu schaffen, damit die anderen Teams ergebnis- und leistungsorientiert arbeiten können.

3.2 Performance-Messung in einer agilen Struktur

Transparenz über Ergebnisse durch Kennzahlen ist schon immer tief in der Unternehmenskultur verankert. Die Hierarchien im Unternehmen wurden abgeschafft. Die Teams organisieren und führen sich selbstständig. Vier verschiedene Boards mit unterschiedlichen Schwerpunkten (Produkte & Innovation, Mitarbeiter, Interne Projekte, Operatives Geschäft) steuern die Team-übergreifenden Aktivitäten und sorgen für Ergebnisse gemäß gemeinsam vereinbarten Zielen. Einmal im Quartal treffen sich die Mitarbeiter, um sich über den Stand der Dinge auf Unternehmensebene, aber auch den einzelnen Teams zu informieren.

In der selbstorganisierten, agilen Teamstruktur werden die Kennzahlen zu einer Schlüsselqualifikation. Die Teamperformance wird ausschließlich daran gemessen. Abweichungen außerhalb der natürlichen Varianz und Abweichungen vom vereinbarten Zielwert werden im Team diskutiert und je nach Rolle entscheiden die zuständigen Personen über die Korrekturmaßnahmen.

Performance-Messung als Schlüsselqualifikation

3.3 Praxiserfahrung mit PuMP

Mit dem Entwicklungsteam haben wir bewusst in einem der schwierigsten Bereiche begonnen. Die Beschreibung von Ergebnissen und die Entwicklung sinnvoller Kennzahlen ist in Entwicklungsbereichen auch in anderen Firmen eine große Herausforderung gewesen. Gleichzeitig gelten Ingenieure (auch Software-Ingenieure) nicht als die großen Verfechter von Kennzahlensystemen. Die Widerstände waren groß, aber wir konnten ein zufriedenstellendes Ergebnis erzielen.

Erfolg zeigt sich durch den Grad der Nutzung

Im Support und auch später in den Bereichen Consulting und Business Development war es einfacher. Das Admin-Team hatte große Herausforderungen in der Formulierung ihrer Ergebniskarte. Danach war es verhältnismäßig einfach.

Mit etwas Abstand konnten wir feststellen, dass das Support-Team wesentlich mehr Fokus auf seine Kennzahlen hat als das Entwicklungsteam. Das lässt sich auch daran feststellen, welchen Raum die Auswertung und Analyse in den Teammeetings einnimmt und inwieweit sie die Ergebnisse auch auf den Quartalsmeetings für die Kommunikation an andere Teams nutzen.

4 Fazit: Gezielte Entwicklung von Kennzahlen zahlt sich aus

Kennzahlen(systeme) können in einem strukturierten Prozess für das eigene Unternehmen so entwickelt werden, dass Performance-Ergebnisse sichtbar sind und bei Abweichungen von Zielwerten oder gewünschten Verläufen Handlungen ausgelöst werden.

Der von Stacey Barr entwickelte Prozess stellt sicher, dass Kennzahlen relevant für die Erreichung von strategischen und operativen Zielen sind, was sie zu einem wichtigen Instrumentarium zur Führung auf allen Ebenen eines Unternehmens macht.

Der Prozess ist pragmatisch aufgebaut und kann in 8-10 Wochen für einen Organisationsbereich durchgeführt werden. Die Vorgehensweise erlaubt eine schrittweise Umsetzung im Unternehmen. Dabei ist es hilfreich, wenn vorher die strategischen Ziele des Unternehmens definiert wurden.

Wie in jedem anderen Veränderungsprozess ist es auch bei der Erstellung eines neuen Kennzahlensystems zur Messung der Unternehmens- und Team-Performance wichtig, alle Beteiligten mitzunehmen. Die Zusammensetzung des Measure-Teams und die Kennzahlen-Galerie sind wichtige Elemente, um das „Buy-In" sicherzustellen.

5 Literaturhinweise

Barr, Practical Performance Measurement, 2014.

Barr, Prove IT, 2017.

Unternehmenssteuerung: Einfluss der Digitalisierung am Beispiel eines Versicherungsunternehmens

- Die Digitalisierung ermöglicht es Unternehmen, einen integrierten Steuerungsansatz zu entwickeln, der ganzheitlich alle Facetten von Planung über Forecast bis zum Berichtsausweis abdeckt.
- Der Beitrag zeigt auf, wie ein integrierter Steuerungsansatz aussieht und wie dieser durch Möglichkeiten der Digitalisierung besser als bisher unterstützt werden kann.
- Ziel des Beitrags ist es, den Leser (auf Basis der technologischen Neuheiten) in die Funktionalitäten der integrierten Steuerung einzuführen. Anhand eines Praxisbeispiels aus der Finanzdienstleistungsbranche werden der Nutzen und die Vorteile des integrierten Steuerungsmodells aufgezeigt.
- Die Erkenntnisse aus dem Praxisbeispiel eines Versicherungsunternehmens gelten für zahlreiche andere Branchen und lassen sich mit nur geringem Transferaufwand übertragen.

Inhalt		Seite
1	Kennzahlenbasiertes Steuerungsmodell am Beispiel eines Versicherungsunternehmens	237
2	Digitalisierung als Treiber neuer Steuerungsmodelle	241
2.1	Bedeutung der Digitalisierung für Unternehmen	241
2.2	Auswirkungen auf Geschäftsmodelle	243
2.3	Auswirkungen auf das Steuerungsmodell	244
2.3.1	Strategie	244
2.3.2	Steuerungsmodell/Prozesse	244
2.3.3	Organisation	245
2.3.4	IT-Systeme	245
3	Integrierte Steuerung als Reaktion auf die Digitalisierung	246
4	Praxisbeispiel zur Etablierung einer integrierten Steuerung in der deutschen Versicherungsbranche	248
4.1	Kennzahlensystem	248
4.2	Prozesse	249

4.3	Controllingorganisation	252
4.4	IT-Systeme	253
5	Fazit	253
6	Literaturhinweise	254

▪ Die Autoren

Dr. Christian Briem, Senior Project Manager bei Horváth & Partners Management Consultants im Competence Center Financial Industries in Düsseldorf.

Mark René Hertting, Principal, Prokurist und Leiter Controlling & Finance für Versicherungen bei Horváth & Partners Management Consultants in München.

Marc Wiegard, Principal im Competence Center Financial Industries bei Horváth & Partners Management Consultants in Hamburg.

1 Kennzahlenbasiertes Steuerungsmodell am Beispiel eines Versicherungsunternehmens

Die Steuerung von Unternehmen ist traditionell kennzahlengetrieben. Abgeleitet aus den strategischen Vorgaben definiert jedes Unternehmen sein eigenes Kennzahlensystem. Hierbei dient die Strategie als Leitplanke und Rahmenbedingung für die Ausprägung des Systems. Das Ziel muss es sein, die strategischen Vorgaben in quantifizierbare Steuerungsgrößen zu übersetzen und mithilfe

Für effiziente Steuerung elementar

- der dahinterliegenden Prozesse (Planung, Leistungsverrechnung, Steuerung und Berichtswesen),
- der organisatorischen Gegebenheiten (Rollenmodell/Governance) und
- der IT-Ausstattung

regelmäßig steuern und überwachen zu können. Es ist daher notwendig, dass die gesamte Unternehmenssteuerung homogen und durchlässig von der Strategie bis zur operativen Umsetzung verankert ist. Denn nur in einem eingeschwungenen System, erzielt das Unternehmen eine effiziente und wirkungsvolle Gesamtsteuerung. Abb. 1 zeigt die Struktur eines solchen Steuerungssystem am Beispiel einer Versicherung.

Das Steuerungsmodell eines Unternehmens orientiert sich an definierten Prinzipien und weist aufgrund unterschiedlicher Steuerungsdimensionen und -tiefen eine jeweils differenzierte Ausprägung auf. Die Festlegung der jeweiligen Ausprägung ist dabei Grundlage für die Kennzahlenauswahl und die letztendliche Visualisierung des Steuerungsmodells.

Vollständigkeit, Abgrenzbarkeit, Vergleichbarkeit, Durchlässigkeit und Genauigkeit sind die Kernprinzipien eines jeden Steuerungsmodells. Für jedes Steuerungsmodell spielt die Vollständigkeit der relevanten Steuerungsaspekte eine ausgesprochen wichtige Rolle. Fehlen die Kenngrößen, entgehen den Verantwortlichen die entscheidenden Informationen.

> **Hinweis: Kennzahlen müssen abgrenzbar sein**
> Hierbei ist zu beachten, dass die Kennzahlen stets voneinander abgrenzbar sind. Eine Überlappung von Inhalten (bspw. Ausweis des Konzernumsatzes im Gleichklang mit dem CEE-Umsatz) führt zu Inkonsistenz der Steuerung und Verwirrung aller Beteiligten. Im Berichtsausweis müssen die Kennzahlen stets vergleichbar sein. So können bspw. bei einer Versicherung der Umsatz und die Prämien auf einer Ebene gezeigt werden, nicht aber der Umsatz und die Personalkosten.

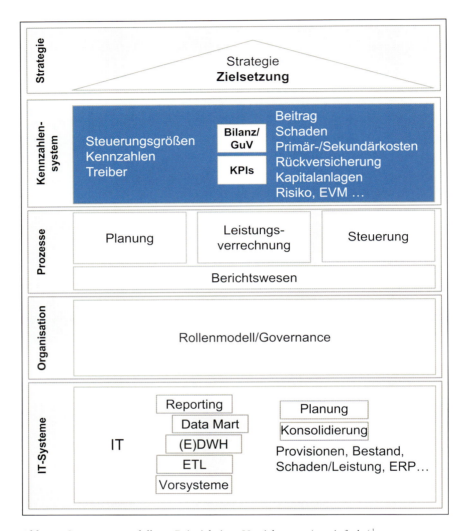

Abb. 1: Steuerungsmodell am Beispiel einer Versicherung (vereinfacht)[1]

Für viele Unternehmen ist die Durchlässigkeit der Steuerungssichten eine große Herausforderung. Für die Steuerung ist es jedoch elementar, dass die Summe aller Teilmengen das Konzernergebnis widerspiegelt. Abschließend ist die Genauigkeit des Kennzahlenausweises zu nennen. Eine homogene IT-Landschaft mit fehlerfreien Schnittstellen und leistungsfähigen Vorsystemen ist dabei die Voraussetzung für die Realisierbarkeit dieses Grundprinzips.

---

[1] Vgl. Kieninger et al., 2015.

Die Versicherungsunternehmen leiten ihre Steuerungsobjekte aus den strategischen Vorgaben ab. Dabei kann es je nach Steuerungsansatz unterschiedliche Ausprägungen hinsichtlich Steuerungsdimensionen und -tiefe geben. Klassische Kerndimensionen sind die Legaleinheit, die Organisation(seinheit), das Produkt, der Kunde, die Region oder die Periode. Manche Unternehmen gliedern die Dimensionen noch granularer und berücksichtigen dabei auch die Kostenart, die Kostenstelle/Center, den Kostenträger oder den Vertriebskanal (s. Abb. 2 mit dem Beispiel einer Versicherung).

Steuerungsmodell basiert auf strategischen Vorgaben

Bei der Wahl der Steuerungstiefe (Ausprägung je Dimension) sind insbesondere die Adressaten der Steuerung zu berücksichtigen. Wird das Steuerungsmodell bspw. für den Vorstand erzeugt, sollte die Steuerungstiefe geringer sein, als bei Bereichs- oder Abteilungsleitern. Beim Produktivbetrieb ist aus datenschutzrechtlichen Gründen darüber hinaus noch die Berechtigungsebene zu berücksichtigen, da nicht jeder Zugriff auf alle Ebenen haben darf.

Steuerung im hier verwendeten Sinn meint stets ergebnisorientierte Steuerung. Das Ziel jedes Steuerungsmodells sollte es sein, eine homogene, in sich schlüssige Visualisierung zu erzeugen (bspw. in Form eines Werttreibers), die auf einem Blick das Steuerungsmodell darstellt. Dieses ist jedoch zuvor durch die richtigen Kennzahlen zu befüllen. Bei der Wahl der Schlüsselindikatoren sind wesentliche Kriterien zu berücksichtigen. So müssen sie mit der Strategie, dem Geschäftsmodell und dem Adressaten abgestimmt sein, relevant, beeinflussbar, messbar und verständlich sein und als Grundlage managementtauglicher Entscheidungen dienen können.

Die managementtaugliche Unternehmenssteuerung ist hierbei auf ein paar wenige Steuerungsgrößen zurückzuführen. In jedem Geschäftsbereich einer Versicherung, ob nun „Komposit", „Leben" oder „Kranken" werden verschiedene Kennzahlen verwendet, um die Profitabilität des jeweiligen Geschäftsbereichs aufzuzeigen. In „Komposit" steuert man zumeist nach dem versicherungstechnischen Ergebnis, in „Leben" nach dem Rohüberschuss und in „Kranken" nach dem versicherungsgeschäftlichen Ergebnis. Diese Kernsteuerungsgrößen lassen sich beliebig herunterbrechen, bis man beitragsseitig auf Anzahl Verträge bzw. Ø-Prämie je Vertrag und kostenseitig auf bspw. Anzahl Mitarbeiter bzw. Ø-Gehalt je Mitarbeiter angelangt ist.

Organisation

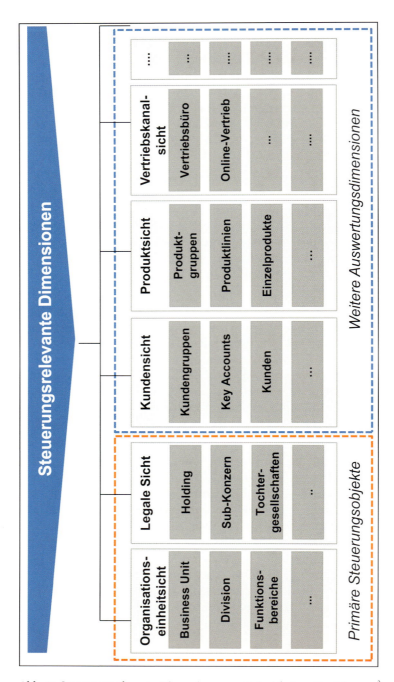

Abb. 2: Steuerungsrelevante Dimensionen am Beispiel einer Versicherung[2]

[2] Vgl. Hiendlmeier/Hertting, 2015.

Digitalisierung in der Unternehmenssteuerung

Der unternehmensspezifische Werttreiberbaum ist die Resultante aus der Zusammenstellung jeden Steuerungsmodells (s. Abb. 3). Heruntergebrochen vom Ergebnis/Wertbeitrag (hier: Hauptsteuerungsgröße) lassen sich die Einzelkomponenten der Steuerungsebenen sowohl umsatz- als auch kostenseitig abbilden.

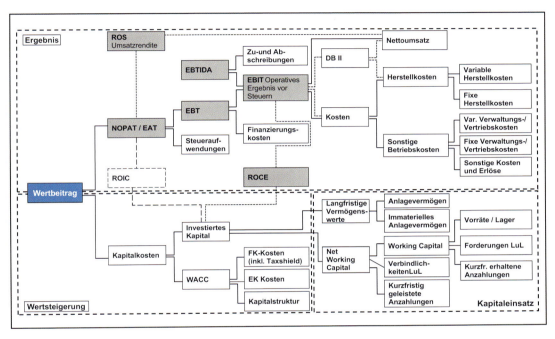

Abb. 3: Beispiel für einen Werttreiberbaum[3]

2 Digitalisierung als Treiber neuer Steuerungsmodelle

2.1 Bedeutung der Digitalisierung für Unternehmen

Digitalisierung ist mittlerweile schon seit mehreren Jahren ein allgegenwärtiger, nahezu inflationär anzutreffender Begriff, der sowohl im privaten und öffentlichen Leben, als auch in der Wirtschaft verwendet wird. Digitalisierung wird, wie in Abb. 4 dargestellt, als begriffliche Klammer für eine Vielzahl von überwiegend technologischen und durch verändertes Kundenverhalten induzierten Trends verstanden, die zu Veränderungen der Unternehmensumwelt führen und weiterhin führen werden. Dies wird nachfolgend am Beispiel von Versicherungen dargestellt, ist aber auf weitere Branchen übertragbar.

Veränderungen von Technologie und Kundenverhalten

---

[3] Vgl. Kieninger et al., 2015.

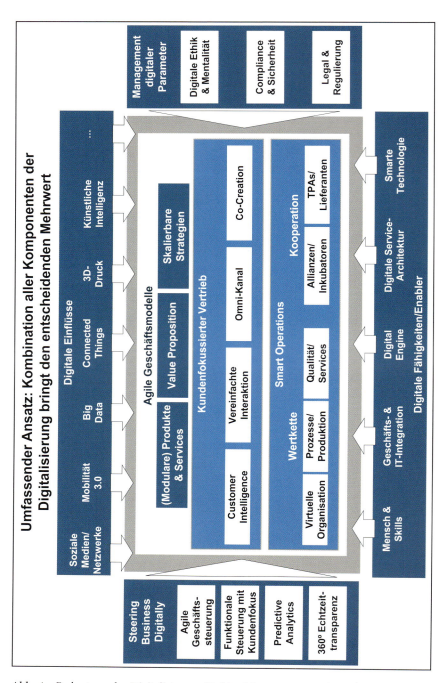

Abb. 4: Bedeutung der Digitalisierung für Versicherungsunternehmen[4]

[4] Vgl. Hiendlmeier/Hertting, 2015.

2.2 Auswirkungen auf Geschäftsmodelle

In der digitalen Welt verändert sich das Kundenverhalten (z. B. always online), erhöhen sich Kundenerwartungen (z. B. 24/7-Erreichbarkeit von qualifizierter Auskunft und Problemlösung) und Trendsetter-Branchen verschaffen dem Kunden emotionalisierte Erlebniswelten, an denen er auch die „öde" Versicherung misst. Mit der Digitalisierung steigt zudem die Virtualisierung der Geschäftsmodelle und mit ihnen die der Arbeitsorte. Die Mobilität nimmt zu und Grenzen verwischen zwischen Arbeitswelt und Privatleben und auch zwischen Branchen. Aus Zulieferern werden Wettbewerber, neue Wettbewerber (z. B. InsureTechs) treten auf den Plan und neue Regulierungsbedarfe oder Selbstkontroll-Notwendigkeiten (z. B. zur Datennutzung) ergeben sich.

Massive Beeinflussung des Geschäftsmodell

Die Digitalisierung führt grundsätzlich zu einem deutlich größeren Umfang an Informationen, die zudem schneller fließen und sich leichter vergleichen lassen. Allerdings ist der Informationsumfang häufig so groß, dass aufgrund des Überangebots statt Transparenz eher Intransparenz entsteht.[5] Kunden informieren sich daher häufig vor einem Kauf mehrmals und über mehrere Kanäle, also bspw. im Internet und im Ladenlokal, vergleichen diese Informationen und treffen dann oft auch erst mit teilweise deutlichem Zeitverzug ihre Kauf- und Beschaffungsentscheidung über einen der Kanäle. Der Weg dorthin wird häufig mit „Customer Journey" umschrieben. (Privat-)Kunden in der Versicherungswirtschaft übertragen ihre Erfahrungen aus anderen Industrien und Produktwelten auf Versicherungen und erwarten auch hier zunehmend einen nahtlosen Wechsel zwischen Zugangskanälen, eine hohe Verfügbarkeit von Informationen und Interaktionen am Ort und zum Zeitpunkt ihrer Wahl und zeigen eine deutlich höhere Bereitschaft für Self-Services und Offenheit gegenüber digitaler Kundenberatung.

Das Geschäftsmodell von Versicherern verändert sich hin zu individuelleren Produkten mit einer Verbindung von Lebensstil und Risikobewertung (z. B. Pay as you drive, Pay as you live, Gesundheits-Apps). Für die Versicherungswirtschaft ist nun die große Herausforderung die Produktentwicklung. Die Übertragung von Versicherungsprodukten in die digitale Welt stößt an die Grenzen der Produktgestaltung und nicht alle klassischen Produkte sind für den Transfer in eine digitale Welt geeignet. Versicherer haben das Problem der Fristigkeit: Sie geben langfristige Absicherungsversprechen ab und müssen dazu Verträge mit Laufzeiten von 20 bis 30 Jahren (und mehr) abbilden und dies in ihren Prozessen, Systemen und der Kapitalausstattung berücksichtigen. Das schränkt die kurzfristige, flexible Produktgestaltung ebenso ein wie das im Gegensatz zu anderen Branchen bei Versicherungsprodukten nicht mögliche Einzelpricing. Aufgrund der Versicherungswirt-

---
[5] Vgl. Hiendlmeier/Hertting, 2015.

Organisation

schaft zugrunde liegenden Prinzipien „Ausgleich in der Zeit" und „Ausgleich im Kollektiv" entfällt diese Gestaltungsmöglichkeit. Size-Zero-Produktion wird also in der Versicherungswirtschaft im Retailgeschäft nicht Einzug halten. Im Unternehmenskundengeschäft ist dagegen die klassische Einzelfertigung im Sinne des spezifischen Underwriting von Unternehmensrisiken seit jeher gang und gäbe und wird sich durch besseren Dateneinsatz weiter professionalisieren lassen.

2.3 Auswirkungen auf das Steuerungsmodell

2.3.1 Strategie

Digitalisierung verkürzt strategische Zyklen

Die Versicherungswirtschaft ist grundsätzlich vom Agieren in längeren Zyklen geprägt. Dies führt auch zu mehr Nachhaltigkeit und Langfristigkeit in der Strategie und Steuerung. Daher werden bzgl. der Strategieformulierung und -überarbeitung keine kürzeren Zyklen in der Versicherungswirtschaft erwartet, wohl aber gesteigerte Anforderungen an die Agilität der Strategieexekution. Kurzfristige Richtungswechsel passen nicht zum Geschäftsmodell, in dem aufgrund seines Charakters lange Laufzeiten abgebildet werden müssen. Der Vermittlermarkt bestraft zudem Unstetigkeit in der Geschäftspolitik.

Trotzdem müssen künftig auch in der Versicherungswirtschaft die Strategie bewusster und regelmäßiger überprüft sowie die Reaktionsfähigkeit auf Markttrends gesteigert werden. Hierfür müssen relevante Informationen kurzfristig zur Verfügung stehen und bewertet werden, damit Entscheidungen zu möglichen Strategieänderungen zeitnah erfolgen können.[6]

2.3.2 Steuerungsmodell/Prozesse

Vom Review zum Preview

Das Steuerungsmodell von Versicherungsunternehmen bzw. die dahinterliegenden Prozesse (wie Planung, Leistungsverrechnung, Steuerung und Berichtswesen) müssen aufgrund der Regulatorik, Rechnungslegung und Ökonomie mehrere Steuerungskreisläufe gleichzeitig bedienen. Hier kommt es durch die zunehmende Digitalisierung auch bei Versicherungen zum Paradigmenshift: vom Review zum Preview.[7] Die Unternehmenssteuerung wird künftig von Algorithmen in der Entscheidungsfindung unterstützt: Während heutzutage die Bewertung und Interpretation der externen und in den Prozessen generierten Daten durch Menschen erfolgt und in der Hierarchie nach menschlichem Ermessen nach oben verdichtet wird, geben zukünftig computergestützte Prognoseszenarien den strategischen Entscheidungsrahmen vor. Planung, Forecasting und Simulationen werden treiberbasiert aufgebaut, so dass der Entscheidungsprozess nachvollziehbar vor-

---

[6] Vgl. Hiendlmeier/Hertting, 2015.
[7] Vgl. Kieninger et al., 2015.

bereitet, logisch strukturiert und daher erheblich beschleunigt wird. So erfolgen bspw. Vertriebsprognosen nicht durch langwierige Bottom-up-Befragungen der lokalen Vertriebseinheiten, sondern werden real-time auf Basis von Antragseingängen unter Berücksichtigung historischer Verläufe und relevanter makroökonomischer Daten berechnet. In der Weiterentwicklung der finanziellen Steuerung unterscheiden sich die Herausforderungen der Versicherer mit Ausnahme der angesprochenen Steuerungskreisläufe nicht von Industrieunternehmen.

2.3.3 Organisation

Im digitalen Umfeld nimmt die Wettbewerbsintensität nicht nur um den Kunden zu, sondern auch um die Mitarbeiter, und zwar um die Mitarbeiter, die flexibel genug sind und sein wollen, sich auf die Veränderungen einzustellen und diese als Chance statt als Bedrohung zu sehen. Talent Management wird von strategischer Bedeutung sein: Es geht darum, die richtigen Mitarbeiter zu gewinnen, langfristig zu begeistern und zu binden. Viele der heutigen Sachbearbeiter-Tätigkeiten bzw. mittlere Leitungsaufgaben werden durch regelbasierte Verfahren ersetzt, wodurch größere Führungsspannen möglich werden. Diese dürfen aber nicht zu Lasten der Erkennung bzw. Förderung der Top-Talente gehen. Diese Mitarbeiter sind begehrt am Arbeitsmarkt und auch selbstbewusst genug, diese Chancen zu ergreifen, sollten sich intern keine Perspektiven bzw. kein klarer Entwicklungsweg zeigen. Die Anforderungen steigen dabei:

Neue Anforderungen an Entwicklung der Mitarbeiter

- Der Callcenter-Agent braucht mehr Fachlichkeit und Kundenorientierung, um als Kundenservice-Manager ein positiv bleibendes Kundenerlebnis zu erzeugen.
- IT-Experten müssen verstärkt auch fachseitiges Geschäftsmodell-Verständnis und Prozess-Know-how entwickeln.
- Controller werden vom Zahlenaufbereiter zum Business Partner.

Diese strategischen Skill-Entwicklungsbedarfe gilt es strukturiert zu identifizieren, mit Maßnahmen zu hinterlegen und nachhaltig zu begleiten.[8] Der Einsatz und die Steuerung geeigneter Ressourcen über verschiedene funktionale Bereiche wird damit eine große Herausforderung.

2.3.4 IT-Systeme

Die Anforderungen der Digitalisierung erfordern eine noch stärkere strategische Ausrichtung der IT als „Enabler".[9] Digitalisierung erfordert flexible IT-Systeme und skalierfähige IT-Strukturen, die in Monaten statt in Quartalen oder Jahren umfassend auf externe Anforderungen reagieren

Technische Potenziale schneller erkennen

---

[8] Vgl. Kieninger et al., 2015.
[9] Vgl. Ostrowicz/Thamm, 2015.

können. Zusätzlich sind die Geschäftsbereiche oft nicht in der Lage, die Anforderungen einer Idee zur Digitalisierung ausreichend in Bezug auf deren Auswirkungen auf die IT zu bewerten.

> **Beispiel: Produkte mit „Fitness-Trackern" gestalten**
> Teilweise kennen die Geschäftsbereiche von Versicherungen gar nicht die Möglichkeiten, die sich durch technische Neuerungen bieten. So haben viele Versicherer zunächst die Chancen nicht erkannt, mit „Fitness-Trackern" spannende Versicherungsprodukte zu entwickeln. Mittlerweile verknüpft eine Reihe von Versicherern diese Produkte mit Versicherungsprodukten. Die IT-Abteilung muss daher künftig stärker einen Blick auf technische Innovationen haben, um umfassende anstehende Veränderungen als Innovator mitzugestalten, statt nur auf sie zu reagieren.

Die COO- und CIO-Organisationen haben heute beide jeweils isoliert die Aufgaben, die Produktion flexibler und kostengünstiger auszurichten. Prozessuale Effizienzvorteile in Fabriken werden seit mehreren Jahren mit Lean Management oder Lean Production angegangen. Die Hebung weiterer substanzieller Potenziale kann somit nur noch aus der übergreifenden Optimierung von Prozessen und IT erfolgen. So lassen sich durch die Einführung von übergreifenden Workflow-Systemen Backend-Systeme effizient verzahnen, wodurch schnell auf Veränderungen, bspw. durch Smart Analytics, reagiert werden kann. Daher müssen COO- und CIO-Organisationen stärker zusammenarbeiten.[10] Um den Investitionsstau in der Versicherungswirtschaft auf dem Weg zu modernen, flexiblen IT-Systemen aufzulösen, müssen u.a. lang laufende umfangreiche IT-Projekte durch kleine, kurze und agile Projekte ersetzt werden, damit schneller auf technologische Entwicklungen reagiert werden kann.

3 Integrierte Steuerung als Reaktion auf die Digitalisierung

Verbesserte Steuerung durch Digitalisierung

Die im vorigen Abschnitt aufgezeigten Auswirkungen der Digitalisierung auf die Steuerung zeigen trotz ihrer unterschiedlichen Blickrichtungen eines auf: Die Zeit ist reif für ein integriertes Unternehmenssteuerungsmodell in der Versicherungswirtschaft. Denn erst mit einem durchgängigen Unternehmenssteuerungsmodell kann die Erfüllung der verschiedenen Anforderungen an die Steuerung erreicht und ein konsistenter Steuerungsansatz hergestellt werden. Es gilt, die ökonomische, regulatorische und operative Steuerungssicht sowie

---
[10] Vgl. Ostrowicz/Thamm, 2015.

weitere Steuerungssichten miteinander zu verknüpfen. Die dazu notwendige Überleitung wird mittels Treiberbäumen hergestellt. Zusätzliche funktionale Sichten (Vertrieb, Betrieb, Schaden/Leistung etc.), Kundengruppen-Sichten (Retail, Affluent oder Zielgruppen) oder Geschäftsfeld-Sichten (Leben, Nicht-Leben) sind jeder Zeit möglich. Der Forderung nach umfänglichen Unternehmensmodellen, die vor ca. einer Dekade laut wurde, kann nunmehr Rechnung getragen werden. Um bei diesem Anlauf die Komplexität überschaubar zu halten, muss zunächst eine übergreifende Steuerungsphilosophie definiert werden, die als Leitrahmen für den „Kernel" der Treibermodelle dient. Die notwendige Rechenleistung für ein solches Unternehmenssteuerungsmodell wird mit den neuen Technologien aus der Digitalisierung bereitgestellt.

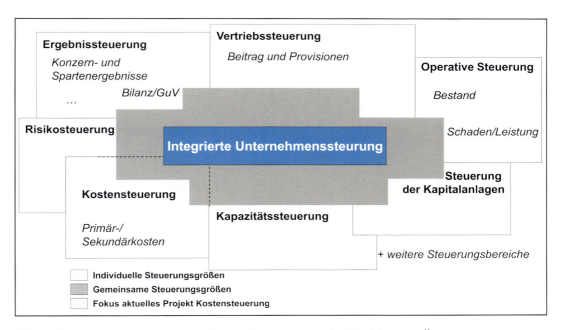

Abb. 5: Lösungsansatz zur integrierten Unternehmenssteuerung bei Versicherungen[11]

Der wesentliche Nutzen einer integrierten Unternehmenssteuerung liegt in der Bereitstellung von Steuerungstransparenz. Erst durch diese Transparenz wird es überhaupt möglich, Effizienzpotenziale entlang der gesamten Wertschöpfungskette zu entdecken und durch entsprechende Optimierungen auch zu heben. Dies gilt für die finanzielle Steuerung wie auch für die operative Steuerung in Vertrieb, Betrieb

---

[11] Vgl. Hiendlmeier/Hertting, 2015.

Organisation

und Schaden/Leistung. Die Transparenz ermöglicht es z.B. in der Kostensteuerung durch gezielte Nachvollziehbarkeit der Zusammenhänge, Ansatzpunkte für Effizienzsteigerungen zu identifizieren und deren Relevanz zu bewerten und diese Effizienzsteigerungen letztendlich erfolgreich umzusetzen. Starre Budgetgläubigkeit gehört der Vergangenheit an, unterjährige Mehr- oder Minderbedarfe werden frühzeitig transparent und können gemanagt werden. Die Kundenzufriedenheit leidet dann weder unter Ressourcenknappheit im Service noch unter unnötigen Mehrkosten und Ineffizienzen.

Mit den durchgängigen Treibermodellen lassen sich Simulationen über den Geschäftsverlauf und dessen Auswirkungen auf die gesamte GuV und den potenziellen Risikokapitalverzehr fahren. Damit kann die Allokation des Risikokapitals besser und ggf. mit weniger Excess Capital (über das aus regulatorischen bzw. Rating-Gesichtspunkten hinaus notwendige Kapital) erfolgen, es können also zusätzliche Geschäftschancen in der Versicherungstechnik oder am Kapitalmarkt wahrgenommen werden.[12]

4 Praxisbeispiel zur Etablierung einer integrierten Steuerung in der deutschen Versicherungsbranche

Digitale Steuerungsmodelle in der Versicherung

Die praktische Umsetzung der integrierten Unternehmenssteuerung erfolgt zunehmend in der deutschen Versicherungsbranche. Die einzelnen Bestandteile des integrierten Unternehmenssteuerungsmodells (bspw. Kapazitäts- oder Kostensteuerung) verschmelzen entweder evolutionär oder werden durch eine bewusste sukzessive Angleichung miteinander verknüpft. Die Einführung einer integrierten Steuerung basiert auf für jeden Steuerungsbereich individuell angepassten Steuerungsmodellen. So erfolgt die Detailausprägung einer Vertriebssteuerung mit anderen Kennzahlen und Treiberlogiken als eine Kapazitäts- oder Kostensteuerung. Um den Aufbau eines solchen Steuerungsmodells einmal vorzustellen, skizziert dieses Kapitel die einzelnen Bausteine einer integrierten Kostensteuerung.

4.1 Kennzahlensystem

Ausrichtung nach Kernsteuerungsgröße

Das Kennzahlensystem einer integrierten Steuerung umfasst die wesentlichen Steuerungsgrößen eines Vorstands. Das in Abb. 6 (siehe S. 226-227) beispielhaft abgebildete Komposit-Kennzahlensystem gibt auf einem Blick Auskunft über die wesentlichen Entwicklungen auf der

---

[12] Vgl. Hiendlmeier/Hertting, 2015.

Kostenseite inkl. Plan- und Steuerungswerten (Forecast, Maßnahmen). Je nach Hierarchieebene ließe sich dieses Cockpit herunterbrechen (bspw. auf Bereichs- bzw. Abteilungsleiterebene). Bei Plan-/Ist-Abweichungen lassen sich in diesem Kennzahlensystem Maßnahmen hinterlegen, mithilfe derer gegen die Kostenentwicklung gesteuert werden kann. Neben der reinen Maßnahmenabbildung stellt das Kennzahlensystem noch den Umsetzungsgrad und die Effektivität der Maßnahmen dar. Im Beispiel des Komposit Kennzahlencockpits wird eine Differenzierung der Beitrags-, Schaden- und Kostenentwicklung je nach Geschäftsfeld (KFZ, Unfall, Haftpflicht, Privat Sachversicherung, Gewerbliche Sachversicherung, Industrie Sachversicherung) vorgenommen. Zusätzlich wird die Entwicklung einer kurz GuV und somit die Zusammensetzung des Versicherungstechnischen Ergebnisses gezeigt. Der Wirkungshebel ist insbesondere für die unterjährige Steuerung interessant, da hier das Potenzial von Kosteneinsparungen aufgezeigt wird.

4.2 Prozesse

Ein State-of-the-Art Kennzahlensystem erfordert abgestimmte und effektive Prozesse, die sowohl in sich stimmig sind als auch ganzheitlich ineinander greifen. Nur mit reibungslosen Abläufen kann eine stabile Datenversorgung und somit ein real-time Kennzahlensystem gesichert werden. Hierzu müssen die Planungs-, Leistungsverrechnungs-, Steuerungs- und Berichtswesenprozesse an die Gesamtsteuerung ausgerichtet und sich daraus ergebene Veränderungen im Rollenprofil hinterlegt werden. In Abb. 7 ist ein beispielhafter Berichtswesenprozess hinterlegt, der die einzelnen Schritte von Datenzufuhr über Qualitätssicherung und Freigabe zum Berichtsversand aufzeigt. Es ist auffällig, dass als Konsequenz aus der Digitalisierung, die Steuerungsprozesse immer schlanker und automatisierter werden. Ein Planungsprozess bspw. kann mithilfe heutiger Technologien in wenigen Monaten und deutlich weniger Ressourcenaufwand durchgeführt werden und erzeugt dabei mehr und vor allem wesentlichere Informationen. Vorschlagsgetrieben werden die Werte top-down und bottom-up über die verschiedenen Hierarchieebenen abgestimmt und durch Simulations- und Treiberlogiken angereichert.

Höhere Automatisierung, schnellerer Ablauf

Organisation

Abb. 6: Kennzahlensystem am Beispiel eines Versicherungsunternehmens

Digitalisierung in der Unternehmenssteuerung

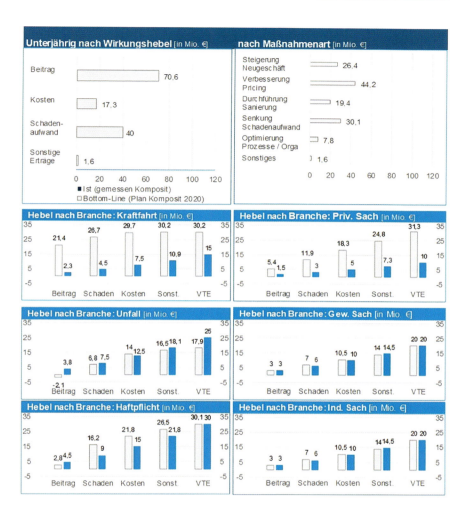

Organisation

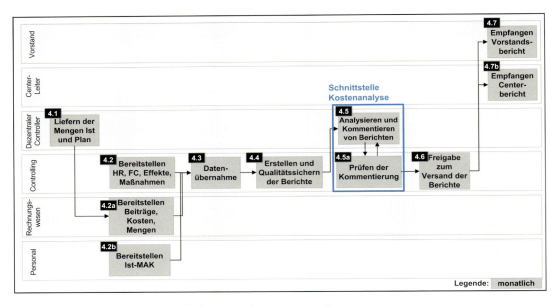

Abb. 7: Berichtsprozess am Beispiel eines Versicherungsunternehmens

4.3 Controllingorganisation

Controller müssen ganzheitlich denken

Ein integrierter Steuerungsansatz hat nicht nur Implikationen für das Kennzahlensystem und die dahinterliegenden Prozesse. Vielmehr wirken sich die schlankeren Prozesse auch auf das Rollenmodell eines Controllers aus. Hierbei fällt ein Aspekt besonders auf. Die reine Analyse- und Auswertungstätigkeit eines Controllers wird deutlich reduziert, da die neuen Technologien diese meist größtenteils abdecken können. Vielmehr wird das Rollenprofil künftig deutlich spezialisierter. Er muss zum einen in der Lage sein, die datengetriebenen Handlungsempfehlungen zu bewerten, um daraus die richtigen Entscheidungen zu treffen. Zum anderen muss er künftig auch ganzheitlich ein Verständnis für weitere Themenfelder entwickelt, mit denen er in der Vergangenheit weniger vertraut war. Kostencontroller müssen folglich daher nicht nur den Kostenplanungsprozess im Detail kennen und ausüben können, sondern müssen künftig die Verzahnung zur Vertriebs- und Kapazitätsplanung deutlich stärker berücksichtigen als bisher. Die einzelnen Bausteine sind nicht weiter als Insellösungen zu betrachten. So müssen Absatzplanungen im Vertrieb sich direkt in den Kosten und der Kapazitätsentwicklung widerspiegeln.

4.4 IT-Systeme

Die IT-Systeme sind stets die Grundlage jedes integrierten Steuerungsmodells. Die Homogenität der Daten und die Reduktion der Schnittstellen nehmen hierbei eine signifikante Rolle ein. Eine Datenbank, die eine Vielzahl der Informationen enthält und dann bedarfsgerecht an das Front-End übermittelt, erscheint hierbei die geeignete Datengrundlage zu sein. Übermittlungsprobleme aus Vorsystemen durch heterogene Daten gehören damit der Vergangenheit an. Viele Kennzahlen können bereits Real-time widergegeben werden. Bspw. lassen sich Kontobewegungen direkt mit dem Kostenreporting verknüpfen. Hierbei ist jedoch zu beachten, dass viele Zahlungen nur monatlich oder ggf. sogar jährlich stattfinden (bspw. Gehälter, Beitragszahlungen), wodurch der Nutzen eines Echtzeit-Reportings deutlich reduziert wird. Daher sollten die Vorzüge der Digitalisierung (wie eine homogene Datenbank) sich auch breitflächig in der Anwendungslandschaft wiederfinden, auf teils steuerungsirrelevante Funktionalitäten kann man jedoch auch verzichten.

Nur steuerungsrelevante Features umsetzen

5 Fazit

Das Marktumfeld vieler Branchen wird sich, dafür bedarf es keiner hellseherischen Fähigkeiten, auch über das nächste Jahrzehnt hinaus weiterentwickeln. Bestehende Geschäftsmodelle werden sich auch über diesen Horizont hinaus neuen Herausforderungen ausgesetzt sehen und werden sich daher zusammen mit der Steuerung weiterentwickeln müssen. Produkte und Dienstleistungen müssen sich ebenfalls weiterentwickeln und dabei flexibler und noch stärker an den Kundenanforderungen ausgerichtet sein. Die Abläufe im Unternehmen müssen diese Entwicklung unterstützen und werden weitgehend automatisiert. Die Steuerung wird diese Veränderungen abbilden müssen und dabei die Steuerungstiefe mit einer (rechnerischen) Drill-down-Möglichkeit bis auf die Produkt-, Kunden- oder Auftragsebene erweitern. Mithilfe von Predictive-Ansätzen lassen sich die Entwicklung dieser Ebenen und sowie der daraus resultierenden Ergebnisse besser prognostizieren.

Das Erreichen einer integrierten Unternehmenssteuerung ist daher also eher ein wesentliches Etappenziel. Wie für viele andere Branchen gilt dies auch für den Versicherungsmarkt. Betrachtet man die Entwicklung der Steuerung von Versicherungsunternehmen in den letzten 10 Jahren mit der Umsetzung von Anforderungen aus IFRS und Solvency II, dann erscheint es plausibel, einen ähnlichen Zeitraum anzusetzen bis zum Erreichen einer flächendeckenden Verwendung von integrierten Unternehmenssteuerungsmodellen in der Versicherungswirtschaft im Jahr 2025.

Fazit: Wie in diesem Beitrag anhand der Versicherungswirtschaft gezeigt, stehen vielen Branchen auf ihrem Weg zu mehr Kundenorientierung, mehr Flexibilität und mehr Agilität intensive Anstrengungen bevor. Diese werden bei der Weiterentwicklung ihrer Steuerungsmodelle hin zu einer integrierten Unternehmenssteuerung notwendig. Damit eine IT-Landschaft diese Anforderungen mit neuen digitalen Technologien unterstützen kann, sind weitere Investitionen erforderlich. Dabei muss eine Balance gefunden werden zwischen Agilität und der mit dem Geschäftsmodell verbundenen Nachhaltigkeit.

6 Literaturhinweise

Hallmann/Junglas/Kirchner/Wiegard, Steuerung von Versicherungsunternehmen, 2014.

Hiendlmeier/Hertting, Auswirkungen der Digitalisierung auf die Steuerung von Versicherungsunternehmen, 2015.

Kieninger/Michel/Mehanna, Auswirkungen der Digitalisierung auf die Unternehmenssteuerung, in Horváth/Michel (Hrsg.), Controlling im digitalen Zeitalter, 2015, S. 3–13.

Ostrowicz/Thamm, Auswirkungen der Digitalisierung auf den CIO bei Finanzdienstleistern, 2015.

Kapitel 5: Literaturanalyse

Literaturanalyse zum Thema „Kennzahlen"

Titel: Performance Measurement und Management – Gestaltung und Einführung von Kennzahlen- und Steuerungssystemen
Autor: Bernd Kleindienst
Jahr: 2017
Verlag: Springer Gabler
Kosten: 54,99 EUR
Umfang: 252 Seiten
ISBN: 978-3-658-19448-2

Inhalt

Das Buch von Bernd Kleindienst beschreibt die Einführung moderne Performance-Measurement- und Management-Systeme. Die Veröffentlichung, ausgezeichnet mit dem Industrial Management Dissertationspreis 2017 des Österreichischen Vereins zur Förderung der betriebswirtschaftlichen Forschung und Ausbildung in Wien, richtet sich nicht nur an Dozenten und Studierende, sondern explizit auch an Führungskräfte in Industrie, Mittelstand und Beratungsunternehmen sowie Entscheider aus Strategie und Controlling.

Das im Buch dargestellte Vorgehen zur Implementierung eines Performance-Measurement- und Management-Systems nutzt unterschiedliche Hilfsmittel, die eine Einbindung der Mitarbeiter in den Gestaltungsprozess fördern sowie die Erfolgswahrscheinlichkeit des Systems erhöhen sollen. Inhaltlich stützt sich das entwickelte Modell auf die Balanced Scorecard, wobei auch Elemente anderer Ansätze einbezogen werden, wie z. B. das Tableau de Bord oder die Performance Pyramid. Das Modell wird anhand zweier Fallbeispiele aus der Unternehmenspraxis anschaulich beschrieben.

Das Buch gliedert sich in insgesamt 7 Kapitel: Im 1. Kapitel werden zunächst die Ausgangssituation und die Problemstellung von Performance-Measurement- und Management-Systemen erläutert. Anschließend wird auf die Zielsetzung und die damit einhergehenden Forschungsfragen sowie die angewandte Forschungsmethodik eingegangen.

Das 2. Kapitel dokumentiert die theoretischen Grundlagen, auf denen die Arbeit beruht. Dazu werden die entscheidungsorientierte Betriebswirtschaftslehre, die Systemtheorie, die Modelltheorie und die Prinzipal-Agent-Theorie näher beschrieben.

Im 3. Kapitel werden zunächst die Begrifflichkeiten Performance, Performance Measurement, Performance Management sowie Kennzahlen und Indikatoren definiert. Im Anschluss daran werden die Anforderungen aufgelistet, die an Performance Management und Measurement-Systeme gestellt werden, sowohl mit Blick auf die Theorie als auch auf die Praxis. Zudem werden erste Ansätze thematisiert und der Entwicklungs- und Implementierungsprozess von Kennzahlen beleuchtet.

Das 4. Kapitel beschäftigt sich mit möglichen Barrieren und Problemen, die in der Praxis bei der Entwicklung und Implementierung von Performance-Measurement- und Management-Systemen entstehen können. Um das Scheitern solcher Systeme zu verhindern wird auf das Change Management gesetzt. Dabei wird auf die Hemmnisse und Parameter zur Gestaltung des Wandels und der notwendigen Veränderung eingegangen.

In Kapitel 5 wird das für die Implementierung selbst entwickelte Modell vorgestellt. Nach einer kurzen Systemabgrenzung wird die inhaltliche Ausgestaltung des Modells beschrieben und die Bestandteile und einzelnen Phasen werden im Detail erläutert.

Kapitel 6 stellt die beiden Fallstudien vor, in denen das zuvor entwickelte und beschriebene Modell in der Praxis angewendet wurde. Die beiden präsentierten Unternehmen sind der anlagen- und materialintensiven Industrie zugehörig, bringen allerdings unterschiedliche Ausgangssituationen und Rahmenbedingungen mit. Das Kapitel beschreibt zudem die Zielsetzung, das Vorgehen und die Ergebnisse der Praxiserprobung.

Das 7. und letzte Kapitel fasst die fundamentalen Erkenntnisse zusammen und geht im Speziellen auf die Beantwortung der eingangs gestellten Forschungsfragen ein. Zusätzlich wird der künftige weitere Forschungsbedarf betrachtet.

Fazit:

Das Buch von Bernd Kleindienst gibt einen guten Einblick in das spannende Themenfeld des Performance Measurement und Management. Es zeigt gut durchdachte Ansätze für die Implementierung eines solchen Systems auf und definiert geeignete Kennzahlen. Wenngleich die Publikation einen vornehmlich wissenschaftlichen Hintergrund hat, sind die Erkenntnisse äußerst praxisrelevant. Der Leser erwirkt mit diesem Buch einen direkten Mehrwert für sein Unternehmen.

Verfasserinnen der Rezension:

Deborah Nasca, wissenschaftliche Mitarbeiterin und Doktorandin im Forschungsschwerpunkt „Controlling und Digitalisierung" am Strascheg

Institute for Innovation, Transformation and Entrepreneurship (SITE) der EBS Universität für Wirtschaft und Recht in Oestrich-Winkel.

Nadin Eymers, wissenschaftliche Mitarbeiterin und Doktorandin im Forschungsschwerpunkt „Controlling und Digitalisierung" am Strascheg Institute for Innovation, Transformation and Entrepreneurship (SITE) der EBS Universität für Wirtschaft und Recht in Oestrich-Winkel.

Literaturanalyse

Titel: Controlling mit Kennzahlen – Eine systemgestützte Controlling-Konzeption
Autoren: Thomas Reichmann, Martin Kißler, Ulrike Baumöl
Jahr: 2017
Verlag: Vahlen (9. Aufl.)
Kosten: 69,00 EUR
Umfang: 890 Seiten
ISBN: 978-3-8006-5116-0

Inhalt

Dieses Standardwerk von Thomas Reichmann, Martin Kißler und Ulrike Baumöl gibt dem Leser konkrete Empfehlungen für den Aufbau einer unternehmensbezogenen Controlling-Applikation mit Kennzahlen und Analyseinstrumenten. Die Autoren geben nützliche Anregungen und Ratschläge, die nicht nur theoretisches Wissen, sondern auch Praxiserfahrung beinhalten.

In der aktuellen 9. Auflage wurde die Controllingkonzeption um das IT-gestützte Analyse- und Berichtswesen erweitert. Zudem wurde der Fokus vermehrt auf die Bereiche Risikocontrolling, erweitertes Konzerncontrolling sowie Corporate Governance gelegt. Neu aufgenommen wurde das Thema Projektcontrolling.

Das Buch ist in 16 Kapitel aufgeteilt, die u. a. folgende Inhalte abdecken:

- Kennzahlensysteme als Controllinginstrument
- Kosten- und Erfolgscontrolling, Finanz- und Investitionscontrolling
- Beschaffungs-, Produktions-, Logistik- und Marketingcontrolling
- Strategisches Controlling, Corporate Governance, Risikomanagement und Risikocontrolling
- Wertorientiertes Konzerncontrolling und Internationales Standortcontrolling

Literaturanalyse

Titel: 25 Need to Know Key Performance Indicators
Autor: Bernard Marr
Jahr: 2014
Verlag: FT Press
Kosten: 18,03 EUR
Umfang: 224 Seiten
ISBN: 978-1-292-01647-4

Inhalt

Das Buch, verfasst von Bernard Marr, erklärt in einfachen Worten die wichtigsten Kennzahlen, die heutzutage verwendet werden.

Viele Führungskräfte verstehen die Management-Metriken nicht und nutzen in ihren Berichten daher oftmals nur eine große Menge an Kennzahlen, die einfach zu messen sind. Das Nichtverständnis von Schlüsselkennzahlen kann Ängste auslösen und so eine erfolgreiche Steuerung behindern. Der richtige Indikatorsatz dagegen beleuchtet die Leistung und hebt Bereiche hervor, denen mehr Aufmerksamkeit geschenkt werden sollte.

Dieses Buch zeigt auf, dass Kennzahlen zu den wichtigsten Navigationsinstrumenten gehören, um Unternehmen auch in Zukunft zielorientiert zu steuern. Wer dieses Werk gelesen hat, ist in der Lage, die bedeutendsten Aspekte eines Unternehmens verstehen, messen und interpretieren zu können.

Das Buch ist in 4 zentrale Abschnitte gegliedert:

- Die Kunden Ihres Unternehmens messen und verstehen,
- Die finanzielle Leistung Ihres Unternehmens messen und verstehen,
- Die internen Prozesse Ihres Unternehmens messen und verstehen und
- Die Mitarbeiter Ihres Unternehmens messen und verstehen.

Jeder Abschnitt enthält Unterkapitel, die entsprechende Kennzahlen zu den Abschnitten vorstellen und erläutern.

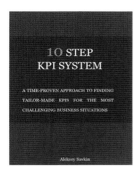

Titel: 10 Step KPI System: A Time-proven Approach to Finding Tailor-made KPIs for the Most Challenging Business Situations
Autor: Aleksey Savkin
Jahr: 2017
Verlag: Lulu.com
Kosten: 28,73 EUR
Umfang: 181 Seiten
ISBN: 978-1-3659-0088-4

Inhalt

Das Buch, verfasst von Aleksey Savkin, verdeutlicht, dass die besten Leistungskennzahlen diejenigen sind, die in der Diskussion innerhalb des Unternehmens geboren werden und somit auch auf das eigene Unternehmen zugeschnitten sind. Die Publikation richtet sich an Geschäftsleute, die über die üblichen Leistungskennzahlen hinausschauen wollen. Sie werden daraufhin Schritt für Schritt bei der Entwicklung effektiver Kennzahlen unterstützt.

Zusammenfassend können folgende zentrale Aspekte hervorgehoben werden:

- Das Buch dient als praktischer Leitfaden, der die perfekte Antwort auf die Frage nach den richtigen Kennzahlen geben soll.
- Es werden die besten im System erprobten Praktiken vorgestellt, die über eine bloße Liste an Empfehlungen hinausgehen.
- Der Leser wird mittels Fragen und kleinen Experimenten herausgefordert, um sicherzustellen, dass er nicht nur den Standardvorlagen folgt.
- Anders als bei gängigen wissenschaftlichen Büchern, werden in dieser Publikation interessante Beispielen, gut strukturierte Inhalte und passenden Illustrationen verwendet.
- Um sich nur auf das Wichtigste zu konzentrieren, wurde das Buch so kurz und informativ wie möglich gehalten.

Stichwortverzeichnis

A

Agilität
– Zielbild 203
Ausbildungsgrad
– Personalkennzahl 181

B

Backlog-Posten
– Kennzahl 211
Bericht
– Mindestanforderung 57
Berichtsformat
– OPO-Format 60
Berichtskennzahl
– Nutzen 53
Beschaffungscontrolling
– Kennzahlen 117
Betriebszugehörigkeit
– Personalkennzahl 181
Bewertungsradar
– Digitalisierungsfortschritt 84
Beziehungszahl
– Definition 28
Brand Equity
– Kennzahl 69
Burndown Chart
– Fortschrittskontrolle 214

C

CFO-Bereich
– Herausforderungen 83
Cloud Computing Integration
– Kennzahl 89
Contract Management
– Einkaufskennzahl 126
Cycle Time
– Kennzahl 212

D

Deckungsbeitrag
– Marketing-Kennzahl 104
Digitalisierung
– Begriffsdefinitionen 81
– im Controlling 82
Digitalisierungsgrad
– Kennzahlenvorschlag 86
Distributionsgrad
– Marketing-Kennzahl 106

E

Eindeckung
– Bestandskennzahl 192
Einkaufscontrolling
– Kennzahl 117
Einkaufskonzept
– Varianten 123
Einkaufsorganisation
– Eigenschaften 119
Einkaufsprozess
– Optimierung 120
Erfindungsquote
– F&E-Kennzahl 159

F

F&E-Quote
– F&E-Kennzahl 151
Facebook-Kampagne
– Praxisbeispiel 111
Fertigstellungsgrad
– F&E-Kennzahl 158
Fertigungseinsatz
– Kennzahlen 179
Fertigungsprozess
– Kennzahlen 190
Finanzdienstleister
– integrierte Steuerung 248

Fluktuationsrate
– Personalkennzahl 181

G

Geschwindigkeit
– Kennzahl 211
Gliederungszahl
– Definition 28

I

Ideengenerierung
– Performance-Indikatoren 75
Indexzahl
– Definition 28
Innovationscontrolling
– Kennzahlen 72
Innovations-Framework
– Ebenen 71
Innovationsmanagement
– Norm 70
Integrierte Steuerung
– Praxisbeispiel 248

K

Kanban
– Projektmanagementmethode 206
Kennzahlen
– abteilungsspezifisch 35
– agiles Projektmanagement 211
– Anlagenauslastung 181
– Digitalisierungsgrad 86
– Einkaufsprozess 122
– Entwicklungsempfehlungen 231
– Fertigung 179
– Fertigungsprozess 190
– Innovationscontrolling 72
– Input 179
– Liefererfüllungsgrad 185
– Logistikcontrolling 165
– Marketingcontrolling 95
– Material 183
– Mitarbeiter 179
– Output 183
– Produktion 177
– Produktionskosten 186
– Produktionsqualität 184
– Produktivitätsmessung 188
– Qualitätskriterien 220
Kennzahlenbildung
– ZAK-Prinzip 45
Kennzahlensystem
– Entwicklungsprozess 221
– Forschung und Entwicklung 148
– Problemfelder 219
Kostenabweichung
– F&E-Kennzahl 153
Krankenquote
– Personalkennzahl 181
Kundenloyalität
– Kennzahl 68
Kundenzufriedenheit
– Kennzahl 68

L

Liefertermintreue
– Einkaufskennzahl 126
Logistikcontrolling
– Kennzahlen 165
– Praxisbeispiel 168

M

Marketing
– Erfolgstreiber 68
Marketingcontrolling
– Kennzahlen 95
– operative Kennzahlen 104
– Strategische Kennzahlen 98
Marktorientierung
– Kennzahl 68
Materialeinsatz
– Kennzahlen 183

O

Online-Marketing
– Kennzahl 110

OPO-Format
– Controllingbericht 60

P

Patentquote
– F&E-Kennzahl 159
Performance-Bericht
– Definition 229
Performance-Framework
– Innovation 72
Performance Measurement
– Definitionen 29
– Konzepte 30
Performance-Measurement-Prozess
– Ergebniskarte 223
– Kennzahlenentwicklung 221
Performance-Measurement-System
– Problemfelder 219
Performance-Messung
– Projektmanagement 210
Performance Prism
– Konzept 32
Performance Pyramid
– Konzept 33
Personalcontrolling
– faktororientiert 133
– Kennzahl 136
– Praxisbeispiel 135
– prozessorientiert 133
Personalkennzahlen 179
– Übersicht 136
Personal-Risikomanagement
– Schlüsselrisiken 141
Portfoliomanagement
– Aufgaben 149
Praxisbeispiel
– Logistikkennzahlen 168
Produktion
– Kennzahl 177
Produktionsmenge
– Leistungskennzahl 184
Projektcontrolling
– Bedarf 203

Projektmanagement
– agil 203
Prozesskosteneffizienz
– Kennzahl 88
PuMP
– Kennzahlenentwicklung 221

R

RAVE-Ansatz
– Marketing-Kennzahl 99
Reklamationsquote
– Einkaufskennzahl 126
Report
– Mindestanforderung 57
Risikomanagement
– HR-Controlling 140

S

Scrum
– Projektmanagementmethode 205
Servicegrad
– Marketing-Kennzahl 106
Sourcing-Konzept
– Varianten 123
Spend under Management
– Einkaufskennzahl 127
Steuerungsmodell
– Einfluss der Digitalisierung 237

T

Termintreue
– Produktionskennzahl 185
Transaktionskosten
– Einkaufskennzahl 128

U

Unternehmenssteuerung
– Einfluss der Digitalisierung 237

Z

ZAK-Prinzip
– Verhaltenssteuerung 45
Ziel
– Anforderung 43